Research and Demonstration Application
of Water Level Prediction Technology
for the Yangtze River Main Channel

长江干线航道
水位预测技术研究
及示范应用

何传金 董炳江 陈柯兵 雷雪婷 著

长江出版社
CHANGJIANG PRESS

图书在版编目（CIP）数据

长江干线航道水位预测技术研究及示范应用 / 何传金等著 .
武汉：长江出版社，2024. 11. -- ISBN 978-7-5492-9881-5

Ⅰ．U697.1

中国国家版本馆 CIP 数据核字第 2024CB8068 号

长江干线航道水位预测技术研究及示范应用
CHANGJIANGGANXIANHANGDAOSHUIWEIYUCEJISHUYANJIUJISHIFANYINGYONG

何传金等 著

责任编辑：	高婕妤	
装帧设计：	蔡丹	
出版发行：	长江出版社	
地　　址：	武汉市江岸区解放大道 1863 号	
邮　　编：	430010	
网　　址：	https://www.cjpress.cn	
电　　话：	027-82926557（总编室）	
	027-82926806（市场营销部）	
经　　销：	各地新华书店	
印　　刷：	武汉市卓源印务有限公司	
规　　格：	787mm×1092mm	
开　　本：	16	
印　　张：	16.75	
字　　数：	376 千字	
版　　次：	2024 年 11 月第 1 版	
印　　次：	2024 年 11 月第 1 次	
书　　号：	ISBN 978-7-5492-9881-5	
定　　价：	148.00 元	

　　长江是我国水运大动脉,在内河航道发展中具有先导性地位。在国家大力推进实施大数据战略、加快建设"数字中国"的背景下,长江智慧航道成为交通强国建设水运篇的关键。2023年交通运输部印发了《关于加快智慧港口和智慧航道建设的意见》,提出推动数据、服务、算法为一体的"数据大脑"建设,推进航道养护、航道公共服务智慧化。水位是智慧航道"数据大脑"最基础、最核心的要素,精准高效的水位预报,在对内养护管理和对外信息服务中发挥着重要作用。近年来,长江干线的航道水位预测准确性已大幅提升,积极推动了航运业的发展。然而,随着全球气候变化的加剧和人类活动的持续影响,长江航道所面临的水文条件变得日益复杂多变,水位的剧烈波动频繁发生,给航运安全、防洪减灾以及生态保护等带来不利影响,航道水位预报面临诸多新挑战。

　　在这样的背景下,开展长江干线航道水位预报技术的研究,具有极为重要的现实意义和深远的战略价值。准确的水位预测能够为航运管理部门提供科学的决策支持,有利于提高航道运行效率、充分挖掘航道潜力、发挥航运效益。本书紧密围绕"提高航道水位预测精度,并在长江上、中、下游典型河段开展水位预测技术示范应用"的研究目标,构建了长江干线航道水位分析方法和预报技术体系,研发了可供实际应用的航道水位智能化预测模块。

　　全书共分为7章,各章主要内容如下:第1章为绪论,详细阐述了本书所关注的实际问题、研究背景及其意义,并概述了相关领域的研究现状,同时对主要研究目标与成果进行了概要性介绍;第2章为长江干线航道概况,内容涵盖航道的现状、尺度以及疏浚和养护情况;第3章为长江干线总体水沙特性,通过分析水文站点的水沙数据、河道断面和地形等观测资料,揭示了长江干线的水沙和冲淤变化特征;第4章为长江干流水位变化特征分析,依托长序列的实测水位数据,探讨了总体水位变化特征及其主要影响因素,并从多个重要站点出发,逐一进行了水位变化特征的分析

前　言
PREFACE

计算,揭示了上游与中下游地区不同的水位变幅特点;第 5 章为长江干线航道枯水位预测预报技术研究,通过水文学、图神经网络、AutoML、深度学习、堆叠大模型等多种方法构建站点水位预报模型,基于水流数学模型进行站点间水位计算,提出了预报模型优化技术,进行了误差分析;第 6 章为水位预测模块及示范应用情况,从数据获取和水位预测模块的应用流程入手,对研究提出的水位预测预报技术实际效果进行了详尽精度分析;第 7 章为主要结论。

本书主要由长江航道局、长江水利委员会水文局、长江航道规划设计研究院、南京欧帕提亚信息科技有限公司有关专业人员撰写完成。第 1 章由何传金、雷雪婷撰写,第 2 章由雷雪婷撰写,第 3 章由董炳江撰写,第 4 章由陈柯兵撰写,第 5 章由陈柯兵、江召兵撰写,第 6 章由何传金、陈柯兵撰写,第 7 章由何传金、董炳江撰写。

本书在撰写过程中,得到了长江航道局重点科技项目"数字航道运行条件下长江干线航道尺度预测技术研究及示范应用"(202230001)的资助与支持,特此感谢!

2022 年夏季,长江流域遭遇自 1961 年有完整气象观测纪录以来最严重的气象干旱,长江流域汛期发生流域性严重枯水,长江中下游干流 8 月、9 月枯水频率达百年一遇,各控制站最低水位均为有历史纪录以来同期最低;2023 年,承受 2022 年流域性严重枯水的持续影响,1—7 月长江中下游干流水位明显偏低;2024 年长江中游沙市水文站水位多次突破历史同期最低水位。本书结合长江干线的具体水文特征和航运需求,提出的一系列创新性的研究成果能否很好地适应长江上中游河湖水系大型水利枢纽工程群联合调度运行和流域洪旱急转等极端水文事件日渐频繁的形势,将在未来进行深入探讨和研究。

限于作者的水平,书中难免存在疏漏和不当之处,敬请广大读者批评指正。

作者

2024 年 8 月

目 录
CONTENTS

第1章　绪　论

1.1　研究背景

　　航道尺度是长江航道提供服务对象的最重要信息之一。目前长江航道对外发布的航道尺度包括年度养护计划尺度、分月维护尺度和周预报尺度，而其中周预报航道养护尺度更为接近预报周期内的航道实际尺度，与船舶组织营运、合理配载及运输效益联系得更为紧密，是社会各界的关注点。随着相关规律和经验的摸索，长江干线各区段提高航道尺度预测预报准确度相较初期已大幅提升，为船舶合理利用水深，促进航运发展发挥了长足的作用。但在短期尺度预测预报中仍存在一些有待进一步研究和解决的问题。主要体现在短期尺度预测预报存在水情变化预判能力不高的问题，未实现尺度预报与数字航道相关数据资源的高效融合处理，已不能满足运输船舶大型化、运输航线远程化对航道尺度、通航条件等智能化航运综合信息服务的需求。

　　为进一步提升公共服务品质，长江航道局2022年立项科技项目"数字航道运行条件下长江干线航道尺度预测技术研究及示范应用"，重点研究数字航道运行条件下长江干线宜宾至南京河段航道维护尺度分析预测技术，开发日、周、旬航道维护尺度预测模块，解决长江干线航道维护尺度快速准确预测预报的关键难题，实现数字航道信息融合处理和辅助决策，并在长江上、中、下游典型河段开展尺度预报示范应用，实现数字航道数字化向智能化转变。根据项目任务书要求开展长江干线主要站点枯水期（10月至次年4月）日、周、旬水位预测技术研究。长江干线河段长、分汇流多，受水库调度等因素影响，将参证站（重要站点）、中间站共计26处站点分两个层次进行研究，见表1.1-1、图1.1-1。

　　本书依据项目研究成果，在对研究河道进行水沙、冲淤、枯水位等特性分析的基础上，为研究站点开发了水位预测技术，为进一步开展航道尺度预测技术研究打下扎实的基础。

表 1.1-1　　　　　　　　　　　　　　研究水位站点

区域	参证站	中间站
上游	宜宾、泸州、朱沱、涪陵（清溪场）	江安、寸滩、长寿、万州、奉节、茅坪
中游	宜昌、沙市、城陵矶（莲花塘）	枝江、郝穴、监利、莫家河
下游	汉口、九江、大通、南京	黄石、安庆、铜陵、芜湖、镇江

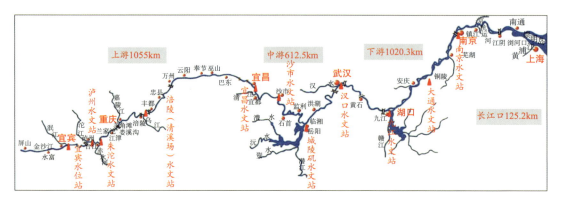

图 1.1-1　研究参证站位置分布示意图

1.2　水位预报研究现状

　　水位预报一直是水文、河流工作者研究的热点问题之一,但常规的水位预报重点集中在对汛期的洪水预报,而对于航道部门更为关心的枯水水位预测预报的研究相对较少。目前对于水位预报,常用方法有:水文学经验性方法[1]、水力学数值模拟方法[2]、流域水文模型方法[3,4]、时间序列分析方法[5,6]、神经网络模拟方法[7,8]、大数据深度学习方法[9,10]等。从各种水文预报方法来看,目前存在的突出问题是如何选择合理的方法,以及如何提高水位预报精度。这些方法各有其优缺点。水文学经验性方法最为简单方便,不需要详细的地形资料,能快速进行测站水位预测预报,但往往精度不高;水力学数值模拟方法物理意义明确,但对地形和验证资料要求较高;流域水文模型结合气象降雨等因素,原则上能进一步提高预报精度,但同样受制于降雨、地形、坡度、植被等原始资料的获取,同时计算较为繁琐;时间序列分析方法根据系统观测得到的时间序列数据,通过曲线拟合和参数估计来建立数学模型,它把系统看作一个暗箱,不考虑外界因素的影响,假设预测对象的变化仅与时间有关,根据客观事物发展变化过程中的内在延续性进行预测,该方法依赖于历史观测数据及其数据模式,虽然较为简洁,但未考虑预测时段外界因素的影响,预报精度仍需进一步提高。神经网络模拟方法基于神经网络原理,属于一种智能算法,但由于该方法在预报水位过程中属于数据驱动,物理意义不明确,同时该方法的精度与数据系列的选取、输入因子的选取等均有关系,如何提高其预测预报精度也有待深入研究。大数据深度学习方法通过多种数据来源,从大量的历史水位、流量、气象、人类活动、数值模拟结果等信息中获取知识,建立水位预测预报模型,目的在于既能准确而又高效地预测河道水位,该方法是目前比较新颖前沿的预测技术,还处于发展过程中,需要不断投入人力、物力进行深入研究。

长江是我国第一大河,其水位预报的研究和应用较多,虽然其预测算法大部分是基于数理统计或机器学习,但是并没有一种模型跟其他模型相比有明显的优势,或者说,没有某种模型得到大家的公认——认为其优于其他模型,所以对水位预测问题的研究还处在探索阶段。如何根据预测点的实际情况,实际应用场景选择合适的算法是关键。

1.3 研究目标及主要成果

1.3.1 研究目标

研发多个水位预测模型,并对各水位预测模型精度进行分析、比选,逐步筛选出能适应于多种边界条件、场景下的水位预测综合方法,提高水位预测精度,并在长江上、中、下游典型河段开展水位预测技术示范应用。预期水位预测精度如下。

参考《水文情报预报规范》(GB/T 22482—2008),枯水期(10月—次年4月)预测时段内最小水位预报精度,1天预见期预报精度达到甲级标准,7天、10天预见期预报精度达到乙级标准。一次预报的误差小于许可误差时,为合格预报。合格预报次数与预报总次数之比的百分数为合格率,表示多次预报总体的精度水平:①当合格率大于等于85%时,预报精度等级为甲级。②当合格率大于等于70%且小于85%时,预报精度等级为乙级。

1.3.2 主要成果与创新点

开发了多元智能模型支持下的长江干线主要水文站点枯水期水位预测核心技术。

(1)构建了长江干线航道水位分析方法和预报技术体系

选择历史资料丰富的长江干线主要水文站点作为预测节点,采用多种资料统计分析方法,研发多个水位预测模型,并通过模糊综合评价法、层次分析法等,对各水位预测模型精度进行分析、比选,逐步筛选出能适应于多种边界条件、场景下的水位预测综合方法,提高水位预测精度。

(2)研发了基于机器学习、大数据深度学习等多元模型的长江干线航道水位

的智能预测系统

构建了受水利工程、支流及湖泊入汇顶托、河口感潮等影响的复杂航道水位的预报模块,研发了基于机器学习、大数据深度学习等多元模型的长江干线航道水位的智能预测系统。

(3)提出了水位预报成果修正技术

建立了机器自主学习与专家干预相融合的水位预报成果智能修正技术,提高了预报系统预报精度与航道应用需求适用性。

1.4　本书使用数据情况

现将本书使用水位数据及相应水位基面介绍如下。

第 4 章使用水位数据来源于长江水利委员会水文局,各站点水位基面情况分别为:

宜宾站冻结基面以上米数－1.455m＝1985 国家高程基准基面以上米数。

泸州站冻结基面以上米数－1.458m＝1985 国家高程基准基面以上米数

朱沱站冻结基面以上米数－1.381m＝1985 国家高程基准基面以上米数。

寸滩站冻结基面以上米数－1.487m＝1985 国家高程基准基面以上米数。

清溪场站冻结基面以上米数－1.508m＝1985 国家高程冻结基面基准基面以上米数。

宜昌站冻结基面以上米数－2.070m＝1985 国家高程冻结基面基准基面以上米数。

沙市站冻结基面以上米数－2.169m＝1985 国家高程基准基面以上米数。

莲花塘站冻结基面以上米数－1.941m＝1985 国家高程基准基面以上米数。

汉口站冻结基面以上米数－2.105m＝1985 国家高程基准基面以上米数。

九江站冻结基面以上米数－1.895m＝1985 国家高程基准基面以上米数。

大通站冻结基面以上米数－1.857m＝1985 国家高程基准基面以上米数。

南京站冻结基面以上米数－1.859m＝1985 国家高程基准基面以上米数。

第 5 章第 5.1 节使用数据、水位基面与第 4 章相同,其余小节使用水位数据来源于长江水利委员会水文局、长江航道局数字航道系统,各站点水位均已转化为 1985 国家高程基准。

第 6 章使用水位数据来源于长江水利委员会水文局、长江航道局数字航道系统,各站点水位均已转化为 1985 国家高程基准。

第 2 章 长江干线航道概况

2.1 长江干线航道现状

长江干线航道上起云南水富,下至长江入海口,全长 2843km。其中:云南水富—四川宜宾合江门河段 30km 航道由四川省交通运输厅负责养护管理,湖北秭归庙河—宜昌中水门段 59km 航道由长江三峡通航管理局负责养护管理,其余河段 2754km 航道由长江航道局负责养护管理。按照不同河段航道的特点划分为上、中、下游和长江口航道四段。

2.1.1 上游航道

宜宾合江门(上游航道里程 1044.0km)—宜昌九码头(上游航道里程 0.0km)为上游航道,习称川江航道,长 1044.0km,是典型的山区河流航道。三峡水库 175m 蓄水运行后,宜昌—重庆段成为库区,回水末端至重庆江津红花碛。宜宾合江门—江津红花碛为山区天然航道,江津红花碛—重庆涪陵为三峡水库变动回水区航道,重庆涪陵—三峡大坝为常年库区航道。

2.1.1.1 宜宾—重庆段

宜宾合江门(上游航道里程 1044.0km)—重庆羊角滩(上游航道里程 660.0km)段航道,全长 384km。该段流经峡谷、丘陵和山地,河床多为卵石,间有基岩,航槽相对稳定,航道弯曲狭窄,滩多流急,流态紊乱,共有 30 余处碍航滩险,以卵石浅滩碍航为主。

2.1.1.2 重庆—宜昌段

重庆羊角滩(上游航道里程 660.0km)—宜昌国际广场大厦(上游航道里程 0.0km),全长 660km。常年库区三峡大坝至丰都段航道水流平缓,航道条件根本改善;丰都至涪陵段航道因存在多处礁石,汛期水流条件仍呈现天然状态的特征,航道条件较丰都以下河段差,航道维护难度更大;涪陵以上段航道处于变动回水区,随着三峡水库在175～145m调度运行,航道条件呈现库区航道和天然航道的特征。主要航道问题是宽阔或弯曲河段累积性淤积导致的浅滩碍航问题以及礁石急险滩碍航问题;涪陵至庙河的485.5km常年库区航道,丰都以下段航道水流平缓、航道条件得到根本改善,丰都以上段汛期水流条件仍呈现天然状态的特征,因存在老虎梁、和尚滩等多处礁石,航道条件较丰都以下河段差,航道维护难度较大。目前,该段航道面临的主要问题是三峡水库库区累积性淤积以及礁石碍航问题。

2.1.2　中游航道

宜昌国际广场大厦(中游航道里程626.0km)至武汉长江大桥(中游航道里程2.5km)为中游航道,全长623.5km。中游河道蜿蜒曲折,局部河段主流摆动频繁,航槽演变剧烈,有10多处碍航浅滩,遇特殊水文年时极易发生碍航情况,三峡水库运行后清水下泄进一步加剧了中游航道变化的复杂程度。

宜昌以下为平原河流,按河道特性航道分为3段。

宜昌(中游航道里程626.0km)—枝城(中游航道里程570.0km)段,长56km,是山区河流航道进入平原河流航道的过渡段,两岸有低山、丘陵和阶地控制,河岸抗冲能力强,河床组成物较粗。河道多为顺直微弯河型,河床稳定,航道条件较好。

枝城(中游航道里程570.0km)—城陵矶(中游航道里程230.0km)段,又称荆江河段。两岸局部山矶节点分布较少,多为弯曲河段,近期随着大量河势控制工程和航道整治工程的实施,现为限制性弯曲河道。荆江河段九曲回肠、滩多水浅,历来是长江防洪的重要险段和航道建设维护的重点与难点。

城陵矶(中游航道里程230.0km)—武汉(中游航道里程2.5km)段,长227.5km,受洞庭湖汇入影响,流量较大、江面较宽,加上河道两岸存在多处山丘节点,多为宽窄相间的藕节状分汊河段,也存在多处暗礁,汊道内深泓摆动、洲滩冲淤及主支汊交替消长。

2.1.3　下游航道

武汉长江大桥(中游航道里程2.5km)—浏河口(下游航道里程25.4km)段航道,全长1020.3km。该河段水流平缓,河道开阔,航道条件较为优越。其中,武汉—安庆段,长376.7km,有汉江、鄱阳湖水系入汇,以分汊河道为主、洲滩冲淤消长、主流摆动、部分汊道交替发展的河道演变特点较突出,航道条件不稳定;安庆—南京段,长335.8km,有皖河、秋浦河、青弋江等支流入汇,河段宽窄相间,窄段河槽稳定、水深条件较好,宽段江心洲滩发育、多汊并存、水流分散,往往在汊道的上下口形成浅滩,航道条件不稳定;南京—浏河口段,长307.8km,江面进一步展宽,特别是出江阴后江面逐渐展宽成喇叭形,南通附近河宽达到 18km,口门处约为 90km,洲滩群生,航道多变。江阴以上为径流河段,江阴以下为潮流河段,受潮汐影响较大。

2.1.4　长江口航道

浏河口(下游航道里程 25.4km)—长江口灯船段航道,长 125.2km。长江口航道三级分汊,四口入海,崇明岛将长江口分为南北两支,南支在吴淞口附近被中央沙、长兴岛分为南港和北港,南港又由九段沙分为南槽和北槽。长江口段江面开阔,常年受风、浪、流影响,回淤大,变化复杂。南支南港北槽为主航道,满足 50000 吨级集装箱船全潮、50000 吨级散货船满载乘潮双向通航;北港航道满足 30000 吨级集装箱船乘潮通航,兼顾 5 万吨级减载散货船乘潮通航;南槽航道满足万吨级船乘潮通航;北支利用自然水深通航。

2.2　航道尺度及疏浚养护情况

长江干线航道在南京以上维护实际水深,南京以下全年维护航行基准面或理论最低潮面以下水深。2023 年度长江干线主航道养护尺度标准见表 2.2-1。

干线航道按照维护水深共分为 15 个区段,其中上游航道,重庆以上航道维护水深标准为 2.9m,重庆以下航道维护水深标准为 3.5~4.5m;中游航道,宜昌中水门—宜昌下临江坪的航道维护水深 4.5m,宜昌下临江坪—岳阳城陵矶的航道维护水深标准为 3.8~4.5m,城陵矶—武汉航道维护水深 4.5m;下游航道,武汉—安庆、安庆—芜湖高安圩河段的航道维护水深标准 6m,芜湖高安圩—芜湖长江大桥河段的航道维护水深标准 7.5m,芜湖长江大桥—南京燕子矶河段的航道维护水深标准 9m,南京燕子矶—南京新生圩河段的航道维护水深标准 10.5m,南京新生圩以下河段的航道维护水深标准 12.5m。

根据辖区内航道冲淤变化,部分重点水道淤积,导致航道养护尺度难以满足计划维护尺度情况,通过开展疏浚养护保障航道尺度(表 2.2-2)。从 2018 年以来的总体情况来看,宜宾—南京段疏浚量约 1100 万 m^3,南京—浏河口段疏浚量约 2000 万 m^3,浏河口—长江出海口约 5000 万 m^3。

为充分利用航道自然水深,增加船舶载货量,提高运输效益,从 2007 年开始,长江航道局根据水位季节性变化情况,按月向社会发布长江干线宜宾—浏河口段航道计划维护水深,提高中洪水期航道维护标准。

表 2.2-1

2023 年度长江干线主航道养护尺度标准

区段	里程	最小航道尺度（深×宽×弯曲半径，单位均为 m）	水深年保证率	1月	2月	3月	4月	5月	6月	7月	8月	9月	10月	11月	12月	备注
宜宾合江门—重庆羊角滩	上游 1044.0～660.0km	2.9×50×560	≥98%	2.9	2.9	2.9	2.9	3.2	3.5	3.7	3.7	3.7	3.5	3.2	2.9	
重庆羊角滩—涪陵李渡长江大桥	上游 660.0～547.6km	3.5×100×800	≥98%	4.5	4	3.5	3.5	3.5	3.5	4	4	4	4	4.5	4.5	
涪陵李渡长江大桥—宜昌庙河	上游 547.6～62.5km	4.5×150×1000	≥98%	5.5	5.5	5.5	5.5	5.5	4.5	4.5	4.5	4.5	5.5	5.5	5.5	
宜昌中水门—松滋跨宝山	上游 3.5～0km、中游 626.0～555.1km	3.5×100×750（提高前）	≥98%	3.5	3.5	3.5	4.5	4.5	4.5	4.5	4.5	4.5	3.5	3.5	3.5	2022 年 5 月 1 日试运行提高宜昌—武汉段中洪水朝尺度；2022 年 10 月 1 日试运行提高宜昌—荆州水门四码头至 10 月至次年 4 月维护；
		4.5×150×750（提高后）	≥98%	4.5	4.5	4.5	4.5	4.5	5	5	5	4.5	4.5	4.5	4.5	
松滋跨宝山—荆州四码头	中游 516～478km	3.5×100×750～1000（提高前）	≥98%	3.5	3.5	3.5	3.5	4.5	5.0	5.0	5.0	4.5	3.5	3.5	3.5	
		3.8×150×1000（提高后）	≥98%	3.8	3.8	3.8	3.8	4.5	5	5	5	4.5	3.8	3.8	3.8	
荆州四码头—岳阳城陵矶	中游 327.0～230.0km	3.8×150×1000（提高前）	≥98%	3.8	3.8	3.8	3.8	4.5	5	5	5	4	3.8	3.8	3.8	
		3.8×150×1000（提高后）	≥98%	3.8	3.8	3.8	3.8	4.5	5	5.5	5.5	5	3.8	3.8	3.8	

分月维护水深/m

续表

区段	里程	最小航道尺度（深×宽×弯曲半径，单位均为 m）	水深年保证率	分月维护水深/m												备注
				1月	2月	3月	4月	5月	6月	7月	8月	9月	10月	11月	12月	
岳阳城陵矶—武汉长江大桥	中游 230.0～2.5km	4.5×150×1000（提高前）	≥98%	4.5	4.5	4.5	4.5	5	5	5	5	5	4.5	4.5	4.5	2023 年 10 月试运行提高松子跨宝山—荆州四码头水深至 3.8m
		4.5×150×1000（提高后）	≥98%	4.5	4.5	4.5	4.5	4.5	6	6	6	5.5	4.5	4.5	4.5	
武汉长江大桥—安庆吉阳矶	中游 2.5～0km，下游 1043.2～669km	6.0×200×1050	≥98%	6	6	6	6	6	7	7	7	6.5	6	6	6	2023 年试运行提高洪水期 6—9 月尺度
			2023 年拟提高	6	6	6	6	6.5	7.5	8	7.5	6.5	6	6	6	
安庆吉阳矶—芜湖高安圩	下游 669.0～475.0km	6.0×200×1050	≥98%	6	6	6	6.5	7.5	8.5	9	9	8	7	6.5	6	
芜湖（高安圩）—芜湖长江大桥	下游 475.0～438.0km	7.5×500×1050	≥98%	7.5	7.5	7.5	7.5	7.5	8.5	9	9	8	7.5	7.5	7.5	
芜湖长江大桥—燕子矶	下游 438.0～337.0km	9.0×500×1050	≥98%	9	9	9	9	9	10.5	10.5	10.5	10.5	9	9	9	
燕子矶—新生圩	下游 337.0～331.4km	10.5×500×1050	≥98%	10.5	10.5	10.5	10.5	10.8	10.8	10.8	10.8	10.8	10.8	10.5	10.5	

续表

区段	里程	最小航道尺度（深×宽×弯曲半径，单位均为m）	水深年保证率	分月维护水深/m												备注
				1月	2月	3月	4月	5月	6月	7月	8月	9月	10月	11月	12月	
新生圩—江阴长江大桥	下游331.4~153.6km	12.5×500×1500	≥95%	12.5	12.5	12.5	12.5	12.5	12.5	12.5	12.5	12.5	12.5	12.5	12.5	
江阴长江大桥—太仓（浏河口）	下游154.0~25.4	12.5×500×1500	≥95%	12.5	12.5	12.5	12.5	12.5	12.5	12.5	12.5	12.5	12.5	12.5	12.5	理论最低潮面下
太仓浏河口—长江口	口外(W5)~浏河口	12.5×(350~460)×(W1:1500,W2:3000,W3:6500,W4:4500,Y3:2000)	≥95%	12.5	12.5	12.5	12.5	12.5	12.5	12.5	12.5	12.5	12.5	12.5	12.5	

注:1) 上述各区段航道养护尺度计划为正常水文年情况下的计划。若局部河段出现异常特殊的水情时，相关河段航道养护尺度经上级批准后，可作适当调整。

2) 上游1044是指上游航道里程1044km，下同。

3) 松滋跨宝山一荆州港四码头、条件受限河段航宽不小于100m；安庆吉阳矶一芜湖高安圩、条件受限河段航宽不小于150m；芜湖高安圩一南京新生圩、条件受限河段航宽不小于200m；南京以下12.5m深水航道，优良河段双向通航宽度不小于500m，受限河段双向航道宽度不小于350m，分汊河段单向航道宽度为230~260m，其中福姜沙北水道最小航道宽260m，福姜沙中水道航宽420m；鳗鱼沙河段左、右汊最小航宽230m；落成洲左汊最小航宽350m(其中92#—94#为红、黑浮航段最小航宽450m)；和畅洲左汊最小航宽250m；成德洲东港副航道无法需要尺度要求时，按自然水深维护。

4) 养护计划尺度试运行期，不计南京长江大桥以下主航道行基准面以下水深；江阴长江大桥河段养护航道为航行基准面以下水深，南京新生圩以下副航道中，仅征捷水深。

5) 南京新生圩至江阴长江大桥河段主航道为理论最低潮面下水深，福姜沙南水道为理论最低潮面下水深。太平洲捷水道、白茆沙北水道、北支水道、长江口南槽航道为理论最低潮面下水深。

表 2.2-2   长江干线航道养护疏浚量统计

河段	区域局	水道名称	疏浚量/万 m³			
			2020 年	2021 年	2022 年	2023 年
合江门—丰都	宜宾局	李庄水道		3.75		
		铜鼓滩水道		8.41		
		香炉滩水道	5.41	1.95	4.99	8.09
		井口水道	2.54		2.42	
	泸州局	纳溪水道		2.57		
		石棚水道			3.86	
		小米滩水道	7.43	1.79	3.02	1.11
		瓦窑滩水道			4.57	
		神背嘴水道	3.36			
		叉鱼碛水道	3.60	2.02	2.90	7.38
		东溪口水道	1.92	0.89	2.79	1.56
		温中坝水道		2.44		1.73
	重庆局	兰家沱水道		2.08		
		苦竹碛水道	4.62		2.16	
		乌木桩水道	1.77			
		三角碛水道		2.63		
		鱼洞水道				3.06
宜昌—大埠街	宜昌局	虎牙峡水道			5.14	
		宜都水道			2.94	
		关洲水道		9.21	4.51	
		芦家河水道	6	5.59	19.09	13.31
		枝江—江口河段	51.56	68.34	68.12	50.93
	宜昌局、荆州处	大埠街水道	5.99	2.63	28.78	3.21
	荆州处	浣市水道		6.65	7.3	
		太平口水道	317.61	147.66	116.35	51.73
		瓦口子水道	4.79			
		周天河段	22.21	90.11	142.58	100.09
		藕池口水道	8.45	43.06		
	岳阳处	窑监大河段		8		
		反咀水道		1.67		
		熊家洲—城陵矶河段	17.57	15.77	7.57	
		界牌	38.09	182.36	152.95	200.37

续表

河段	区域局	水道名称	疏浚量/万 m³			
			2020 年	2021 年	2022 年	2023 年
宜昌—大埠街	武汉局	嘉鱼—燕窝河段	65.97	149.32	160.82	82.10
		金口水道				
		武桥水道				11.80
		汉口水道	27			
		牧鹅洲水道				
		戴家洲水道		22.28	62.9	
		牯牛沙水道	29.14			
		蕲春水道			9.76	7.50
		鲤鱼山水道				
上巢湖—新生圩	九江处	九江水道	527.53	247.5	225.83	229.83
		张家洲水道	0.07	51.97		
	芜湖处	安庆水道		2.99	18.81	
		裕溪口水道		4.58		
		土桥水道			92.16	63.10
		黑沙洲水道				
		江心洲水道	7.57	62.81	72.18	
	南京局	凡家矶水道		20.9		
		宝塔水道	3.61	8.37	17.5	
新生圩—浏河口	南京局	龙潭水道	0.5	8	4.5	3.41
	镇江处	仪征水道	310	157.1	138.9	114.62
		和畅洲河段	4.2	56.3		
		口岸直落成洲	326	321	354.2	507.48
		口岸直鳗鱼沙	507	169	218.5	
	上海处	福北水道	741	1203.8	915.1	664.17
		福中水道(含福姜沙左汊进口、浏海沙水道)	103	39.1	90.7	78.03
		福南水道(维护水深 10.5m)	33	9.3	21.4	6.21
		南通水道	105	131	155.6	87.57
		通东水道	8	34	73.5	88.95
		浏河水道				

第3章 长江干线总体水沙特性

3.1 水沙变化特征

近年来,长江上游干支流修建了一系列的世界级超大型水库,2003 年三峡水库开始下闸蓄水、2020 年进入正常运行期,总库容 393 亿 m³,此外金沙江下游梯级水库群 4 个大型水库也陆续开始蓄水运行,其中的向家坝和溪洛渡水库的库容分别为 51.6 亿 m³和 126.7 亿 m³,于 2012 年和 2013 年陆续投入运行,乌东德和白鹤滩的库容分别为 76亿 m³和 206 亿 m³,分别于 2020 年和 2021 年下闸蓄水。这些梯级水库群的相继建成运行,对其长江上、下游水情水沙均产生了巨大影响。

3.1.1 长江上游水沙特性

20 世纪 90 年代以来,长江上游径流量变化不大,与 1990 年前均值相比,1991—2002 年长江上游水量除嘉陵江北碚站减少 25%、横江站和沱江富顺站分别减少 15%和16%外,其余各站变化不大。2003—2012 年,较 1991—2002 年均值相比,北碚站来水偏多 24%,武隆站来水偏少 21%,其余各站变化较小。2013—2021 年,较 2003—2020 年均值相比,横江站、岷江高场站、沱江富顺站、嘉陵江北碚站、乌江武隆站来水分别偏多17%、9%、34%、7%、17%。

20 世纪 90 年代以来,受水利工程拦沙、降雨时空分布变化、水土保持、河道采砂等因素的综合影响,长江上游输沙量明显减少(表 3.1-1、图 3.1-1)。与 1990 年前均值相比,1991—2002 年长江上游输沙量各站均明显减小,其中尤以嘉陵江和沱江最为明显,分别减小了 72%和 68%。2003—2012 年,上游来沙进一步减少,各站较 1991—2002 年均值减幅在 15%~72%,其中武隆站来沙减小了 72%。2013 年开始受溪洛渡、向家坝水库蓄水影响,向家坝站 2013—2021 年均值较 2003—2012 年减少 99%;横江站、沱江富顺站、嘉陵江北碚站来沙较 2003—2012 年分别偏多 9%、395%、25%。

表 3.1-1　　　　　　　　　　　长江上游主要水文站年径流量和输沙量变化

河流		金沙江	横江	岷江	沱江	长江	嘉陵江	乌江	三峡入库
水文控制站		向家坝	横江	高场	富顺	朱沱	北碚	武隆	
控制流域面积/万 km²		45.88	1.48	13.54	1.96	69.47	15.67	8.30	93.45
径流量 /亿 m³	1990 年前	1440	90.14	882.0	129.0	2659	704.0	495.0	3858
	1991—2002 年	1506	76.71	814.7	107.8	2672	529.4	531.7	3733
	2003—2021 年	1384	77.21	822.9	118.8	2604	682.8	456.9	3744
	2013—2021 年	1376	83.49	860.6	136.9	2693	708.3	495.2	3897
输沙量 /万 t	1990 年前	24600	1370	5260	1170	31600	13400	3040	48000
	1991—2002 年	28100	1390	3450	372	29300	3720	2040	35100
	2003—2021 年	7520	571	2630	602	11100	3260	441	14800
	2013—2021 年	147	598	2290	1040	4710	3650	298	8660
含沙量 /(kg/m³)	1990 年前	1.71	1.52	0.596	0.907	1.19	1.9	0.614	1.24
	1991—2002 年	1.87	1.81	0.423	0.345	1.1	0.703	0.384	0.94
	2003—2021 年	0.543	0.74	0.32	0.507	0.426	0.477	0.0965	0.395
	2013—2021 年	0.0107	0.716	0.266	0.76	0.175	0.515	0.0602	0.222

注:1)1990 年前数据为三峡工程初步设计采用值。

2)三峡入库径流量和输沙量采用朱沱站、北碚站、武隆站三站之和,下同。

(a)向家坝站

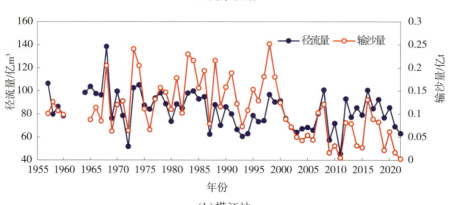

(b)横江站

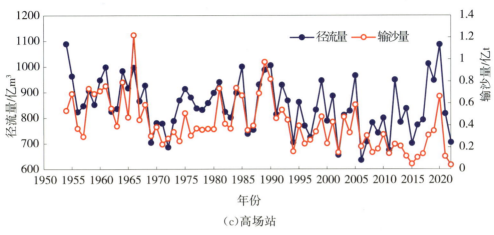

（c）高场站

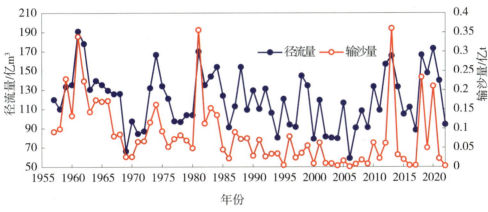

（d）富顺站

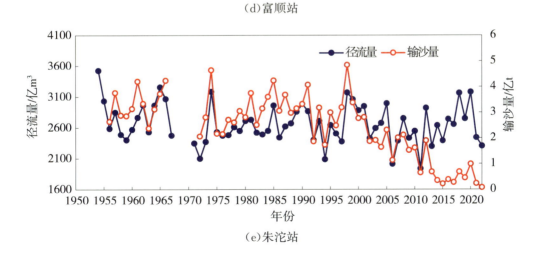

（e）朱沱站

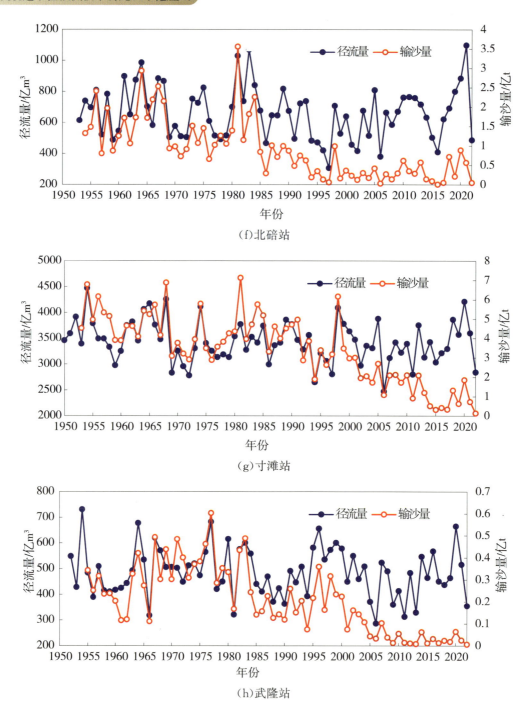

图 3.1-1 长江上游主要水文站径流量与输沙量历年变化过程

3.1.2 长江中下游的水沙特性

长江中下游两岸支流、湖泊众多,江湖关系复杂。枝城以上清江自右岸汇入,荆江右岸有松滋、太平、藕池、调弦四口(调弦已于 1959 年封堵,故又称三口)分荆江水沙入洞庭湖,洞庭湖区西南有湘、资、沅、澧四水,三口和四水水沙经洞庭湖调蓄后,于城陵矶汇入长江,城陵矶—汉口左岸有长江最大支流汉江入汇,鄱阳湖于湖口处汇入长江。

3.1.2.1 干流主要站点

三峡水库蓄水前(1950—2002 年),坝下游宜昌、汉口、大通站多年平均径流量分别为 4369 亿 m³、7111 亿 m³、9052 亿 m³(表 3.1-2)。三峡水库蓄水后,2003—2021 年长江中下游各站除监利站年均径流量较蓄水前偏多 6%,沙市站持平,其他各站年均径流量偏枯 3%～4%,宜昌、汉口、大通站径流量较蓄水前分别偏少 4%、3%、3%。

三峡水库蓄水前(1950—2002 年),坝下游宜昌、汉口、大通站多年平均输沙量分别为 4.92 亿 t、3.98 亿 t、4.27 亿 t。三峡水库蓄水后,2003—2021 年各站输沙量沿程减小,幅度则在 69%～93%,且减幅沿程递减(图 3.1-2),宜昌、汉口、大通站较蓄水前分别减少 93%、76%、69%。

表 3.1-2 长江中下游主要水文站年均径流量和输沙量变化

项目		宜昌	枝城	沙市	监利	螺山	汉口	大通
径流量 /亿 m³	2002 年前	4369	4450	3942	3576	6460	7111	9052
	2003—2021 年	4216	4311	3931	3803	6255	6977	8827
	2013—2021 年	4480	4553	4123	3994	6666	7291	9328
输沙量 /万 t	2002 年前	49200	50000	43400	35800	40900	39800	42700
	2003—2021 年	3370	4070	5040	6700	8310	9500	13200
	2013—2021 年	1750	2090	2930	4860	6820	7380	11800
含沙量 /(kg/m³)	2002 年前	1.13	1.12	1.10	1.00	0.633	0.560	0.472
	2003—2021 年	0.0799	0.0944	0.128	0.176	0.133	0.136	0.15
	2013—2021 年	0.0391	0.0459	0.0711	0.122	0.102	0.101	0.127

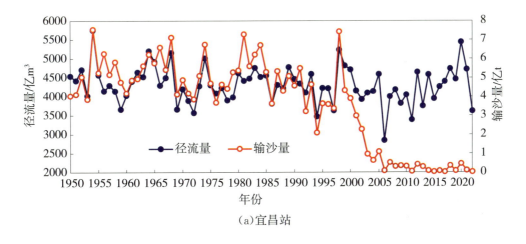

(a)宜昌站

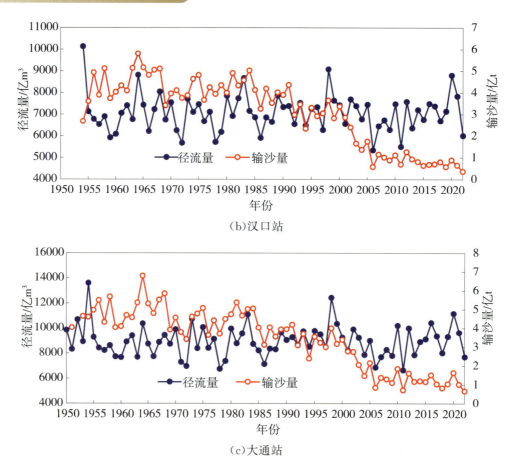

（b）汉口站

（c）大通站

图 3.1-2　长江中下游主要水文站年径流量、输沙量历年变化过程

3.1.2.2　洞庭湖水沙变化

洞庭湖水沙主要来自荆江三口分流和湘江、资水、沅江、澧水四水，经湖区调蓄后由城陵矶注入长江。

三峡水库蓄水运用前，下荆江裁弯、葛洲坝水利枢纽兴建等导致荆江河床冲刷下切、同流量中枯水位下降，加之受三口分流河道淤积以及三口口门段河势调整等因素影响，荆江三口分流分沙一直处于衰减之中（图 3.1-3、表 3.1-3）。1990 年代后，衰减趋势变缓。三峡水库蓄水运用以来 2003—2021 年与 1999—2002 年相比，三口年均分流量减少近 137.3 亿 m^3，减幅为 22%，三口年均分沙量由 5670 万 t 减少为 811 万 t，减幅为86%。与三峡水库蓄水运用后分流减少相对应，三口枯水期断流天数总体略有增加。

洞庭湖四水入湖水量变化不大，沙量呈明显减小趋势。2003—2021 年，洞庭湖四水与荆江三口分流合计年均入湖水、沙量较 1981—2002 年均值分别减少 11%、85%；城陵矶年均出湖水、沙量较 1981—2002 年均值减少了 9%、38%。洞庭湖入、出湖年水沙量变化过程见图 3.1-4 和图 3.1-5。

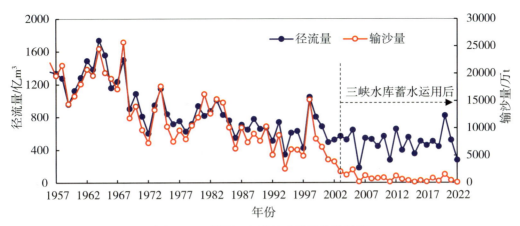

图 3.1-3 荆江三口分流分沙量变化过程

表 3.1-3   洞庭湖入、出湖水沙量时段变化统计

项目		荆江三口	湘江 湘潭站	资水 桃江站	沅水 桃源站	澧水 石门站	四水合计	入湖合计	城陵矶（出湖）
径流量/亿 m³	1956—1980 年	11098	622	218	639.9	149	1629	2729	2983
	1981—2002 年	685.3	698.7	240.1	640	144.9	1724	2409	2738
	2003—2021 年	499.1	642.5	217.1	652.6	144.8	1657	2156	2492
输沙量/万 t	1956—1980 年	15600	1070	229	1450	677	3430	19000	5070
	1981—2002 年	8660	865	149	664	453	2130	10800	2780
	2003—2021 年	850	464	54.9	126	160	805	1660	1740

注：入湖水沙未包括未控区间来量。

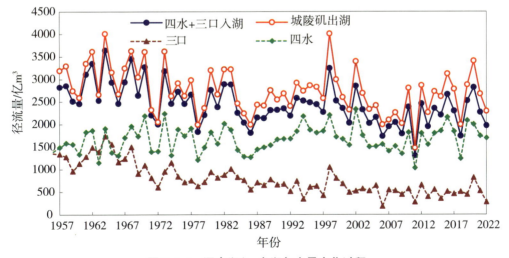

图 3.1-4 洞庭湖入、出湖年水量变化过程

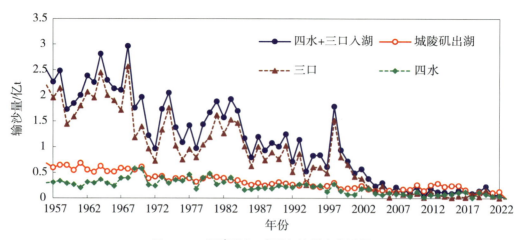

图 3.1-5 洞庭湖入、出湖年沙量变化过程

3.1.2.3 鄱阳湖水沙变化

鄱阳湖承纳赣江、抚河、信江、饶河、修水五河的来水,经调蓄后由湖口注入长江。湖区泥沙绝大部分来源于赣江。

1956—2002 年,五河年均入鄱阳湖水、沙量分别为 1228 亿 m^3、1470 万 t,湖口出湖年均水、沙量分为 1476 亿 m^3、938 万 t。湖区年平均淤积泥沙为 482 万 t,淤积主要集中在五河尾闾和入湖三角洲。

2003—2021 年,五河年平均入鄱阳湖水、沙量较蓄水前分别减少了 2%、57%;湖口出湖年均水、沙量较蓄水前分别增多了 1%、5%,见表 3.1-4。鄱阳湖入、出湖年水、沙量变化过程见图 3.1-6 和图 3.1-7。2000 年以来出湖沙量明显大于入湖沙量,2017 年后入湖沙量略大于出湖沙量,出湖水道呈冲刷状态。

表 3.1-4　　　　　　　　　鄱阳湖入、出湖水沙量时段变化统计

项目		赣江 外洲站	抚河 李家渡站	信江 梅港站	饶河		修水		入湖 合计	湖口 (出湖)
					虎山站	渡峰坑站	万家埠站	虬津站		
径流量 (亿 m^3)	1956—2002 年	685	127.3	178.9	71.32	46.27	35.08	84.33	1228	1476
	2003—2021 年	670.5	117.6	181.1	70.83	47.39	35.74	82.3	1205	1502
输沙量 (万 t)	1956—2002 年	954	148	221	59.4	46.2	38.8	/	1470	938
	2003—2021 年	241	101	105	108	45.8	24.8	/	626	1010

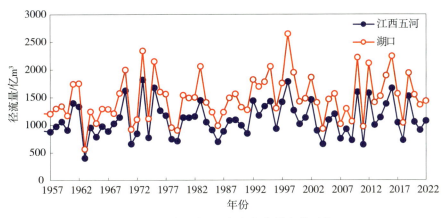

图 3.1-6　鄱阳湖入、出湖年水量变化过程

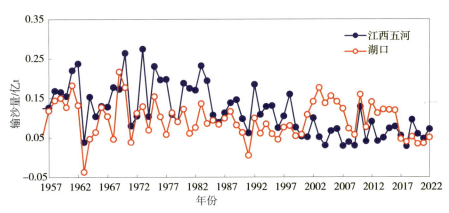

图 3.1-7　鄱阳湖入、出湖年沙量变化过程

3.1.3　长江中下游的推移质变化

3.1.3.1　砾卵石推移质

葛洲坝水利枢纽建成前,1974—1979 年宜昌站断面砾卵石推移量为 30.8 万～226.9 万 t,年平均为 81 万 t。1981—1982 年,由于葛洲坝水利枢纽建成后宜昌站砾卵石推移量出现明显减小,1981—2002 年宜昌站砾卵石推移量减小至 17.46 万 t,减幅为 78.4%。

三峡水库蓄水运用后,坝下游推移质泥沙进一步减小。2003—2010 年宜昌站砾卵石推移量减小至 4.2 万 t,较 1974—2002 年均值减小了 60.4%。2011—2021 年,宜昌站砾卵石推移量均小于 0.5 万 t,其余站基本测不到砾卵石推移质。

2022 年,长江中下游干流各站均未测到砾卵石推移质(图 3.1-8)。

3.1.3.2　沙质推移质

葛洲坝水利枢纽建成前,1973—1979 年宜昌站断面沙质推移量为 950 万～1230 万 t,

平均为 1057 万 t。葛洲坝水利枢纽建成后推移质输沙量出现明显减小,1981—2002 年宜昌站沙质推移量减小至 137 万 t,减幅达 87%。

三峡水库蓄水运用后,坝下游推移质泥沙大幅减小。2003—2022 年宜昌站年均沙质推移量减小至 8.26 万 t,较 1981—2002 年均值减小了 94.1%。此外,2003—2022 年枝城、沙市、监利、螺山、汉口和九江站沙质推移量年均值分别为 174 万 t、211 万 t、306 万 t（2008—2022 年）、179 万 t（2009—2022 年）、194 万 t（2009—2022 年）和 48.4 万 t（2009—2022 年）。

2022 年,宜昌站未测到沙质推移质,枝城、沙市、监利、螺山、汉口和九江站沙质推移量分别为 2.66 万 t、83 万 t、182 万 t、409 万 t、215 万 t 和 41.5 万 t,其中螺山站沙质推移质增加明显,其他各站均有减少(图 3.1-9)。从其沿程变化来看,宜昌—螺山段推移量沿程增加,螺山—九江段推移量沿程总体呈现减少趋势。近年来,监利—螺山段表现为"冲细淤粗",导致螺山站上游河床床沙变粗,推移质量增多。

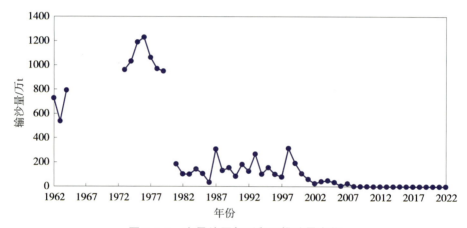

图 3.1-8　宜昌站历年砾卵石推移量变化

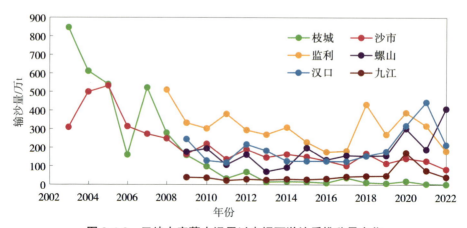

图 3.1-9　三峡水库蓄水运用以来坝下游沙质推移量变化

3.2 冲淤变化特征

3.2.1 长江上游河道冲淤

三峡水库175m试验性蓄水后,回水末端上延至江津附近(距大坝约660km),变动回水区为江津—涪陵段,长约173.4km,占库区总长度的26.3%;常年回水区为涪陵—大坝段,长约486.5km,占库区总长度的73.7%。

3.2.1.1 宜宾—江津段

实测断面资料表明,2012年10月—2021年10月宜宾—江津段(长约296km)累计冲刷泥沙13917万m³(含河道采砂影响)。其中:宜宾—朱沱段(长约233km)和朱沱—江津段(长约63km)分别冲刷泥沙7929万m³和5988万m³,单位河长冲刷量分别为34万m³/km和95万m³/km(图3.2-1、图3.2-2)。

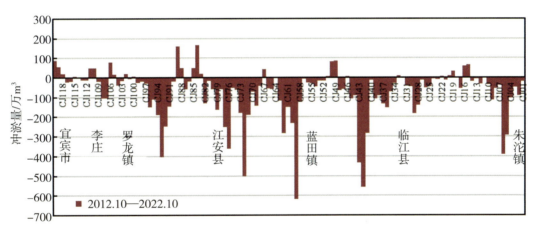

图3.2-1 宜宾—朱沱段冲淤沿程分布

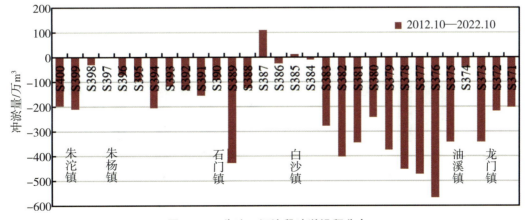

图3.2-2 朱沱—江津段冲淤沿程分布

3.2.1.2 三峡库区段

三峡水库蓄水运用以来,2003 年 3 月—2021 年 10 月,三峡库区累积淤积泥沙 17.834 亿 m³。其间,水库变动回水区总体冲刷,累计冲刷 0.694 亿 m³(含河道采砂影响);淤积主要集中在涪陵以下的常年回水区,累计淤积 18.528 亿 m³(表 3.2-1)。

表 3.2-1　　　　　　　　　　　三峡水库干流河段冲淤量

项目	时段	变动回水区			常年回水区		
		江津—大渡口	大渡口—铜锣峡	铜锣峡—涪陵	涪陵—丰都	丰都—奉节	奉节—大坝
河段长度/km		26.5	35.5	111.4	55.1	274.5	156.9
总冲淤量/亿 m³	2003.03—2006.10	/	/	−0.017	0.020	2.698	2.735
	2006.10—2008.10	/	/	0.107	−0.003	1.294	1.104
	2008.10—2021.10	−0.414	−0.177	−0.193	0.536	7.426	2.718
	2003.03—2021.10	−0.414	−0.177	−0.103	0.553	11.419	6.557

3.2.2 中下游河道冲淤

在三峡工程蓄水运用后,坝下游河段明显冲刷。

3.2.2.1 宜昌—湖口段

三峡水库蓄水运用前(1975—2002 年),宜昌—湖口段平滩河槽总体冲刷 16871 万 m³,年均冲刷量仅 0.063 亿 m³/a,河段总体基本冲淤平衡。三峡水库蓄水运用后,2002 年 10 月—2021 年 4 月,宜昌—湖口段平滩河槽总冲刷量为 262439 万 m³(含河道采砂影响)。断面表现为滩槽均冲,冲刷主要集中在枯水河槽,其冲刷量占平滩河槽冲刷量的 92%。在三峡水库围堰蓄水期,河段普遍冲刷,年平均冲刷强度为 15.1 万 m³/(km·a),宜昌—枝城段冲刷强度最大;在三峡水库初期运用期,河床略有冲刷,2006 年 10 月—2008 年 10 月年平均冲刷强度为 0.5 万 m³/(km·a);自三峡水库 175m 试验性蓄水以来,除宜昌—枝城段外,坝下游河床冲刷强度明显增大,2008 年 10 月—2020 年 11 月年均冲刷强度为 17.5 万 m³/(km·a),以荆江河段冲刷强度最大(图 3.2-3、表 3.2-2)。

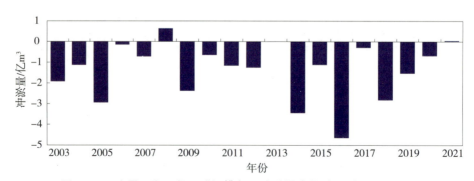

图 3.2-3 宜昌—湖口段平滩河槽年际冲淤量变化过程(负值为冲刷)

表 3.2-2　　　　　　　　不同时段宜昌—湖口河段冲淤量对比（平滩河槽）

项目	时段	河段				
		宜昌—枝城	荆江	城陵矶—汉口	汉口—湖口	宜昌—湖口
河段长度/km		60.8	347.2	251.0	295.4	954.4
总冲淤量/万 m³	1975—2002	−14400	−29804	10726	16607	−16871
	2002.10—2006.10	−8138	−32830	−5990	−14679	−61637
	2006.10—2008.10	−2230	−3569	197	4693	−909
	2008.10—2020.11	−6051	−86547	−46279	−61394	−200271
	2002.10—2021.4	−16670	−126595	−50199	−68975	−262439
年均冲淤强度/(万 m³/(km·a))	1975—2002	−8.8	−3.2	1.6	2.1	−0.7
	2002.10—2006.10	−33.5	−23.6	−4.8	−9.9	−15.1
	2006.10—2008.10	−18.3	−5.1	0.4	7.9	−0.5
	2008.10—2020.11	−8.3	−20.8	−15.4	−17.3	−17.5
	2002.10—2020.11	−15	−19.7	−10.9	−12.7	−14.9

注：1）城陵矶—湖口段 2002 年 10 月地形（断面）采用 2001 年 10 月资料。

2）宜昌—枝城段 2021 年 4 月地形（断面）采用 2021 年 10 月资料。

3.2.2.2　湖口—徐六泾段

（1）湖口—江阴

三峡蓄水运用之前,湖口至江阴河段冲淤变化较小,1975—2001 年均淤积泥沙 0.7 万 m³/(km·a)。三峡水库蓄水运用以来,2001 年 10 月—2021 年 11 月,平滩河槽冲刷泥沙 17.06 亿 m³（含河道采砂影响）,年平均冲刷强度达 12.9 万 m³/(km·a)。冲刷主要集中在枯水河槽,占平滩河槽冲刷量的 86%（表 3.2-3）。

表 3.2-3　　　　　　　　不同时段湖口—江阴段平滩河槽冲淤量对比

项目	时段	湖口—大通	大通—江阴	湖口—江阴
河段长度/km		228.0	431.4	659.4
总冲淤量/万 m³	1975—2001	17882	−5154	12728
	2001.10—2006.10	−7986	−15087	−23073
	2006.10—2011.10	−7611	−38150	−45761
	2011.10—2016.10	−21569	−27109	−48678
	2016.10—2021.11	−15054	−38082	−53136
	2001.10—2021.11	−52220	−118428	−170648

项目	时段	湖口—大通	大通—江阴	湖口—江阴
年均冲淤强度 /(万 m³/(km·a))	1975—2001	3.0	−0.5	0.7
	2001.10—2006.10	−7.0	−7.0	−7.0
	2006.10—2011.10	−6.7	−17.7	−13.9
	2011.10—2016.10	−18.9	−12.6	−14.8
	2016.10—2021.11	−13.2	−17.7	−16.1
	2001.10—2021.11	−11.5	−13.7	−12.9

（2）江阴—徐六泾

三峡蓄水运用之前，江阴至徐六泾河段基本冲淤平衡，1977—2001 年平均淤积泥沙 0.001 亿 m³/a。三峡水库蓄水运用以来，2001 年 10 月—2021 年 11 月累积冲刷 6.17 亿 m³，年均冲刷量 0.309 亿 m³/a。

3.2.2.3　长江河口段

三峡水库蓄水运用之前（1984—2001 年），南支河段年均冲刷泥沙 0.117 亿 m³/a，北支河段则年均淤积泥沙 0.243 亿 m³/a。三峡水库蓄水运用以来，2001 年 8 月—2021 年 11 月，南支河段累计冲刷 3.95 亿 m³，年均冲刷量为 0.198 亿 m³/a；北支河段淤积 3.14 亿 m³，年均淤积量为 0.157 亿 m³/a。

总体而言，三峡工程运用后，一方面增加了长江中下游的枯水流量；另一方面大部分河段枯水河槽冲刷以深切为主，河床沿程起伏有所减小，有的浅滩碍航程度可望削弱，同时支汊发展可能会受到限制，有的浅滩（如分流口门处的浅滩）可能消失，总体上极大改善了长江中下游的航道条件。

第4章　长江干流水位变化特征分析

4.1　总体水位变化特征及主要影响因素

4.1.1　长江干流水位变化特征

4.1.1.1　长江上游水位特征

长江上游三峡大坝—宜宾段根据受三峡水库的影响程度不同,可分为宜宾—江津段、江津—涪陵段(变动回水区段)、涪陵—三峡大坝段(常年回水区段),各段受河道特性差异的影响,水位变化也表现出不同的特点(图 4.1-1)。

(1)宜宾—江津段

宜宾—江津红花碛基本属于天然河道,水位变化过程影响因素比较单一,主要受上游来水影响,水位—流量关系相关性较好。河段内水位枯水期 1—4 月及次年 11—12 月枯水期变化平稳,日变幅在 0.5m 以内,在向家坝蓄水运用后,日内变幅有所加大,汛期水位变化陡涨陡落,日变幅可达 3m 以上。

(2)江津—涪陵段

江津红花碛—涪陵李渡为变动回水区,回水范围受坝前水位和上游来水共同影响,上游来水越大,回水范围越小,反之则越大,坝前水位越高回水范围越大,反之越小,受两者共同影响,库区汛期水位不断变化。变动回水区水位变化主要表现为天然情况下的枯水期(当年 11 月—次年 3 月),受蓄水影响,最低水位均有所抬高,其值由上游向下游递增;而在汛期由于受三峡蓄水影响程度相对较小,基本表现出天然河段特性。

1)非汛期水位变化。

三峡工程 175m 蓄水后,随着坝前水位及上游来流的不断变化,变动回水区不同时段的水位变化特点也不尽相同。坝前水位一定时,上游来流量越大,库区水位变化受上游来水的影响范围逐渐增大。但随着三峡坝前水位的逐渐抬升,受蓄水影响范围则逐渐增大。以长寿为界,长寿以下水位变化表现出明显的受坝前水位影响的特点。当三峡坝前水位达到160m及以上时,寸滩以下均明显受到坝前水位的影响。年初1—5月,三峡坝前水位逐渐消落,当5月下旬坝前水位低于160m以下时,寸滩站以上河道受水库影响减弱,逐渐恢复为天然河道,但长寿以下水位变化基本仍受坝前水位影响。下面将以寸滩站为例,分析本段水位变化特点:

三峡工程试验性蓄水以来,寸滩站实测水位资料表明,当坝前水位低于160m时,寸滩为天然河道,基本不受三峡水库蓄水的影响。而11月—次年5月,坝前水位160m以上时,寸滩水位明显受到坝前水位的影响;消落期至5月下旬,寸滩水位基本不受三峡水库蓄水影响,为天然河道。

2)汛期水位变化。

洪水期坝前水位较低时,调蓄洪水对重庆水位影响较小。清溪场以下则表现出明显受到坝前水位影响的特性,水面线较蓄水前有明显抬升,比降变缓。

（3）涪陵—三峡大坝段

涪陵—三峡大坝段属于常年回水区,常年受坝前水位影响,上游来水对其影响较小,其水位值与坝前水位差异较小。

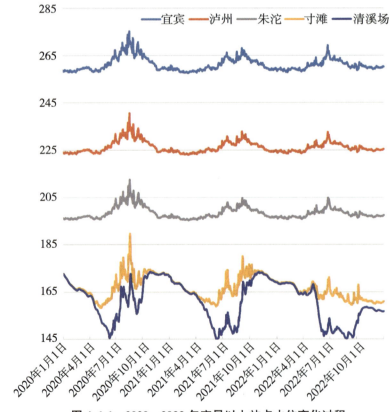

图4.1-1　2020—2022年宜昌以上站点水位变化过程

4.1.1.2　长江中下游水位特征

　　长江中游宜昌—大通段包括紧邻三峡葛洲坝下游的近坝河段及下游的平原河段，河段内水位变化主要表现出天然河道的特性，水位变幅较山区河段有所减小，但洪枯季水位差异依然较为明显，同时本河段水系复杂，江湖关系密切，水位变化也表现出明显受湖泊调蓄影响的特点(图 4.1-2)。

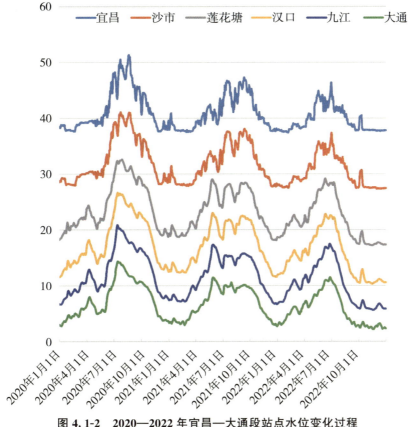

图 4.1-2　2020—2022 年宜昌—大通段站点水位变化过程

　　(1)宜昌—城陵矶段

　　长江中游宜昌—城陵矶段包括葛洲坝下游砂卵石河段及荆江河段，河段多弯曲、分汊。其中宜昌—石首的近坝河段及上荆江段，河道内水位主要受三峡下泄流量调节，径流量对水位影响极为明显，洪水期水位较高、水位变幅大，枯水期水位较低，水位变幅小。以宜昌站近年来实测资料为例，枯水期，11 月—次年 4 月，水位相对较低，且变化幅度一般不超过 2m，涨水期及洪水期，水位较枯水期明显增大，最大增加幅度可达 10m 以上，水位波动大，陡涨陡落较明显。退水期，水位下降速度较快一般在 9 月中旬—10 月初降至枯水水位。

　　石首—城陵矶属下荆江河段，河道蜿蜒曲折，江湖关系复杂河道内水位在受到径流影响的同时也受到洞庭湖调蓄影响,城陵矶水位对本河段内水位变化也有一定的制约作用。以监利站为例,其水位变化一定程度上也表现出明显的洪枯季变化特点,但水位变化幅度较宜昌站明显降低,同时水位变化过程较宜昌趋于平缓,陡涨陡落现象基本消失,以上现象表明洞庭湖调蓄对削减峰值流量、减小水位变化速率方面均有较为明显的作用。

(2)城陵矶—大通段

城陵矶—大通段内,长江干流来流量较大,区间虽有一定的支流入汇,但较宜昌—城陵矶段相比,干流流量显著增大,支流流量反而相对有所减小,支流入汇所占干流比例较宜昌—城陵矶段明显减小,水位变化表现出明显受干流来流支配的变化特点。以汉口与九江两站水位变化为例,上述河段内水位年内间洪枯季差异较为明显,洪水期水位波动幅度较上游有所减小,枯水期水位波动幅度较上游有所增大。

4.1.1.3 感潮河段潮汐特征

长江下游大通站以下较大的入江支流有安徽的青弋江、水阳江、裕溪河,江苏的秦淮河、滁河、淮河入江水道、太湖流域等水系,入汇流量仅占长江总流量的 3%～5%。

长江口为中等强度潮汐河口,呈非正规半日浅海潮,每日两涨两落,且有日潮不等现象,在径流与河床边界条件阻滞下,潮波变形明显,涨落潮历时不对称,涨潮历时短,落潮历时长,潮差沿程递减,落潮历时沿程递增,涨潮历时沿程递减。其潮汐统计特征值见表 4.1-1。最高潮位通常出现在台风、天文潮和大径流三者或两者遭遇之时,其中台风影响较大。

表 4.1-1 　　　　　　　大通以下沿程各站的潮汐统计特征(1985 国家高程)

特征值	大通	芜湖	南京	镇江	三江营	江阴	天生港	徐六泾	杨林
最高潮位/m	14.7	10.99	8.31	6.70	6.14	5.28	5.16	4.83	4.50
最低潮位/m	1.25	0.23	−0.37	−0.65	−1.10	−1.14	−1.50	−1.56	−1.47
平均潮位/m	6.72	4.64	3.33	2.63	1.95	1.27	0.97	0.77	0.23
平均潮差/m	/	0.28	0.51	0.96	1.19	1.69	1.82	2.01	2.19
最大潮差/m	/	1.11	1.56	2.32	2.92	3.39	4.01	4.01	4.90
最小潮差/m	0	0	0	0	0	0	0.0	0.02	0.01

长江口潮流界随径流强弱和潮差大小等因素的变化而变动,枯季潮流界可上溯到镇江附近,洪季潮流界可下移至澄通河段西界港附近(图 4.1-3)。据实测资料统计分析可知,当大通径流在 10000m³/s 左右时,潮流界在江阴以上,当大通径流在 40000m³/s 左右时,潮流界在如皋沙群一带,大通径流在 60000m³/s 左右时,潮流界将下移到芦泾港—西界港一线附近。

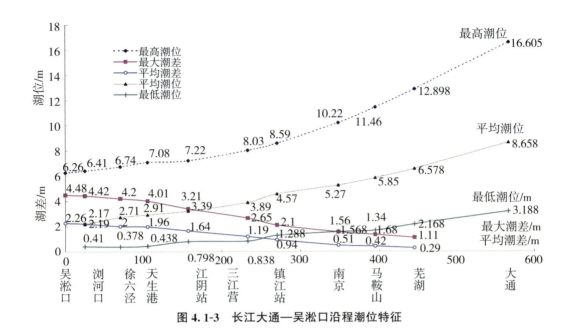

图 4.1-3　长江大通—吴淞口沿程潮位特征

4.1.2　枯水位变化主要影响因素

根据总体水位变化特征的分析可知,引起水位波动幅度最大的为水电站日调节、取水设施等水工程影响,其次为降雨等引起的流量及分汇流的变化,为此开展具体分析。

4.1.2.1　水电站日调节影响

电站日发电计划不仅关系到电力系统的优化运行,而且还直接影响电站下游航运的安全和效益。图 4.1-4、图 4.1-5、图 4.1-6 分别展示了向家坝站日内水位流量、三峡出库流量、宜昌站日内水位流量变化示意图。

如向家坝下游的中嘴码头,现有研究表明[11],向家坝水电站日调节过程中,下游中嘴码头河段水位和流速的变化与电站下泄流量呈正相关,日内流量变幅在 3000m³/s、4200m³/s 下,日水位变幅可高达 2.46m、3.73m。又如三峡水电站下游的宜昌—大埠街砂卵石河段,三峡水电站日调节对水位的影响在枯水期航道维护中影响最为明显,近坝砂卵石河段最高水位一般出现在夜间,最低水位一般出现在上午。电站日调节波动幅度随沿程逐渐递减,宜昌站受三峡日调节影响,日水位变幅最大达 0.70m,日均水位变幅 0.46m,至枝城站日均水位变幅降至 0.34m,马家店站日均水位变幅为 0.32m[12]。

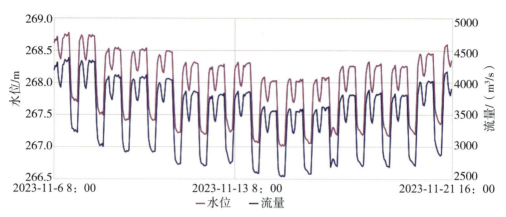

图 4.1-4 向家坝站日内水位—流量变化示意图

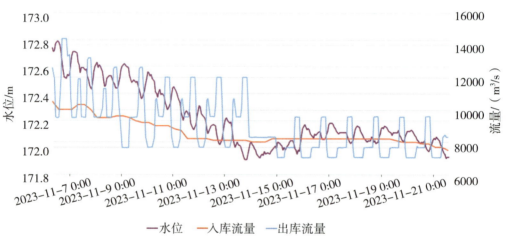

图 4.1-5 三峡出库流量变化示意图

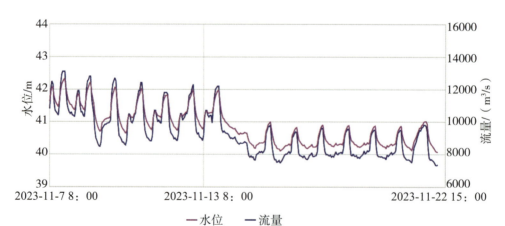

图 4.1-6 宜昌站日内水位—流量变化示意图

4.1.2.2 取水设施影响

沿江的引水主要用于工农业生产、生活、航运和改善水环境。汛期用水相对较多,一方面汛期是农作物生长的时期,农业用水量大,另外,汛期温度高,生活、工业生产等用水量也大。枯水期农业用水相对较少,除了工业生产和生活用水外,各地引水主要用于调节航运水位和改善水环境,如发生干旱也将全力引水。而排水主要是在汛期区域内发生洪涝灾害时进行,其他时间排水较少。

沿江的引水工程除自来水和企业取水口外,大多具有引水和排水双向功能。水闸要在涨潮的过程中长江水位高于内河水位时才能引水,引水的多少与长江水位及潮汐情况密切相关。在汛期,长江水位相对较高,各地水闸基本都能引到水,而干旱时容易发生抢潮引水。

综合各省(市)的调查统计结果,如长江大通—徐六泾沿江地区到 2014 年为止共有各种取排水工程 1136 座,其中取水工程(包括自来水厂、一般工业自备水源、火电厂取水口和以及以农业为主的水利工程)1005 座。长江大通—徐六泾设计最大引江流量之和为 20509m³/s。其中主要为农业水利工程,其取水能力为 18900m³/s。

需要指出的是,设计最大引江流量之和是各类取水工程设计流量的简单叠加。实际运行时,各类取水工程全部按照设计流量引水的极端工况不会出现。

4.1.2.3 枯水期降水影响

长江流域月均降水量的年内分布特征,对整个长江流域而言,6 月降水最多,平均为 170.7mm,占全年降水总量的 16.1%;其次为 7 月 163.2mm,占全年降水总量的 15.4%(表 4.1-2)。主汛期 3 个月降水占全年降水总量的 44.7%,汛期(4 月—次年 10 月)降水占全年降水总量的 82.5%;枯水期(11 月—次年 4 月)降水占全年降水总量的 26.3%。

表 4.1-2　　　　　　长江流域月均降水量占全年降水总量的百分比　　　　　单位:%

月	1 月	2 月	3 月	4 月	5 月	6 月
长江流域	2.5	3.3	5.9	8.9	12.4	16.1
月	7 月	8 月	9 月	10 月	11 月	12 月
长江流域	15.4	13.2	10.1	6.4	3.7	2.0

总体而言,枯水期降水频率、降水量占比较小,对枯水位的影响相对较小。比较而言,在研究时段内,水工程对枯水位的预测影响相对较大,并在下文开展具体分析。

4.1.3　长江中下游枯水传播时间分析

三峡出库流量作为长江中下游河道主要流量,三峡出库流量的变化将引起中下游水位变化,本项研究分三峡流量突然减少和三峡工程补水两种情况进行了传播规律研究。

4.1.3.1 三峡流量突然减少工况的传播规律

根据近几年实时调度中出库削减幅度，本次流量突然减少工况的分析情景为：起始流量为 30000 m³/s，按 6h 减至目标流量后维持一定时间，此后 6h 回到起始流量，其中目标流量按 25000m³/s、20000m³/s、15000m³/s、10000m³/s、8000 m³/s 设置，维持时间按 1 天、2 天、3 天，总共设置 15 组场景。一般而言，当上游来水转退时，下游流量过程将相继转退，因此以三峡水库出库矩形出流过程中增泄（减泄）情景的后续转退（转涨）点为时间计算起始相位，以下游各站最大（最小）流量（水位）或开始转退（转涨）时刻为终点相位，两相位之差即为两站间传播时间。

本次减少下泄量（减泄）情景分析时，即采用该传播时间计算方法，计算三峡出库减泄转涨点至下游各站最低水位之间的传播时间以沙市、莲花塘、螺山、汉口、大通、湖口站为例，计算传播时间，见表 4.1-3。由表可知，总体而言，干流主要站传播时间随沿程河道距离增加而明显增加，目标流量维持时间越长传播时间越短，减泄幅度越大传播时间越短。

具体而言，比较维持时间对传播时间的影响，维持时间越长，传播时间越短如当目标流量为 15000m³/s 时，即三峡出库由 30000m³/s 减少下泄 15000m³/s，维持 1 天、2 天、3 天后沙市站低谷传播时间分别为 0.33 天、0.25 天、0.17 天；比较减泄目标流量大小对传播时间的影响，当目标流量维持时间一定时，随减泄流量幅度变大，坝下游不同站低谷传播时间缩短，如按目标流量维持时间 2 天，三峡出库由 30000m³/s 分别减至 25000m³/s、20000m³/s、15000m³/s、10000m³/s 、8000m³/s，莲花塘站低谷传播时间分别为 2.16 天、2.07 天、1.91 天、1.70 天、1.62 天，汉口站低谷传播时间分别为 3.78 天、3.74 天、3.74 天、3.16 天、3.16 天。

表 4.1-3　　　　　　　　　不同减泄情景下干流主要站传播时间

维持时间	出库流量/(m³/s)		传播时间/天					
	目标流量	减泄流量	沙市	莲花塘	螺山	汉口	大通	湖口
1 天	25000	−5000	0.29	2.78	3.32	4.82	6.25	5.58
	20000	−10000	0.29	2.74	3.03	4.12	6.25	5.58
	15000	−15000	0.33	2.45	2.70	4.12	6.25	5.67
	10000	−20000	0.33	2.32	2.66	4.20	6.25	5.83
	8000	−22000	0.33	2.32	2.62	4.03	6.25	5.92
2 天	25000	−5000	0.21	2.16	2.53	3.78	6.04	5.42
	20000	−10000	0.21	2.07	2.53	3.74	5.83	5.08
	15000	−15000	0.25	1.91	2.28	3.74	5.75	4.96
	10000	−20000	0.25	1.70	1.91	3.16	5.38	4.92
	8000	−22000	0.25	1.62	1.82	3.16	5.25	4.58

续表

维持时间	出库流量/(m³/s)		传播时间/天					
	目标流量	减泄流量	沙市	莲花塘	螺山	汉口	大通	湖口
3 天	25000	−5000	0.17	1.99	2.20	3.41	5.75	5.04
	20000	−10000	0.17	1.62	2.03	3.16	5.50	4.75
	15000	−15000	0.17	1.37	1.57	2.78	5.29	4.29
	10000	−20000	0.21	0.82	0.91	2.70	4.38	3.92
	8000	−22000	0.21	0.95	0.95	2.57	4.00	3.54

4.1.3.2 三峡补水工况的传播规律

2022 年汛期以来，长江流域来水偏枯，长江上游水库群蓄量显著偏少，为缓解长江中下游旱情及长江口咸潮入侵的压力，三峡工程针对下游水位较低的情况进行了多次补水。

本节主要以 8 月 16 日、9 月 14 日和 10 月 2 日三峡水库补水后枯水演进过程为样本，对三峡水库补水后的枯水演进特性进行分析，统计各江段的水流传播时间，见表 4.1-4（单位：h）。

表 4.1-4　　　　2022 年枯水时期宜昌—大通段平均传播时间

宜昌							
3	枝城						
10	7	沙市					
21	18	11	监利				
37	34	27	16	螺山			
60	57	50	39	23	汉口		
94	91	84	73	57	34	九江	
130	127	120	109	93	70	36	大通

周预报航道养护尺度是当周末对下一周尺度的预报，相对于年度、月度计划尺度，周预报航道养护尺度更为接近预报周期内的航道实际尺度，与船舶组织营运、合理配载及运输效益联系得更为紧密，是社会各界的关注点。考虑到枯水演进特性，实际制定预报时，必须考虑上游水工程的影响。

4.2　重要站点水位变化特征

4.2.1　宜宾水位站

4.2.1.1　宜宾水位站年最低水位变化

宜宾水位站水尺设于金沙江与岷江汇口处,受金沙江、横江、岷江三江流量的影响,水流遭遇组合复杂,且受金沙江下游向家坝、溪洛渡等梯级水库调度影响明显(图4.2-1)。

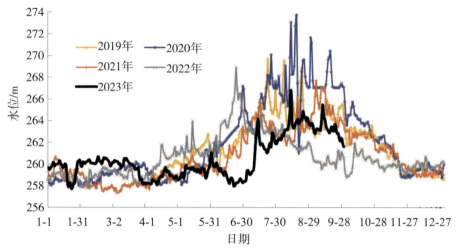

图 4.2-1　宜宾水位站近年水位变化过程

根据2003—2022年宜宾水位站实测资料,统计了分月水位的最小值(图4.2-2),可以发现近年来其波动较为稳定,全年最低水位约258.5m(图4.2-3)。

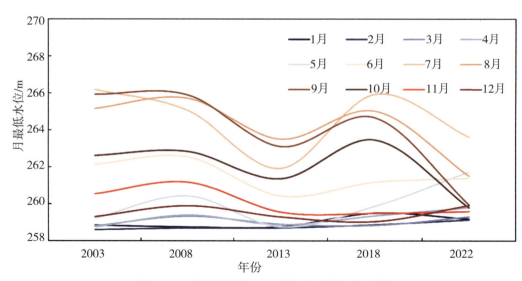

图 4.2-2　宜宾水位站不同时期分月最低水位变化

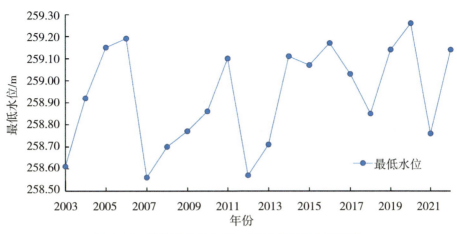

图 4.2-3　宜宾水位站 2003—2022 年最低水位变化

4.2.1.2　宜宾水位站多年日周旬水位变幅

对宜宾水位站近 20 年（2003—2022 年）水位过程进行分析，结果表明，宜宾年内日、周、旬水位变幅较大，具有山区河流洪水暴涨暴落的特点。

宜宾水位站多年平均日水位变幅（图 4.2-4 中红线）为 0.71m，最小值为 0.40m，最大值为 1.61m。日最大变幅（图 4.2-4 中绿色上限）超过 2.00m 的时段，主要集中在 5—10 月，历年最大日水位变幅为 7.30m，出现在 2012 年 7 月 23 日，由洪水过境引起，历年最小日水位变幅为 0.00m。2013 年后向家坝水库开始运行，2013—2022 年最小日水位变幅为 0.03m。

宜宾水位站多年平均周水位变幅为 1.99m，最小值为 0.96m，最大值为 4.31m。周最大变幅超过 4.00m 的时段，主要集中在 5—9 月（图 4.2-5），历年最大周水位变幅为 11.32m，出现在 2020 年 8 月 30 日，由暴雨洪水引起，历年最小周水位变幅为 0.19m，出现在 2010 年 2 月 9 日。2013 年后向家坝水库开始运行，2013—2022 年最小周水位变幅为 0.32m。

宜宾水位站多年平均旬水位变幅为 2.35m，最小值为 1.13m，最大值为 4.82m。旬最大变幅超过 4.00m 的时段，主要集中在 5—10 月（图 4.2-6），历年最大旬水位变幅为 12.49m，出现在 2020 年 8 月 10 日，由暴雨洪水引起，历年最小旬水位变幅为 0.24m，出现在 2003 年 1 月 11 日。2013 年后向家坝水库开始运行，2013—2022 年最小旬水位变幅为 0.38m。

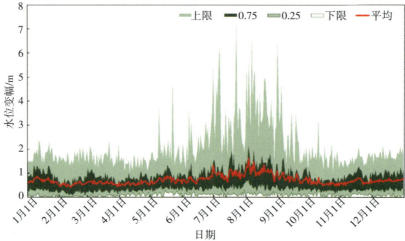

图 4.2-4　宜宾水位站 2003—2022 年日水位变幅分位图

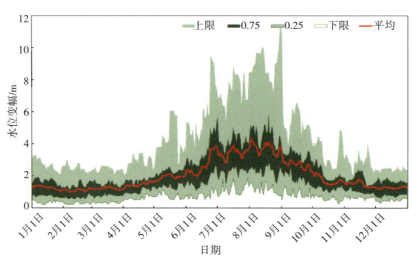

图 4.2-5　宜宾水位站 2003—2022 年周水位变幅分位图

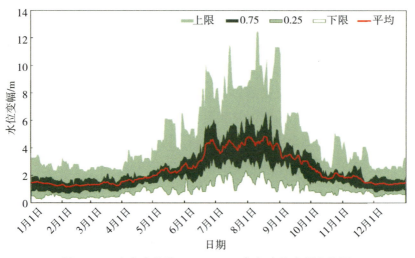

图 4.2-6　宜宾水位站 2003—2022 年旬水位变幅分位图

4.2.1.3 宜宾水位站保证率水位

对宜宾水位站近 20 年（2003—2022 年）保证率水位进行分析,见图 4.2-7,图中 7 条曲线分别代表全年中水位超过该值的天数,如 90 曲线代表全年中有 90 天的水位超过该曲线对应水位值,下同。

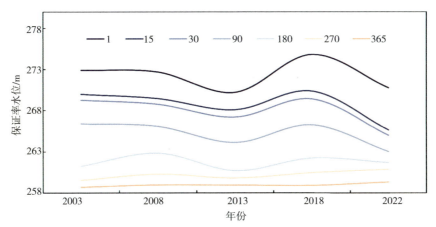

图 4.2-7 宜宾水位站 2003—2022 年保证率水位

由图可以发现,宜宾水位站低保证率水位（180～365m）近年来较为稳定,未呈现出明显的趋势变化,而高保证率水位（1～90m）呈现一定的下降趋势。

4.2.2 泸州水位站

4.2.2.1 泸州水位站年最低水位变化

泸州水位站位于四川省泸州市小市麻沙桥,测验项目有水位、降水,断面上游约 2km 处有沱江汇入,为沱江与长江汇合后的控制站。

根据 2003—2022 年泸州水位站实测资料,统计了分月水位的最小值（图 4.2-8）,可以发现近年来其波动较为稳定,全年最低水位约 224.0 m（图 4.2-9）。

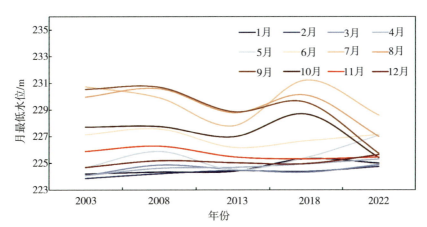

图 4.2-8 泸州水位站不同时期分月最低水位变化

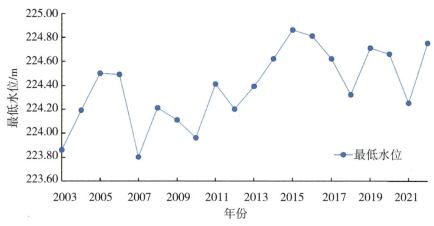

图 4.2-9 泸州水位站 2003—2022 年最低水位变化

4.2.2.2 泸州水位站多年日周旬水位变幅

对泸州水位站近 20 年（2003—2022 年）水位过程进行分析,结果表明,泸州年内日、周、旬水位变幅较大,具有山区河流洪水暴涨暴落的特点。

泸州水位站其多年平均日水位变幅为 0.43m,最小值为 0.22m,最大值为 1.13m。日最大变幅超过 2.00m 的时段,主要集中在 6—9 月(图 4.2-10),历年最大日水位变幅为 5.62m,出现在 2020 年 8 月 31 日,同宜宾历年周水位变幅最大的日期接近,历年最小日水位变幅为 0.00m。13 年后向家坝水库开始运行,2013—2022 年最小日水位变幅为 0.03m,同宜宾水位站一致。

泸州水位站多年平均周水位变幅为 1.51m,最小值为 0.65m,最大值为 3.31m。周最大变幅超过 4.00m 的时段,主要集中在 6—9 月(图 4.2-11),历年最大周水位变幅为 9.73m,出现在 2020 年 8 月 12 日,由暴雨洪水引起,同宜宾历年旬水位变幅最大的日期接近,历年最小周水位变幅为 0.15m,出现在 2003 年 1 月 12 日,同宜宾历年旬水位变幅最小的日期接近。2013 年后向家坝水库开始运行,2013—2022 年最小周水位变幅为 0.24m。

泸州水位站多年平均旬水位变幅为 1.82m,最小值为 0.84m,最大值为 3.91m。旬最大变幅超过 4.00m 的时段,主要集中在 6—9 月(图 4.2-12),历年最大旬水位变幅为 11.67m,出现在 2020 年 8 月 10 日,同宜宾站一致,由暴雨洪水引起。历年最小旬水位变幅为 0.27m,出现在 2003 年 1 月 7 日,同宜宾站接近。2013 年后向家坝水库开始运行,2013—2022 年最小旬水位变幅为 0.31m。

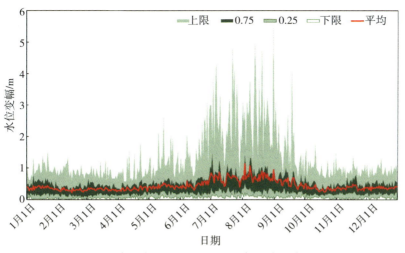

图 4. 2-10　泸州水位站 2003—2022 年日水位变幅分位图

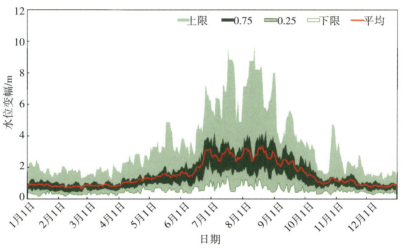

图 4. 2-11　泸州水位站 2003—2022 年周水位变幅分位图

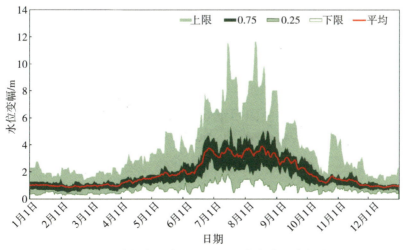

图 4. 2-12　泸州水位站 2003—2022 年旬水位变幅分位图

4.2.2.3 泸州水位站保证率水位

对泸州水位站近 20 年(2003—2022 年)保证率水位进行分析,见图 4.2-13。

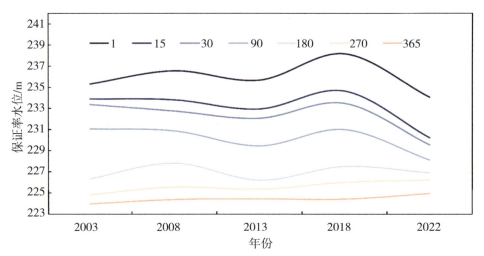

图 4.2-13 泸州水位站 2003—2022 年保证率水位

由图中可以发现,泸州水位站规律同宜宾水位站类似,低保证率水位(180~365m)近年来较为稳定,略有增加,而高保证率水位(1~90m)呈现一定的下降趋势。

4.2.3 朱沱水文站

4.2.3.1 朱沱水文站年最低水位变化

朱沱水文站位于重庆市永川朱沱镇,为赤水与长江汇合后的控制站(图 4.2-14)。

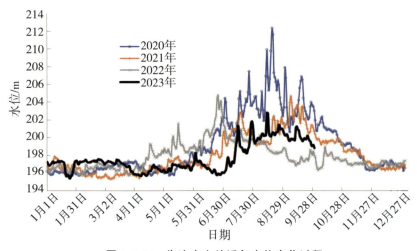

图 4.2-14 朱沱水文站近年水位变化过程

根据 2003—2022 年朱沱水文站实测资料,统计了分月水位的最小值(图 4.2-15),可以发现近年来其波动较为稳定,全年最低水位约 196.5 m(图 4.2-16)。

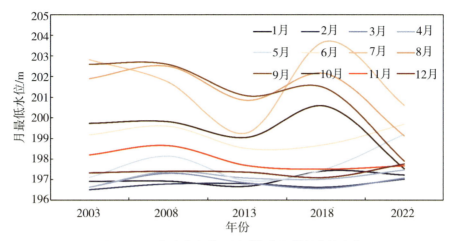

图 4.2-15　朱沱水文站不同时期分月最低水位变化

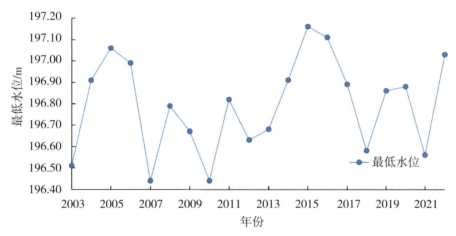

图 4.2-16　朱沱水文站 2003—2022 年最低水位变化

4.2.3.2　朱沱水文站多年日周旬水位变幅

对朱沱水文站近 20 年(2003—2022 年)水位过程进行分析,结果表明,朱沱年内日、周、旬水位变幅较大,具有山区河流洪水暴涨暴落的特点。

朱沱水文站多年平均日水位变幅为 0.36m,最小值为 0.14m,最大值为 1.05m。日最大变幅超过 2.00m 的时段,主要集中在 5—9 月(图 4.2-17),历年最大日水位变幅为 5.38m,出现在 2012 年 7 月 23 日,由洪水过境引起,与宜宾相同,历年最小日水位变幅为 0.00m。2013 年后向家坝水库开始运行,2013—2022 年最小日水位变幅为 0.02m。

朱沱水文站多年平均周水位变幅为 1.41m,最小值为 0.51m,最大值为 3.48m。周最大变幅超过 4.00m 的时段,主要集中在 5—10 月(图 4.2-18),历年最大周水位变幅为

10.69m,出现在 2012 年 7 月 17 日,同宜宾历年日水位变幅最大的日期接近,由暴雨洪水引起,历年最小周水位变幅为 0.10m,出现在 2004 年 2 月 7 日。2013 年后向家坝水库开始运行,2013—2022 年最小周水位变幅为 0.13m。

朱沱水文站多年平均旬水位变幅为 1.73m,最小值为 0.62m,最大值为 4.01m。旬最大变幅超过 4.00m 的时段,主要集中在 6—9 月(图 4.2-19),历年最大旬水位变幅为 12.05m,出现在 2012 年 7 月 14 日,同宜宾历年日水位变幅最大的日期接近,由暴雨洪水引起,历年最小旬水位变幅为 0.16m,出现在 2004 年 2 月 5 日。2013 年后向家坝水库开始运行,2013—2022 年最小旬水位变幅为 0.22m。

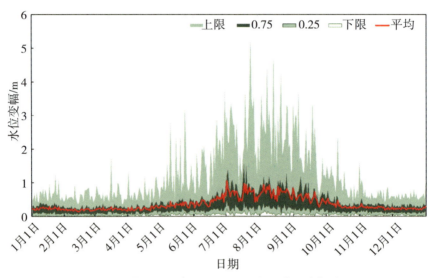

图 4.2-17　朱沱水文站 2003—2022 年日水位变幅分位图

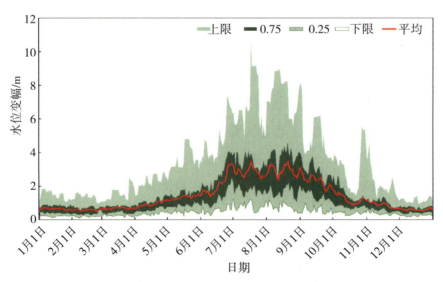

图 4.2-18　朱沱水文站 2003—2022 年周水位变幅分位图

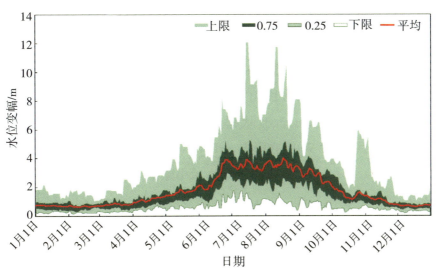

图 4.2-19 朱沱水文站 2003—2022 年旬水位变幅分位图

4.2.3.3 朱沱水文站保证率水位

对朱沱水文站近 20 年(2003—2022 年)保证率水位进行分析,见图 4.2-20。

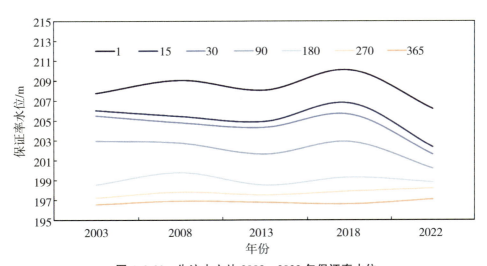

图 4.2-20 朱沱水文站 2003—2022 年保证率水位

由图可以发现,朱沱水文站规律同泸州水位站类似,低保证率水位(180~365m)近年来较为稳定,略有增加,而高保证率水位(1~90m)呈现一定的下降趋势。

4.2.3.4 水位—流量关系研究

统计其中低水期不同流量下历年水位以及最小流量和最低水位,见表 4.2-1 和图 4.2-21,2013—2023 年,5000m³/s 下,朱沱水文站枯水位累计下降约 0.48m,且 2015年前相对稳定,2015 年之后开始下降,6000m³/s 下,朱沱水文站最低水位累计下降约

0.46m,7000m³/s 流量下,朱沱水文站水位累计下降约 0.45m,各最小流量级下水位降幅差异较小。

2023 年相较于 2022 年,5000m³/s 流量下,最低水位下降 0.11m,6000m³/s 和 7000m³/s 流量下最低水位分别下降 0.06m 和 0.02m。年最小流量减少 1120m³/s,对应的最低水位下降 0.75m。

表 4.2-1　　　　2013—2023 年朱沱水文站下游实测枯水位及最小流量变化统计

特征值统计	对应水位/m			最小流量/(m³/s)	最低水位/m
	5000m³/s	6000m³/s	7000m³/s		
2013 年	198.52	199.10	199.67	2510	196.78
2014 年	198.72	199.28	199.83	4080	198.06
2015 年	198.55	199.15	199.72	2910	197.21
2016 年	198.33	198.90	199.46	3420	197.25
2017 年	198.23	198.81	199.37	3140	196.90
2018 年	198.21	198.74	199.26	4200	197.65
2019 年	198.18	198.71	199.22	3850	197.28
2020 年	198.17	198.67	199.16	3900	197.42
2021 年	198.01	198.59	199.15	3040	196.74
2022 年	198.15	198.70	199.24	4830	197.94
2023 年	198.04	198.64	199.22	3710	197.19
2013—2023 年变幅	−0.48	−0.46	−0.45	1200	0.41

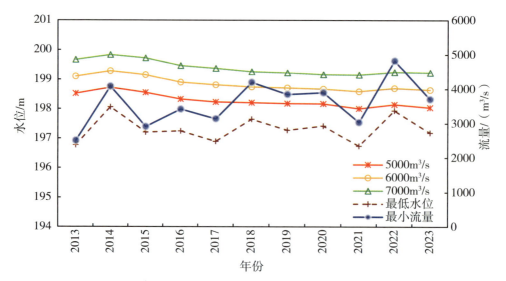

图 4.2-21　朱沱水文站 2013—2023 年实测枯水位及最小流量变化

朱沱水文站自 2016 年起,各年最小流量均在 3000m³/s 以上,2023 年相较 2013 年,最小流量增加 1200m³/s,为 3710m³/s,与之相关的年最低水位也有所抬升,累计增幅约 0.41m,为 197.19m。综合近几年来的实测中低流量及其相应的水位值,可以预测下一年中低流量水位之间的关系式为 $Q=89.44z^2-33861.13z+3203077.01$($Q$ 为流量,单位为 m³/s;z 为水位,单位为 m),见图 4.2-22。

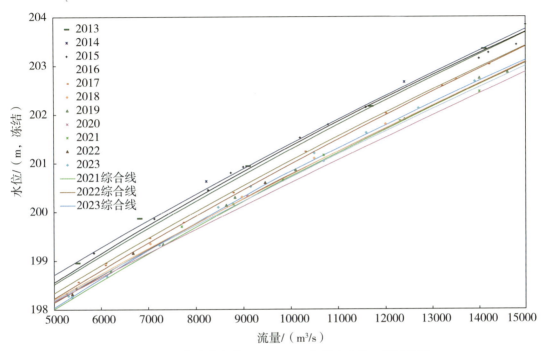

图 4.2-22　朱沱水文站 2013—2023 年低水水位—流量关系

4.2.3.5　月均水位分布研究

将朱沱水文站 1981—2023 年月均水位进行频率分析,共 516 个数据(43 年×12 月),见图 4.2-23。从总体来看,1981—2023 年月均水位的最大值为 208.97m(1998 年 8 月),最小值为 196.55m(1987 年 3 月),相差 12.42m。累计频率为 98%、95% 的水位分别为 196.75m、196.89m。

为了进一步对比分析向家坝建库前后月均水位的变化,分别将朱沱水文站的月均水位序列分为 1981—2012 年、2013—2023 年两个时段进行频率分析,见图 4.2-24。向家坝水库蓄水前后,月均水位出现了明显的变化。从曲线的两端可以看出,向家坝水库蓄水以后,高于 206m 和低于 197m 的月均水位累计频率均明显降低。其中,1981—2012 年月均水位的最大值为 208.97m(1998 年 8 月),最小值为 196.55m(1987 年 3 月);2013—2023 年月均水位的最大值为 206.69m(2020 年 8 月),相比 1981—2012 年降低了

2.28m,最小值为197.12m(2013年2月),相比1981—2002年增加了0.57m。1981—2012年累计频率为98%、95%的水位分别为196.17m和196.84m;2013—2023年累计频率为98%的水位为197.20m,相比建库前增加了1.03m,累计频率为95%的水位为197.46m,相比建库前增加了0.62m。

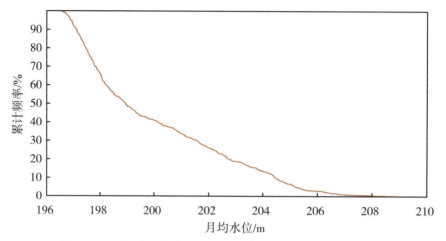

图4.2-23 朱沱水文站1981—2023年月均水位累计频率分布

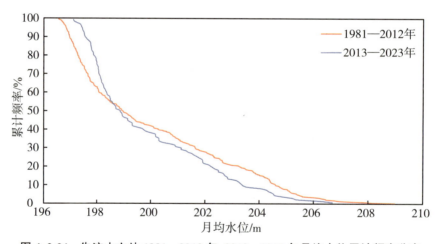

图4.2-24 朱沱水文站1981—2012年、2013—2023年月均水位累计频率分布

为了使得月均水位的分布频率更加直观化,将监利站1981—2012年、2013—2023年月均水位,按0.5m进行区间分布统计后,进行频率分析,见图4.2-25。向家坝水库建库前,月均水位为196~208.5m,其中196.5~197m月均水位的分布频率约为15.06%。向家坝水库建库后,月均水位为196.5~206.5m,其中197~197.5m和197.5~198m月均水位分布频率约为18.05%。与建库前相比,建库后月均水位在197.5~200m的分布频率有所增加,在203.5m以上和197m以下的区间分布频率有明显降低,水位分布频率最高的区间由原来的196.5~197m调整为197~198m。

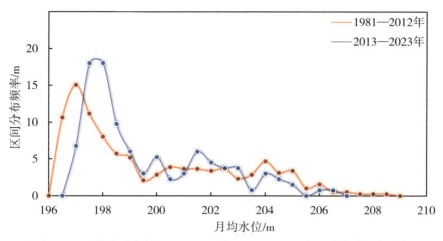

图 4.2-25 朱沱水文站 1981—2012 年、2013—2023 年月均水位区间分布

4.2.3.6 向家坝蓄水后水位分布研究

为了进一步研究向家坝水库蓄水后月尺度水位分布,将朱沱水文站 2013—2023 年总计 11 年的水位分月进行处理,按 0.1m 进行区间分布统计后(避免重复计数,区间左端点计入该区间,右端点计入下一区间),进行频率分析,见图 4.2-26 至图 4.2-29。

图 4.2-26 为朱沱水文站 2013—2023 年第一季度各月水位区间分布频率图,1 月最低水位为 196.78m,最高水位为 199.29m,即分布区间为 196.7～199.3m,其中,197.5～197.6m 区间分布频率为 10.23%,频率不低于 98% 的统计水位约为 196.98m。2 月最低水位为 196.67m,最高水位为 198.98m,即分布区间为 196.6～199m,其中,197.2～197.3m 区间分布频率均为 10.93%,频率不低于 98% 的统计水位约为 196.80m。3 月最低水位 196.63m,最高水位为 199.09m,即分布区间为 196.6～199.1m,其中,197.5～197.6m 区间分布频率为 8.19%,频率不低于 98% 的统计水位约为 196.78m。

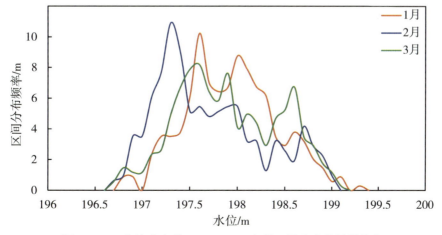

图 4.2-26 朱沱水文站 2013—2023 年第一季度水位区间分布

图 4.2-27 为朱沱水文站 2013—2023 年第二季度各月水位区间分布频率图,4月最低水位为 196.83m,最高水位为 200.63m,即分布区间为 196.8～200.7m,其中,198.3～198.4m 区间分布频率为 6.34%,频率不低于 98% 的统计水位约为 197.09m。5月最低水位为 197.11m,最高水位为 202.98m,即分布区间为 197.1～203m,其中,198.3～198.4m 区间分布频率为 8.77%,频率不低于 98% 的统计水位约为 197.25m。6月最低水位为 197.13m,最高水位为 206.19m,即分布区间为 197.1～206.2m,其中,199.9～200m 区间分布频率为 5.74%,频率不低于 98% 的统计水位约为 197.25m。

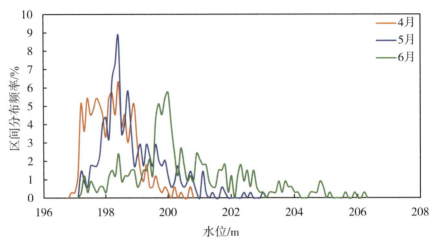

图 4.2-27　朱沱水文站 2013—2023 年第二季度水位区间分布

图 4.2-28 为朱沱水文站 2013—2023 年第三季度各月水位区间分布频率图,7月最低水位为 197.14m,最高水位为 209.94m,即分布区间为 197.4～210m,其中,202.2～202.3m,202.8～202.9m 和 204.7～204.8m 区间分布频率为 3.22%,频率不低于 98% 的统计水位约为 198.51m。8月最低水位为 199.58m,最高水位为 213.84m,即分布区间为 199.5～213.9m,其中,202.3～202.4m 区间分布频率为 3.22%,频率不低于 98% 的统计水位约为 199.74m。9月最低水位为 198.2m,最高水位为 209.25m,即分布区间为 198.2～209.3m,其中,203.8～203.9m 区间分布频率为 3.32%,频率不低于 98% 的统计水位约为 198.69m。

图 4.2-29 为朱沱水文站 2013—2023 年第四季度各月水位区间分布频率图,10月最低水位为 197.71m,最高水位为 205.55m,即分布区间为 197.7～205.6m,其中,200.9～201m 区间分布频率为 7.02%,频率不低于 98% 的统计水位约为 198.40m。11月最低水位为 197.60m,最高水位为 200.88m,即分布区间为 197.6～200.9m,其中,198～198.1m 区间分布频率为 5.74%,频率不低于 98% 的统计水位约为 197.73m。12月最低水位为 197.25m,最高水位为 198.93m,即分布区间为 197.2～199m,其中,197.9～

198m 区间分布频率为 15.20%，频率不低于 98% 的统计水位约为 197.53m。

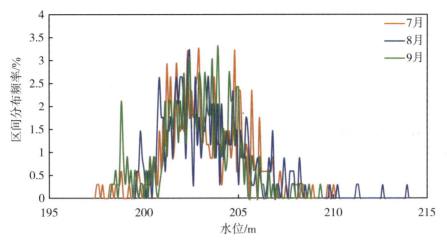

图 4.2-28　朱沱水文站 2013—2023 年第三季度水位区间分布

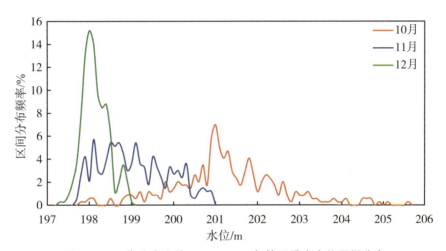

图 4.2-29　朱沱水文站 2013—2023 年第四季度水位区间分布

4.2.4　寸滩水文站

4.2.4.1　寸滩水文站年最低水位变化

寸滩水文站(图 4.2-30)位于重庆市江北区三家滩，该站测验河段位于长江与嘉陵江汇合口下游约 7.5km 处，为长江与嘉陵江汇合后的控制站。

根据 2003—2022 年寸滩水文站实测资料，统计了分月水位的最小值(图 4.2-31)，可以发现其全年最低水位略有上升趋势，近 10 年来全年最低水位均在 159m 之上(图 4.2-32)。

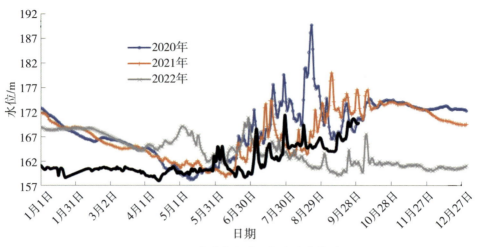

图 4.2-30　寸滩水文站近年水位变化过程

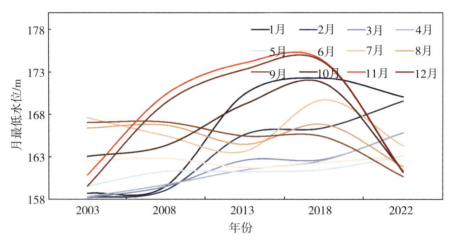

图 4.2-31　寸滩水文站不同时期分月最低水位变化

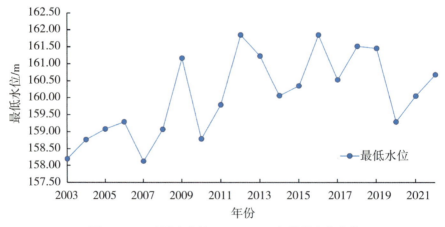

图 4.2-32　寸滩水文站 2003—2022 年最低水位变化

4.2.4.2 寸滩水文站多年日周旬水位变幅

对寸滩水文站近 20 年(2003—2022 年)水位过程进行分析,见图 4.2-33,其多年平均日水位变幅为 0.49m,最小值为 0.10m,最大值为 1.72m。日最大变幅超过 2.00m 的时段,主要集中在 5—11 月,历年最大日水位变幅为 8.47m,出现在 2013 年 7 月 1 日,由洪水过境引起,历年最小日水位变幅为 0.00m。13 年后向家坝水库开始运行,2013—2022 年最小日水位变幅为 0.03m。

寸滩水文站多年平均周水位变幅为 2.23m,最小值为 0.42m,最大值为 6.79m。周最大变幅超过 6.00m 的时段,主要集中在 5—10 月,11 月三峡水库完成蓄水后,其变幅迅速减小(图 4.2-34)。历年最大周水位变幅为 17.56m,出现在 2020 年 8 月 13 日,历年最小周水位变幅为 0.11m,出现在 2009 年 1 月 12 日。2013 年后向家坝水库开始运行,2013—2022 年最小周水位变幅为 0.15m。

寸滩水文站多年平均旬水位变幅为 2.79m,最小值为 0.52m,最大值为 7.60m。旬最大变幅超过 5.00m 的时段,主要集中在 4—10 月,11 月三峡水库完成蓄水后,其变幅迅速减小(图 4.2-35)。历年最大旬水位变幅为 21.53m,出现在 2020 年 8 月 11 日,历年最小旬水位变幅为 0.12m,出现在 2009 年 1 月 10 日。2013 年后向家坝水库开始运行,2013—2022 年最小旬水位变幅为 0.15m。

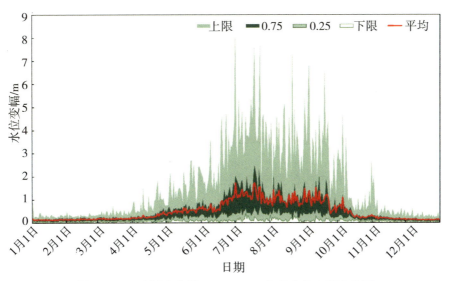

图 4.2-33 寸滩水文站 2003—2022 年日水位变幅分位图

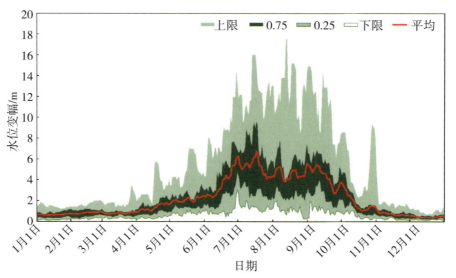

图 4.2-34　寸滩水文站 2003—2022 年周水位变幅分位图

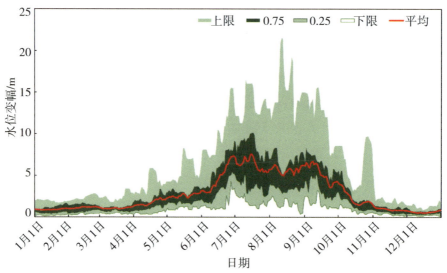

图 4.2-35　寸滩水文站 2003—2022 年旬水位变幅分位图

4.2.4.3　寸滩水文站保证率水位

对寸滩水文站近 20 年(2003—2022 年)保证率水位进行分析,见图 4.2-36。

寸滩水文站低保证率水位(270～365m)近年来较为稳定,略有增加,而高保证率水位(1～180m)呈现一定的下降趋势。

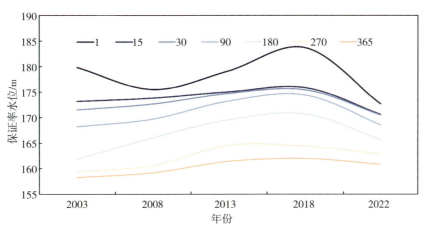

图 4.2-36　寸滩水文站 2003—2022 年保证率水位

4.2.4.4　月均水位分布研究

将寸滩水文站 1981—2023 年月均水位进行频率分析,共 516 个数据,见图 4.2-37。从总体来看,1981—2023 年月均水位的最大值为 177.31m(1998 年 8 月),最小值为 158.42m(1987 年 3 月),相差 18.89m。累计频率为 98%、95% 的水位分别为 158.70m、159.00m。

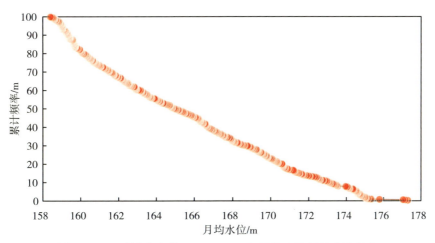

图 4.2-37　寸滩水文站 1981—2023 年月均水位累计频率分布

为了进一步对比分析向家坝建库前后月均水位的变化,分别将寸滩水文站的月均水位序列分为 1981—2012 年、2013—2023 年两个时段进行频率分析,图 4.2-38。向家坝水库蓄水前后,月均水位出现了明显变化。从曲线的两端可以看出,向家坝水库蓄水以后,低于 160m 的月均水位累计频率均明显降低。其中,1981—2012 年月均水位的最大值为 177.31m(1998 年 8 月),最小值为 158.42m(1987 年 3 月);2013—2023 年月均水位的最大值为 177.17m(2020 年 8 月),相比 1981—2012 年降低了 0.2m,最小值为

160.67m（2023年4月），相比1981—2002年增加了2.25m。1981—2012年累计频率为98％、95％的水位分别为158.63m和158.94m；2013—2023年累计频率为98％的水位为161.15m，相比建库前增加了2.52m，累计频率为95％的水位为161.52m，相比建库前增加了2.58m。

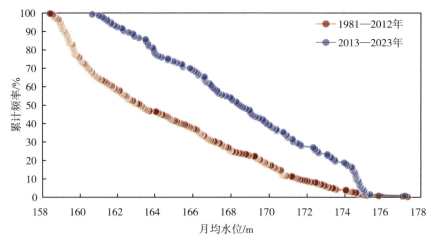

图 4.2-38 寸滩水文站 1981—2012 年、2013—2023 年月均水位累计频率分布

为了使得月均水位的分布频率更加直观化，将寸滩水文站1981—2012年、2013—2023年月均水位，按0.5m进行区间分布统计后，进行频率分析，见图4.2-39。向家坝水库建库前，月均水位的区间为158~177.5m，其中159~159.5m区间月均水位的分布频率约为9.87％。向家坝水库建库后，月均水位的区间为160.5~175m，其中174.5~175m区间月均水位分布频率约为9.77％。与建库前相比，建库后月均水位在168.5~175.5m区间的分布频率普遍增加，在163.5m以下的区间分布频率有明显降低，水位分布频率最高的区间由原来的159~159.5m调整为174.5~175m。

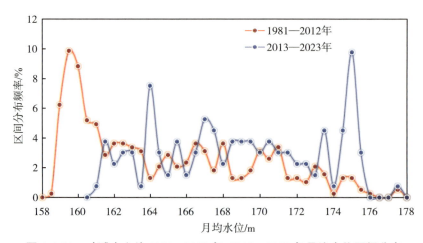

图 4.2-39 寸滩水文站 1981—2012 年、2013—2023 年月均水位区间分布

4.2.4.5　向家坝蓄水后水位分布研究

为了进一步研究向家坝水库蓄水后月尺度水位分布,将寸滩水文站 2013—2023 年总计 11 年的水位分月进行处理,按 0.1m 进行区间分布统计后(避免重复计数,区间左端点计入该区间,右端点计入下一区间),进行频率分析,见图 4.2-40 至图 4.2-42。

图 4.2-40 为寸滩水文站 2013—2023 年第一季度各月水位区间分布频率图,1 月最低水位为 159.27m,最高水位为 174.78m,即分布区间为 159.2~178.8m,其中,170.7~170.8m 区间分布频率为 5.26%,频率不低于 98% 的统计水位约为 160.00m。2 月最低水位为 160.84m,最高水位为 172.21m,即分布区间为 160.8~172.3m,其中,170.5~170.6m 区间分布频率均为 4.18%,频率不低于 98% 的统计水位约为 161.20m。3 月最低水位为 160.73m,最高水位为 170.26m,即分布区间为 160.7~170.3m,其中,166~166.1m 区间分布频率为 4.39%,频率不低于 98% 的统计水位约为 161.19m。

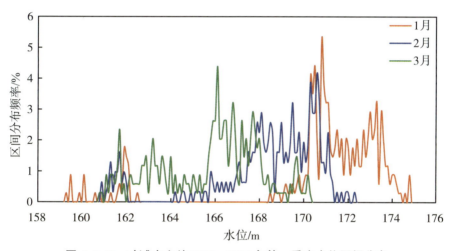

图 4.2-40　寸滩水文站 2013—2023 年第一季度水位区间分布

图 4.2-41 为寸滩水文站 2013—2023 年第二季度各月水位区间分布频率图,4 月最低水位为 159.47m,最高水位为 169.46m,即分布区间为 159.4~169.5m,其中,164.1~164.2m 区间分布频率为 3.63%,频率不低于 98% 的统计水位约为 160.04m。5 月最低水位为 159.68m,最高水位为 170.87m,即分布区间为 159.6~170.9m,其中,161.7~161.8m 区间分布频率为 4.68%,频率不低于 98% 的统计水位约为 160.21m。6 月最低水位为 159.88m,最高水位为 172.66m,即分布区间为 159.8~172.7m,其中,163~163.1m 区间分布频率为 3.93%,频率不低于 98% 的统计水位约为 160.29m。

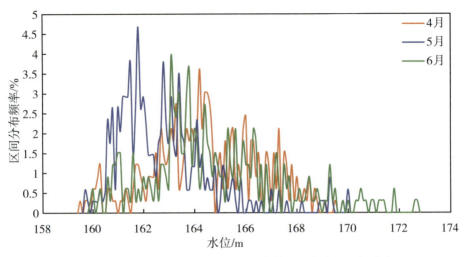

图 4.2-41 寸滩水文站 2013—2023 年第二季度水位区间分布

图 4.2-42 为寸滩水文站 2013—2023 年第三季度各月水位区间分布频率图,7 月最低水位为 160.56m,最高水位为 183.67m,即分布区间为 160.5~183.7m,其中,167.6~167.7m、170~170.1m 区间分布频率为 2.34%,频率不低于 98% 的统计水位约为162.55m。8 月最低水位为 162.13m,最高水位为 191.13m,即分布区间为 162.1~191.2m,其中,166~166.1m、166.3~166.4m 区间分布频率为 2.63%,频率不低于98% 的统计水位约为 162.40m。9 月最低水位为 160.85m,最高水位为 182.16m,即分布区间为 160.8~182.2m,其中,170.5~170.6m、171.1~171.2m 区间分布频率为 2.11%,频率不低于 98% 的统计水位约为 161.40m。

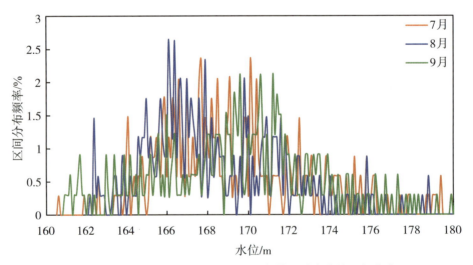

图 4.2-42 寸滩水文站 2013—2023 年第三季度水位区间分布

图 4.2-43 为寸滩水文站 2013—2023 年第四季度各月水位区间分布频率图,10 月最低水位为 161.53m,最高水位为 177.99m,即分布区间为 161.5~178m,其中,175.4~175.5m 区间分布频率为 4.97%,频率不低于 98% 的统计水位约为 162.75m。11 月最低水位为 161.44m,最高水位为 176.09m,即分布区间为 161.4~176.1m,其中,174.7~174.8m 区间分布频率为 7.55%,频率不低于 98% 的统计水位约为 161.85m。12 月最低水位为 161.43m,最高水位为 174.91m,即分布区间为 161.4~175m,其中,174.4~174.5m 区间分布频率为 8.48%,频率不低于 98% 的统计水位约为 161.71m。

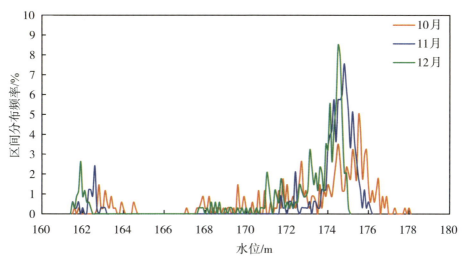

图 4.2-43 寸滩水文站 2013—2023 年第四季度水位区间分布

4.2.5 清溪场水文站

4.2.5.1 清溪场水文站年最低水位变化

清溪场水文站位于重庆市涪陵区清溪场镇,长江与乌江汇合口下游约 12km 处,为长江上游干流、乌江汇入后基本水文站。

根据 2003—2022 年清溪场水文站实测资料,统计了分月水位的最小值(图 4.2-44),可以发现近年来其波动较为稳定,由于三峡水库蓄水影响,自 2007 年起,其全年最低水位在 145m 之上(图 4.2-45)。

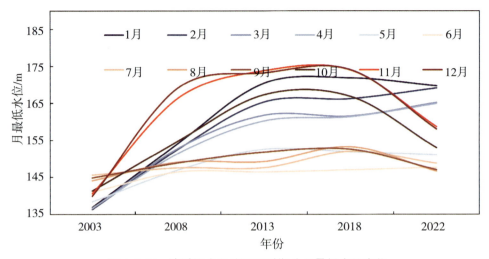

图 4.2-44　清溪场水文站不同时期分月最低水位变化

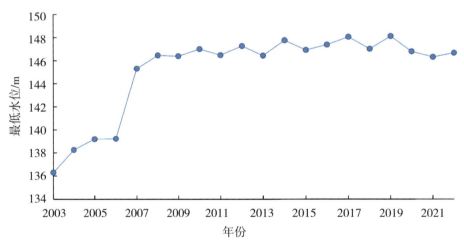

图 4.2-45　清溪场水文站 2003—2022 年最低水位变化

4.2.5.2　清溪场水文站多年日周旬水位变幅

对清溪场水文站近 20 年（2003—2022 年）水位过程进行分析，见图 4.2-46，其多年平均日水位变幅为 0.34m，最小值为 0.07m，最大值为 1.13m。日最大变幅超过 2.00m 的时段，主要集中在 6—9 月，历年最大日水位变幅为 5.87m，出现在 2004 年 9 月 6 日，由洪水过境引起，历年最小日水位变幅为 0.00m。13 年后向家坝水库开始运行，2013—2022 年最小日水位变幅为 0.02m。

清溪场水文站多年平均周水位变幅为 1.92m，最小值为 0.32m，最大值为 5.09m。周最大变幅超过 4.00m 的时段，主要集中在 5—10 月，11 月三峡水库完成蓄水后，其变幅迅速减小（图 4.2-47）。历年最大周水位变幅为 15.08m，出现在 2004 年 9 月 2 日，由暴雨洪水引起,历年最小周水位变幅为 0.06m,出现在 2007 年 12 月 10 日。2013 年后向家坝水库开始运行,2013—2022 年最小周水位变幅为 0.10m。

清溪场水文站多年平均旬水位变幅为 2.53m,最小值为 0.42m,最大值为 6.26m。旬最大变幅超过 4.00m 的时段,主要集中在 5—10 月,11 月三峡水库完成蓄水后,其变幅迅速减小(图 4.2-48)。历年最大旬水位变幅为 15.51m,出现在 2020 年 7 月 10 日,由暴雨洪水引起,历年最小旬水位变幅为 0.09m,出现在 2007 年 12 月 29 日。2013 年后向家坝水库开始运行,2013—2022 年最小旬水位变幅为 0.10m。

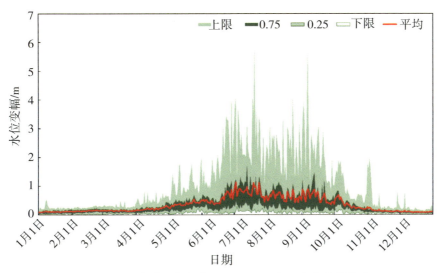

图 4.2-46　清溪场水文站 2003—2022 年日水位变幅分位

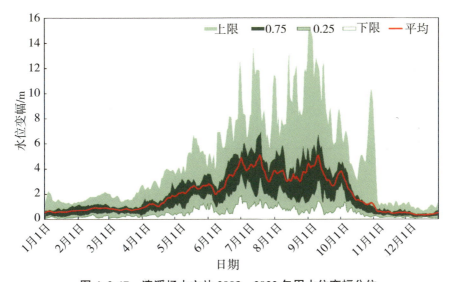

图 4.2-47　清溪场水文站 2003—2022 年周水位变幅分位

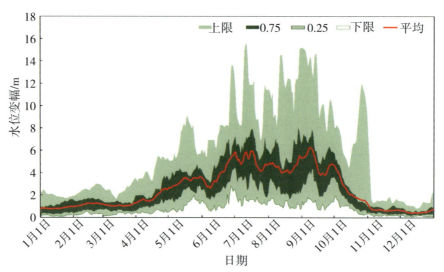

图 4.2-48　清溪场水文站 2003—2022 年旬水位变幅分位

4.2.5.3　清溪场水文站保证率水位

对清溪场水文站近 20 年(2003—2022 年)保证率水位进行分析,见图 4.2-49。

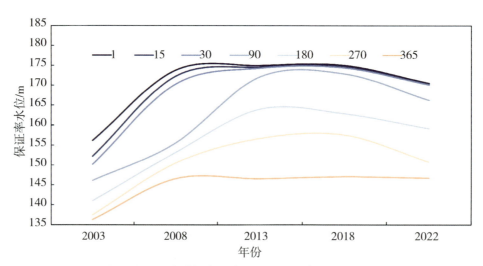

图 4.2-49　清溪场水文站 2003—2022 年保证率水位

由图中可以发现,2008 年以来清溪场水文站除最低保证率水位(365m)近年来较为稳定外,其余保证率水位(1~270m)均略有下降。

4.2.6 宜昌水文站

4.2.6.1 宜昌水文站年最低水位变化

宜昌水文站(图4.2-50)是长江中游干流基本水文站。上游约6km有长江葛洲坝水利枢纽,右岸约39km有清江入汇。葛洲坝水库调节时,对本站水位有影响,枯水时影响较为明显,断面水位出现有早低晚高的现象,低水时,宜昌水位—流量关系基本呈单一线。

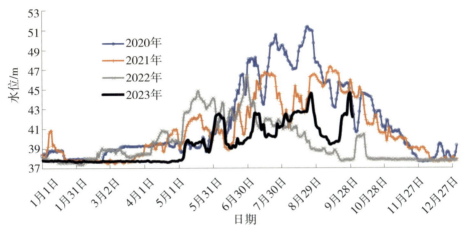

图 4.2-50 宜昌水文站近年水位变化过程

根据2003—2022年宜昌水文站实测资料,统计了分月水位的最小值(图4.2-51),可以发现自2009年以来,其波动较为稳定,全年最低水位均在39m之上(图4.2-52)。

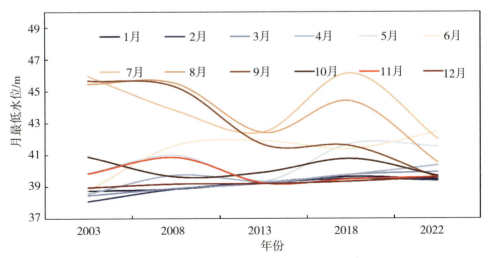

图 4.2-51 宜昌水文站不同时期分月最低水位变化

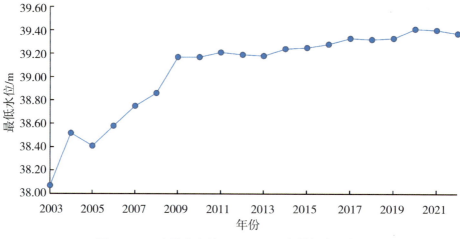

图 4.2-52　宜昌水文站 2003—2022 年最低水位变化

4.2.6.2　宜昌水文站多年日周旬水位变幅

对宜昌水文站近 20 年(2003—2022 年)水位过程进行分析,见图 4.2-53,其多年平均日水位变幅为 0.60m,最小值为 0.24m,最大值为 1.11m。日最大变幅超过 2.00m 的时段,主要集中在 6—9 月,历年最大日水位变幅为 3.73m,出现在 2017 年 10 月 5 日,由秋汛影响三峡出库流量增加引起,历年最小日水位变幅为 0.00m。

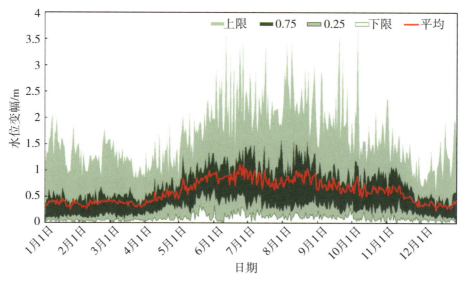

图 4.2-53　宜昌水文站 2003—2022 年日水位变幅分位

宜昌水文站多年平均周水位变幅为 1.75m,最小值为 0.60m,最大值为 3.97m。周最大变幅超过 4.00m 的时段,主要集中在 6—10 月(图 4.2-54),历年最大周水位变幅为 8.30m,出现在 2003 年 6 月 6 日,历年最小周水位变幅为 0.08m,出现在 2007 年 2 月

10 日。

　　宜昌水文站多年平均旬水位变幅为 2.11m,最小值为 0.74m,最大值为 4.79m。旬最大变幅超过 4.00m 的时段,主要集中在 5—10 月(图 4.2-55),历年最大旬水位变幅为 8.30m,出现在 2003 年 6 月 3 日,由暴雨洪水引起,历年最小旬水位变幅为 0.13m,出现在 2007 年 1 月 13 日。

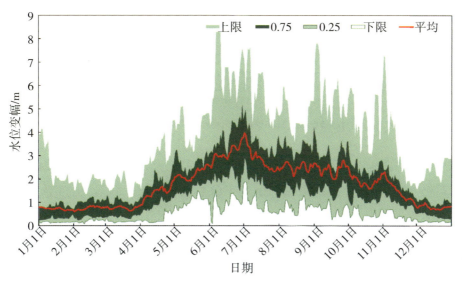

图 4.2-54　宜昌水文站 2003—2022 年周水位变幅分位

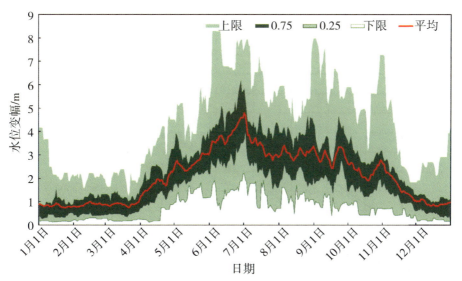

图 4.2-55　宜昌水文站 2003—2022 年旬水位变幅分位

4.2.6.3　宜昌水文站保证率水位

　　对宜昌水文站近 20 年(2003—2022 年)保证率水位进行分析,见图 4.2-56。

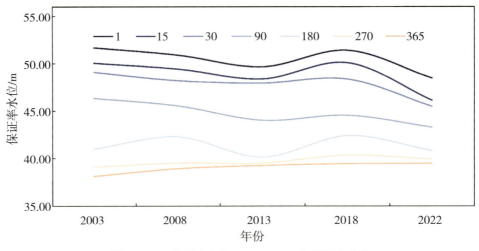

图 4.2-56 宜昌水文站 2003—2022 年保证率水位

由图中可以发现,宜昌水文站低保证率水位(270～365m)近年来较为稳定,略有增加,而高保证率水位(1～180m)呈现一定的下降趋势。

4.2.6.4 宜昌水文站同流量下枯水位变化

根据 2022 年汛后(2022 年 10 月—2023 年 2 月)宜昌站实测资料绘制了 2022 年汛后宜昌水文站枯水水位—流量关系(图 4.2-57),统计了各流量级的水位变化。2022 年汛后瞬时最小流量为 $6120\text{m}^3/\text{s}$(2023 年 1 月 24 日),相应宜昌水文站最低水位为 39.45m。

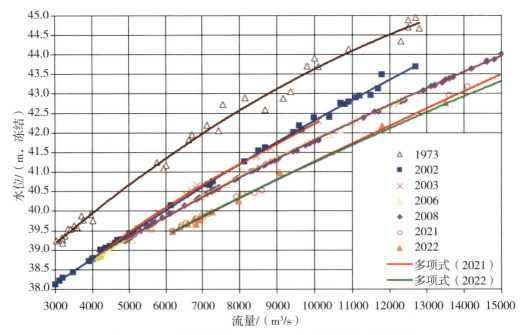

图 4.2-57 宜昌水文站 1973—2022 年低水水位—流量关系

2022 年汛后枯水期宜昌水文站中、枯流量及水位关系线显示:枯水流量在 6300～7000m³/s 区间有所下降,但下降幅度不大,最大下降幅度为 7000m³/s 流量,相应水位为 39.82m,较 1973 年设计线累计下降了 2.15m,较三峡水库蓄水前的 2002 年累计下降了 0.86m。6500m³/s 流量相应水位较 1973 年设计线累计下降了 2.07m,较三峡水库蓄水前的 2002 年累计下降了 0.72m。6000～6300m³/s 区间水位保持稳定,6000m³/s 流量下相应水位 39.34m,较 1973 年设计线累计下降了 2.00m,较三峡水库蓄水前的 2002 年累计下降了 0.69m。

4.2.6.5 月均水位分布研究

将宜昌水文站 1981—2023 年月均水位进行频率分析,共 516 个数据,见图 4.2-58。从总体来看,1981—2023 年月均水位的最大值为 52.86m(1998 年 8 月),最小值为 38.47m(2003 年 2 月),相差 14.39m。累计频率为 98%、95% 的水位分别为 38.84m、39.09m。

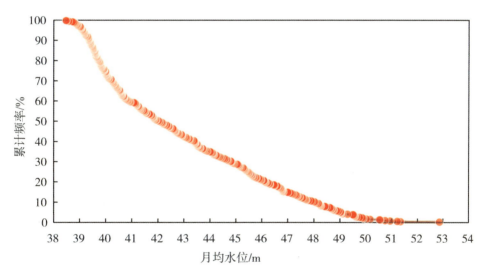

图 4.2-58   宜昌水文站 1981—2023 年月均水位累计频率分布

为了进一步对比分析三峡建库前后月均水位的变化,分别将宜昌水文站的月均水位序列分为 1981—2002 年、2003—2023 年两个时段进行频率分析,见图 4.2-59。三峡水库蓄水前后,月均水位出现了明显的变化。从曲线的两端可以看出,三峡水库蓄水以后,低于 39.5m 和高于 50m 的月均水位累计频率均明显降低。其中,1981—2002 年月均水位的最大值为 52.86m(1998 年 8 月),最小值为 38.48m(1998 年 2 月);2003—2023 年月均水位的最大值为 50.93m(2020 年 8 月),相比 1981—2002 年降低了 1.93m,最小值为 38.47m(2003 年 2 月),相比 1981—2002 年降低了 0.01m。1981—2002 年累计频率为 98%、95%的水位分别为 38.80m 和 39.02m;2003—2023 年累计频率为 98%的水位为 39.02m,相比建库前增加了 0.22m,累计频率为 95%的水位为 39.16m,相比建库前增加了 0.14m。

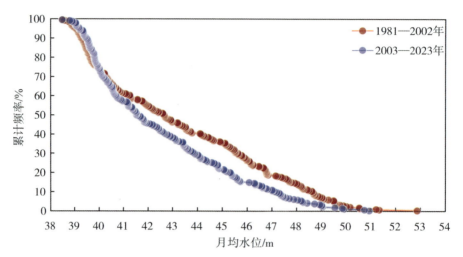

图 4.2-59　宜昌水文站 1981—2002 年、2003—2023 年月均水位累计频率分布

为了使得月均水位的分布频率更加直观化,将宜昌水文站 1981—2002 年、2003—2023 年月均水位,按 0.5m 进行区间分布统计后,进行频率分析,见图 4.2-60。三峡水库建库前,月均水位的区间为 38~53m,其中 39~39.5m 区间月均水位的分布频率约为 11.70%。三峡水库建库后,月均水位的区间为 38.5~51m,其中 39.5~40m 区间月均水位分布频率约为 15.81%。与建库前相比,建库后月均水位在 39m 以下及 48m 以上的区间分布频率均有明显降低,水位分布频率最高的区间由原来的 39~39.5m 调整为 39.5~40m。

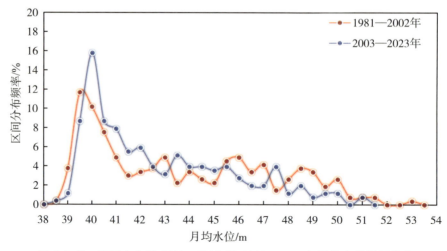

图 4.2-60　宜昌水文站 1981—2002 年、2003—2023 年月均水位区间分布

4.2.6.6 三峡蓄水后水位分布研究

为了进一步研究三峡水库蓄水后月尺度水位分布,将宜昌水文站 2003—2023 年总计 20 年的水位分月进行处理,按 0.1m 进行区间分布统计后(避免重复计数,区间左端点计入该区间,右端点计入下一区间),进行频率分析,见图 4.2-61 至图 4.2-64。

图 4.2-61 为宜昌水文站 2003—2023 年第一季度各月水位区间分布频率图,1 月最低水位为 38.58m,最高水位为 42.94m,即分布区间为 38.5~43m,其中,39.5~39.6m 区间分布频率为 11.66%,频率不低于 98% 的统计水位约为 38.82m。2 月最低水位为 38.11m,最高水位为 41.53m,即分布区间为 38.1~41.6m,其中,39.5~39.6m 区间分布频率为 16.50%,频率不低于 98% 的统计水位约为 38.38m。3 月最低水位为 38.49m,最高水位为 41.60m,即分布区间为 38.4~41.7m,其中,39.4~39.5m 区间分布频率为 11.04%,频率不低于 98% 的统计水位约为 38.74m。

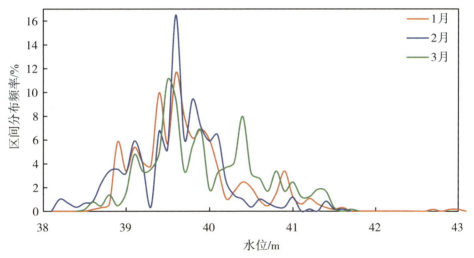

图 4.2-61 宜昌水文站 2003—2023 年第一季度水位区间分布

图 4.2-62 为宜昌水文站 2003—2023 年第二季度各月水位区间分布频率图,4 月最低水位为 38.89m,最高水位为 44.33m,即分布区间为 38.8~44.4m,其中,39.4~39.5m 区间分布频率为 6.02%,频率不低于 98% 的统计水位约为 39.12m。5 月最低水位为 39.58m,最高水位为 46.94m,即分布区间为 39.5~47m,其中,42.3~42.4m 区间和 42.5~42.6m 区间分布频率为 3.99%,频率不低于 98% 的统计水位约为 39.90m。6 月最低水位为 38.82m,最高水位为 50.72m,即分布区间为 38.8~50.6m,其中,44.1~44.2m 区间分布频率为 3.49%,频率不低于 98% 的统计水位约为 40.07m。

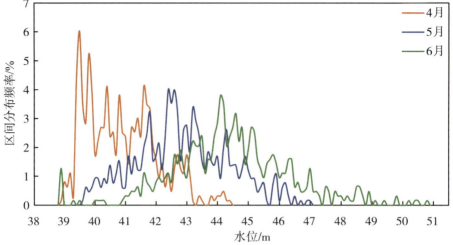

图 4.2-62　沙市水文站 2003—2023 年第二季度水位区间分布

图 4.2-63 为宜昌水文站 2003—2023 年第三季度各月水位区间分布频率图,7 月最低水位为 40.62m,最高水位为 52.60m,即分布区间为 40.6～52.7m,其中,48.4～48.5m 区间分布频率为 3.22％,频率不低于 98％的统计水位约为 42.42m。8 月最低水位为 40.60m,最高水位为 53.41m,即分布区间为 40.6～53.5m,其中,48.1～48.2m 区间分布频率为 3.22％,频率不低于 98％的统计水位约为 41.15m。9 月最低水位为 39.80m,最高水位为 53.76m,即分布区间为 39.8～53.8m,其中,41.5～41.6m 区间分布频率为 2.38％,频率不低于 98％的统计水位约为 40.0m。

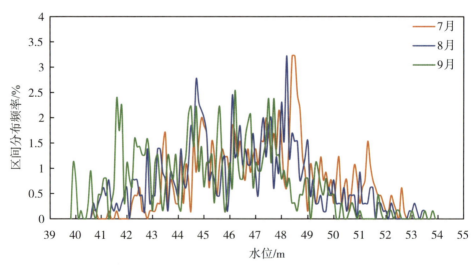

图 4.2-63　沙市水文站 2003—2023 年第三季度水位区间分布

图 4.2-64 为沙市水文站 2003—2023 年第四季度各月水位区间分布频率图,10 月最低水位为 39.68m,最高水位为 49.19m,即分布区间为 39.6～49.2m,其中,43.5～

43.6m 区间分布频率为 3.07％,频率不低于 98％的统计水位约为 39.96m。11 月最低水位为 39.32m,最高水位为 47.94m,即分布区间为 39.3～48m,其中,39.9～40m 区间分布频率为 5.71％,频率不低于 98％的统计水位约为 39.44m。12 月最低水位为 38.78m,最高水位为 41.66m,即分布区间为 38.7～41.7m,其中,39.3～39.4m 区间分布频率为 15.34％,频率不低于 98％的统计水位约为 38.94m。

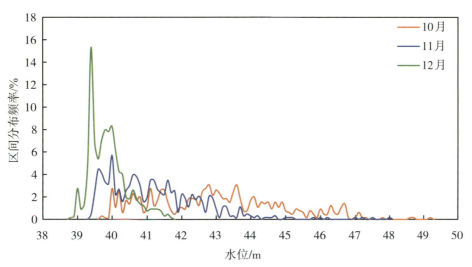

图 4.2-64　宜昌站 2003—2023 年第四季度水位区间分布

4.2.7　沙市水文站

4.2.7.1　沙市水文站年最低水位变化

沙市水文站(图 4.2-65)为长江中游干流控制站,位于荆江沙市河段。

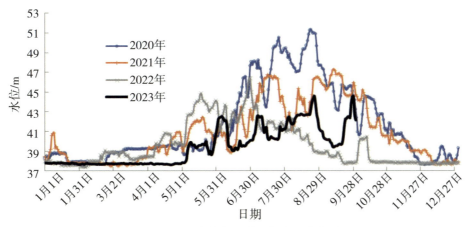

图 4.2-65　沙市水文站近年水位变化过程

根据 2003—2022 年沙市水文站实测资料,统计了分月水位的最小值(图 4.2-66),可以发现近年来其存在下降趋势,全年最低水位(图 4.2-67)下降明显,2018 年以来,全年最低水位均低于 30m。

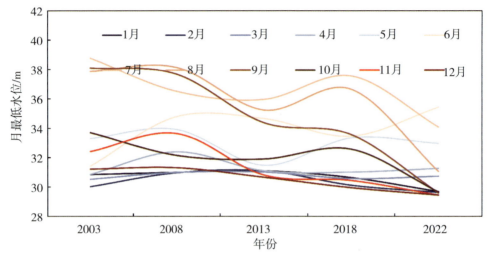

图 4.2-66 沙市水文站不同时期分月最低水位变化

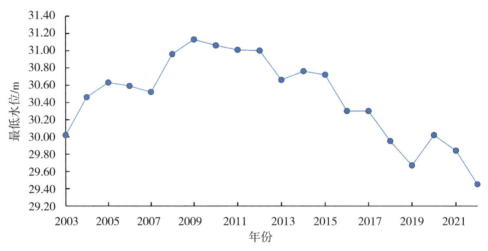

图 4.2-67 沙市水文站 2003—2022 年最低水位变化

4.2.7.2 沙市水文站多年日周旬水位变幅

对沙市水文站近 20 年(2003—2022 年)水位过程进行分析,见图 4.2-68,其多年平均日水位变幅为 0.20m,最小值为 0.06m,最大值为 0.48m。日最大变幅超过 1.00m 的时段,主要集中在 6—10 月,历年最大日水位变幅为 3.51m,出现在 2014 年 10 月 15 日,由洪水过境引起,历年最小日水位变幅为 0.00m。

沙市水文站多年平均周水位变幅为 1.10m,最小值为 0.34m,最大值为 2.28m。周最大变幅超过 3.00m 的时段,主要集中在 5—10 月(图 4.2-69),历年最大周水位变幅为 6.83m,出现在 2003 年 6 月 7 日,历年最小周水位变幅为 0.05m,出现在 2005 年 1 月 5 日。

　　沙市水文站多年平均旬水位变幅为 1.42m,最小值为 0.45m,最大值为 2.90m。旬最大变幅超过 4.00m 的时段,主要集中在 5—10 月(图 4.2-70),历年最大旬水位变幅为 6.83m,出现在 2003 年 6 月 4 日,历年最小旬水位变幅为 0.10m。

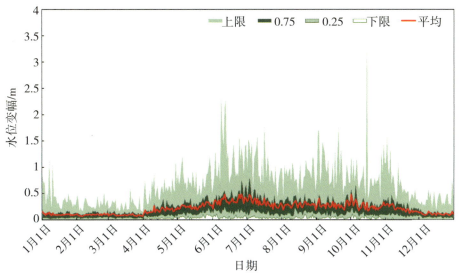

图 4.2-68　沙市水文站 2003—2022 年日水位变幅分位

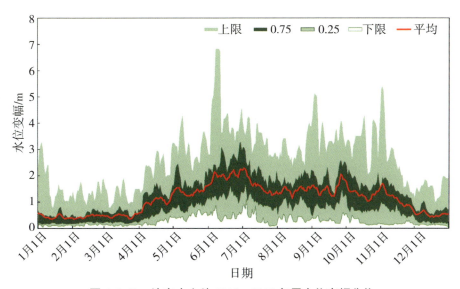

图 4.2-69　沙市水文站 2003—2022 年周水位变幅分位

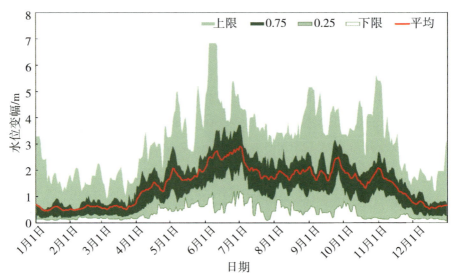

图 4.2-70　沙市水文站 2003—2022 年旬水位变幅分位

4.2.7.3　沙市水文站保证率水位

对沙市水文站近 20 年(2003—2022 年)保证率水位进行分析,见图 4.2-71。

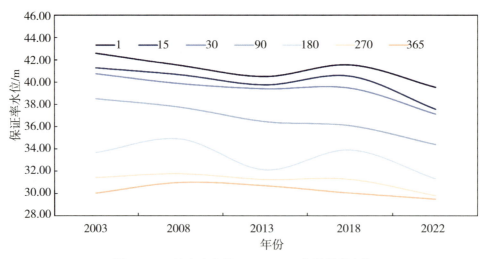

图 4.2-71　沙市水文站 2003—2022 年保证率水位

由图中可以发现,沙市水文站各保证率水位(1～365m)近年来均呈下降趋势。

4.2.7.4　沙市水文站同流量下枯水位变化

沙市水文站水位—流量关系,高水时主要受洪水涨落影响,为绳套曲线,低水以下为单一线(图 4.2-72)。

2003—2022 年,同流量下对应水位基本呈下降趋势,当流量为 7000m³/s 时,水位累计下降约 3.19m;当流量为 10000m³/s 时,水位累计下降 2.83m 左右;当流量为

14000m³/s 时,水位累计下降 2.16m 左右。可以看出,随着流量增大,同流量条件下 2022 年水位与 2003 年水位相比,差值逐渐减小。

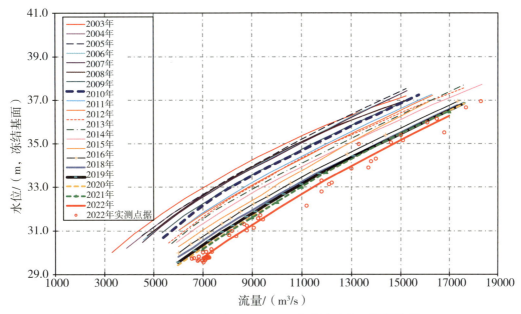

图 4.2-72　沙市水文站 2003—2022 年低水水位—流量关系

4.2.7.5　月均水位分布研究

将沙市水文站 1981—2023 年月均水位进行频率分析,共 516 个数据,见图 4.2-73。从总体来看,1981—2023 年月均水位的最大值为 44.31m(1998 年 8 月),最小值为 29.43m(2023 年 2 月),相差 14.88m。累计频率为 98%、95% 的水位分别为 30.06m、30.86m。

为了进一步对比分析三峡建库前后月均水位的变化,分别将沙市水文站的月均水位序列分为 1981—2002 年、2003—2023 年两个时段进行频率分析,见图 4.2-74。三峡水库蓄水前后,月均水位出现了明显的变化。从曲线的两端可以看出,三峡水库蓄水以后,沙市站最大与最小水位均发生明显降低。其中,1981—2002 年月均水位的最大值为 44.31m(1998 年 8 月),最小值为 30.61m(1999 年 3 月);2003—2023 年月均水位的最大值为 41.92m(2020 年 8 月),相比 1981—2002 年降低了 2.39m,最小值为 29.43m(2023 年 2 月),相比 1981—2002 年降低了 1.18m。1981—2002 年累计频率为 98%、95% 的水位分别为 30.17m 和 31.42m;2003—2023 年累计频率为 98% 的水位为 29.57m,相比建库前降低了 0.60m,累计频率为 95% 的水位为 30.42m,相比建库前降低了 1m。

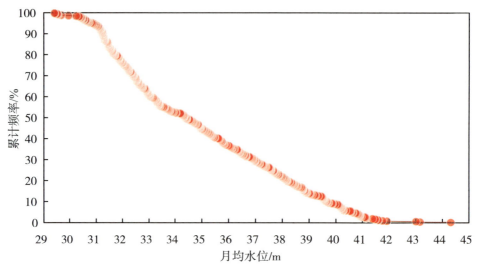

图 4.2-73　沙市水文站 1981—2023 年月均水位累计频率分布

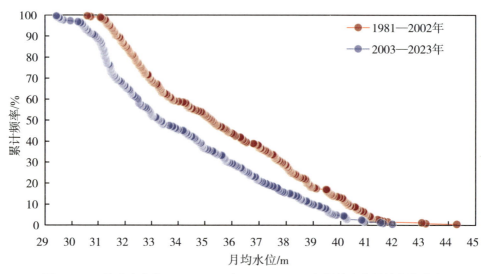

图 4.2-74　沙市水文站 1981—2002 年、2003—2023 年月均水位累计频率分布

　　为了使得月均水位的分布频率更加直观化,将沙市水文站 1981—2002 年、2003—
2023 年月均水位,按 0.5m 进行区间分布统计后,进行频率分析,见图 4.2-75。三峡水库
建库前,月均水位的区间为 30.5~44.5m,其中 31.5~32m 区间月均水位的分布频率约
为 8.68%。三峡水库建库后,月均水位的区间为 29~42m,其中 31~31.5m 区间月均水
位分布频率约为 15.81%。与建库前相比,建库后月均水位在 31.50m 以下的区间分布
频率有所增加,在 40.50m 以上的区间分布频率有明显降低,水位分布频率最高的区间
由原来的 31.5~32m 调整为 31~31.5m。

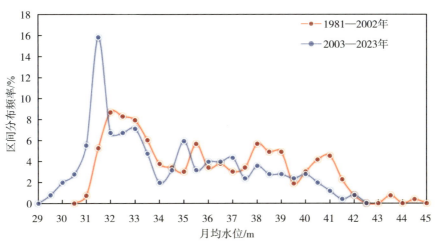

图 4.2-75　沙市水文站 1981—2002 年、2003—2023 年月均水位区间分布

4.2.7.6　三峡蓄水后水位分布研究

为了进一步研究三峡水库蓄水后月尺度水位分布,将沙市水文站 2003—2023 年总计 20 年的水位分月进行处理,按 0.1m 进行区间分布统计后(避免重复计数,区间左端点计入该区间,右端点计入下一区间),进行频率分析,见图 4.2-76 至图 4.2-79。

图 4.2-76 为沙市水文站 2003—2023 年第一季度各月水位区间分布频率图,1月最低水位为 29.39m,最高水位为 33.61m,即分布区间为 29.3～33.7m,其中,31.2～31.3m 区间分布频率为 13.80%,频率不低于 98% 的统计水位约为 29.53m。2月最低水位为 29.33m,最高水位为 32.99m,即分布区间为 29.3～33m,其中,31.2～31.3m 区间分布频率为 11.45%,频率不低于 98% 的统计水位约为 29.43m。3月最低水位为 29.38m,最高水位为 33.84m,即分布区间为 29.3～33.9m,其中,31.2～31.3m 区间分布频率为 11.50%,频率不低于 98% 的统计水位约为 29.43m。

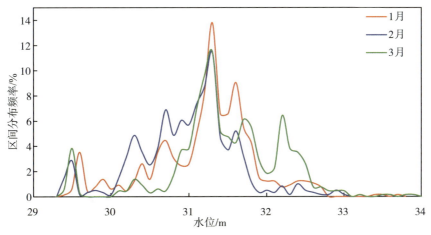

图 4.2-76　沙市水文站 2003—2023 年第一季度水位区间分布

图 4.2-77 为沙市水文站 2003—2023 年第二季度各月水位区间分布频率图,4 月最低水位为 29.37m,最高水位为 36.33m,即分布区间为 29.3～36.4m,其中,32.5～32.6m 区间分布频率为 5.71%,频率不低于 98% 的统计水位约为 29.52m。5 月最低水位为 29.64m,最高水位为 38.34m,即分布区间为 29.6～38.4m,其中,35.2～35.3m 区间分布频率为 3.68%,频率不低于 98% 的统计水位约为 31.43m。6 月最低水位为 31.45m,最高水位为 41.06m,即分布区间为 31.4～41.1m,其中,36.4～36.5m 区间分布频率为 3.49%,频率不低于 98% 的统计水位约为 32.16m。

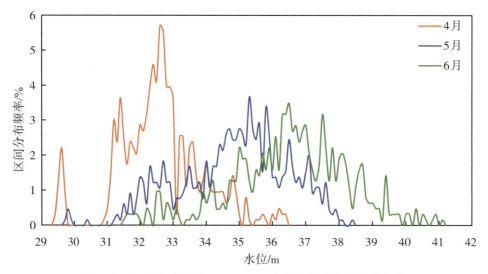

图 4.2-77　沙市水文站 2003—2023 年第二季度水位区间分布

图 4.2-78 为沙市水文站 2003—2023 年第三季度各月水位区间分布频率图,7 月最低水位为 32.82m,最高水位为 43.26m,即分布区间为 32.8～43.3m,其中,39.7～39.8m 区间分布频率为 3.68%,频率不低于 98% 的统计水位约为 33.29m。8 月最低水位为 31.13m,最高水位为 43.19m,即分布区间为 31.1～43.2m,其中,39～39.1m 区间分布频率为 3.07%,频率不低于 98% 的统计水位约为 33.08m。9 月最低水位为 29.62m,最高水位为 43.36m,即分布区间为 29.6～43.4m,其中,39.1～39.2m 区间分布频率为 3.01%,频率不低于 98% 的统计水位约为 30.10m。

图 4.2-79 为沙市水文站 2003—2023 年第四季度各月水位区间分布频率图,10 月最低水位为 29.72m,最高水位为 39.82m,即分布区间为 29.7～39.9m,其中,32.8～32.9m 区间分布频率为 3.22%,频率不低于 98% 的统计水位约为 29.80m。11 月最低水位为 29.48m,最高水位为 39.02m,即分布区间为 29.4～39.1m,其中,32.6～32.7m 区间分布频率为 3.65%,频率不低于 98% 的统计水位约为 29.68m。12 月最低水位为 29.5m,最高水位为 34.52m,即分布区间为 29.5～34.6m,其中,31.3～31.4m 区间分

频率为 7.52%,频率不低于 98% 的统计水位约为 29.56m。

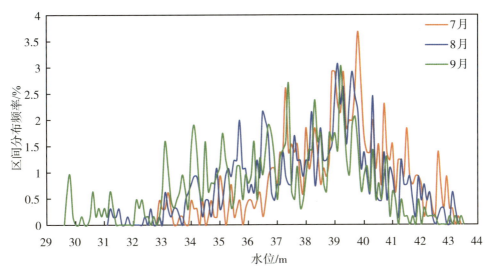

图 4.2-78 沙市水文站 2003—2023 年第三季度水位区间分布

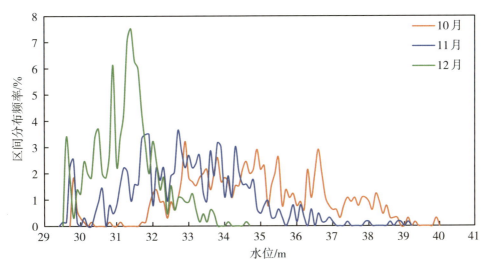

图 4.2-79 沙市水文站 2003—2023 年第四季度水位区间分布

4.2.8 莲花塘水位站

4.2.8.1 莲花塘水位站年最低水位变化

莲花塘水位站(图 4.2-80)位于湖南省岳阳市城陵矶莲花塘,是长江荆江与洞庭湖出流汇合口的代表站。

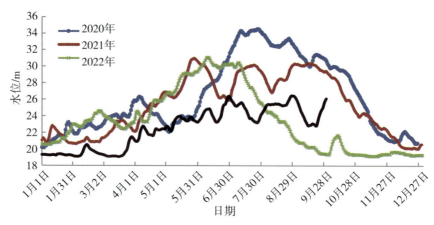

图 4.2-80 莲花塘水位站近年水位变化过程

根据 2003—2022 年莲花塘水位站实测资料,统计了分月水位的最小值(图 4.2-81),可以发现除 2022 年外,近年来其波动较为稳定,全年最低水位约 19.8 m(图 4.2-82)。

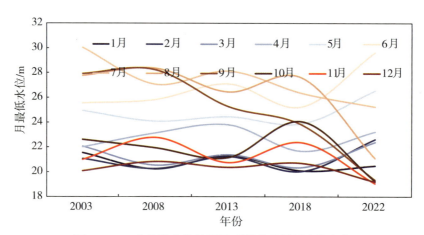

图 4.2-81 莲花塘水位站不同时期分月最低水位变化

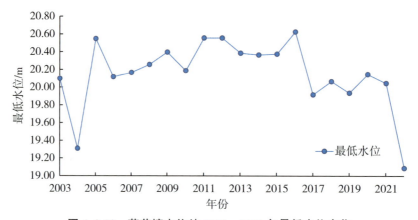

图 4.2-82 莲花塘水位站 2003—2022 年最低水位变化

4.2.8.2 莲花塘水位站多年日周旬水位变幅

对莲花塘水位站近 20 年(2003—2022 年)水位过程进行分析,见图 4.2-83,其多年平均日水位变幅为 0.11m,最小值为 0.02m,最大值为 0.22m。其全年水位日最大变幅分布较为均匀,全年各个月最大变幅都曾超过 0.40m。历年最大日水位变幅为 1.11m,出现在 2014 年 10 月 31 日,由洪水过境引起,历年最小日水位变幅为 0.00m。

莲花塘水位站多年平均周水位变幅为 0.84m,最小值为 0.33m,最大值为 1.37m。周最大变幅超过 2.00m 的时段,分布较为均匀,全年均可能发生(图 4.2-84)。历年最大周水位变幅为 5.36m,出现在 2008 年 11 月 3 日,历年最小周水位变幅为 0.02m,出现在 2004 年 2 月 10 日。

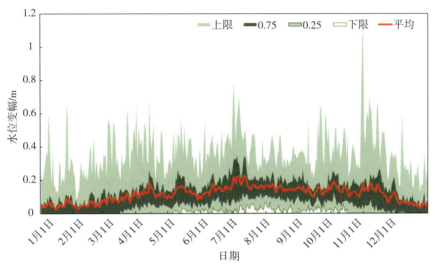

图 4.2-83　莲花塘水位站 2003—2022 年日水位变幅分位图

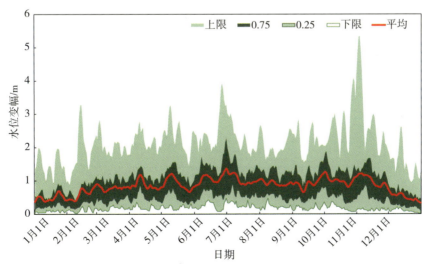

图 4.2-84　莲花塘水位站 2003—2022 年周水位变幅分位图

莲花塘水位站多年平均旬水位变幅为 1.15m,最小值为 0.48m,最大值为 1.75m。旬最大变幅超过 2.00m 的时段,分布较为均匀,全年均可能发生(图 4.2-85)。历年最大旬水位变幅为 6.63m,出现在 2008 年 11 月 1 日,历年最小旬水位变幅为 0.04m,出现在 2006 年 1 月 4 日。

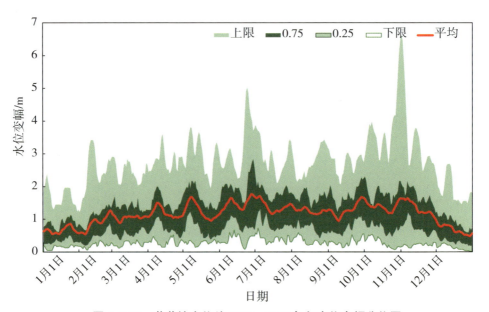

图 4.2-85　莲花塘水位站 2003—2022 年旬水位变幅分位图

4.2.8.3　莲花塘水位站多年日周旬水位变幅

对莲花塘水位站近 20 年(2003—2022 年)保证率水位进行分析,见图 4.2-86。

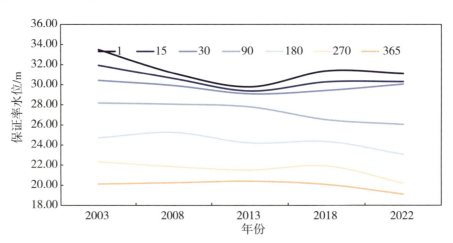

图 4.2-86　莲花塘水位站 2003—2022 年保证率水位

由图中可以发现,莲花塘水位站低保证率水位(90～365m)近年来较为稳定,略有下降,而高保证率水位(1～30m)变化不明显。

4.2.9　汉口水文站

4.2.9.1　汉口水文站年最低水位变化

汉口水文站位于湖北省武汉市武汉关,是监测长江中游干流汉口河段在汉江汇入后水沙资料的基本水文站(图 4.2-87)。基本水尺位于长江中游干流左岸武汉关,上游左岸约 3200m 处有汉江汇入,下游 3900m 有长江二桥,下游 6800m 有二七长江大桥。流量测验断面位于基本水尺下游约 5400m,测验断面呈单式河床,左浅右深。

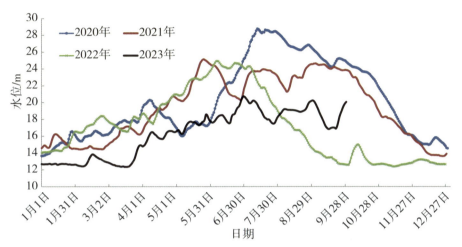

图 4.2-87　汉口水文站近年水位变化过程

根据 2003—2022 年汉口水文站实测资料,统计了分月水位的最小值(图 4.2-88),可以发现近年来其波动较为稳定,除 2022 年特枯水情外,全年最低水位约 13.5m(图 4.2-89)。

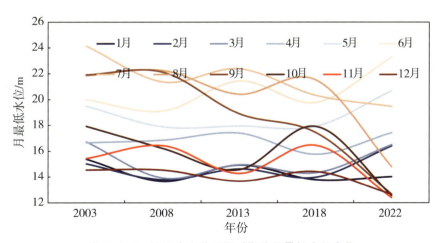

图 4.2-88　汉口水文站不同时期分月最低水位变化

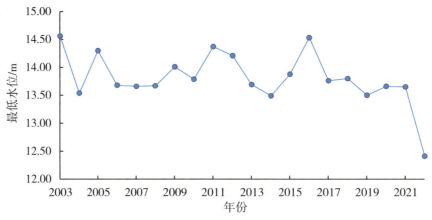

图 4.2-89　汉口水文站 2003—2022 年最低水位变化

4.2.9.2　汉口水文站多年日周旬水位变幅

对汉口水文站近 20 年（2003—2022 年）水位过程进行分析，见图 4.2-90，其多年平均日水位变幅为 0.10m，最小值为 0.03m，最大值为 0.20m。其全年水位日最大变幅分布较为均匀，全年各个月最大变幅都曾超过 0.40m。历年最大日水位变幅为 0.94m，出现在 2014 年 10 月 31 日，历年最小日水位变幅为 0.00m。

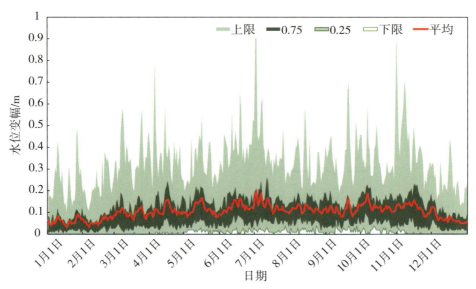

图 4.2-90　汉口水文站 2003—2022 年日水位变幅分位图

汉口水文站多年平均周水位变幅为 0.78m，最小值为 0.32m，最大值为 1.21m。周最大变幅超过 2.00m 的时段，除 1 月外全年均可发生（图 4.2-91），历年最大周水位变幅为 4.96m，出现在 2008 年 11 月 4 日，历年最小周水位变幅为 0.02m，出现在 2007 年 12 月 29 日。

汉口水文站多年平均旬水位变幅为 1.07m,最小值为 0.45m,最大值为 1.61m。旬最大变幅超过 2.00m 的时段,分布较为均匀,全年均可能发生(图 4.2-92)。历年最大旬水位变幅为 5.95m,出现在 2008 年 11 月 2 日,历年最小旬水位变幅为 0.05m,出现在 2006 年 1 月 7 日。

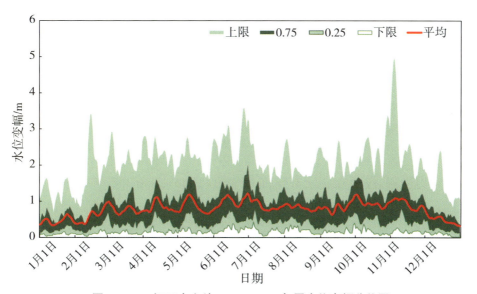

图 4.2-91 汉口水文站 2003—2022 年周水位变幅分位图

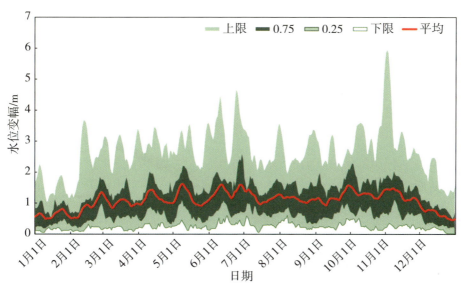

图 4.2-92 汉口水文站 2003—2022 年旬水位变幅分位图

4.2.9.3 汉口水文站保证率水位

对汉口水文站近 20 年(2003—2022 年)保证率水位进行分析,见图 4.2-93。

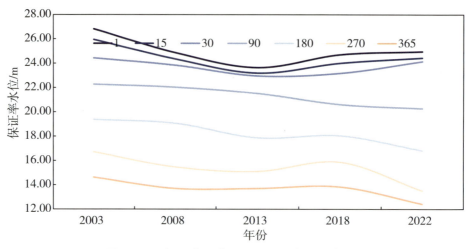

图 4.2-93 汉口水文站 2003—2022 年保证率水位

由图中可以发现,汉口水文站低保证率水位(180～365m)近年来略有下降,高保证率水位自 2003—2013 年明显下降后,近年来较为稳定。

4.2.9.4 汉口水文站同流量下枯水位变化

汉口站历年低水水位—流量关系基本为单一线(图 4.2-94)。2003 年三峡水库蓄水运用以来,汉口站枯水位有所下降。

2003—2022 年,当流量为 10000m³/s 时,水位累计降低 1.91m;当流量为 20000m³/s 时,水位累计降低 1.26m。随着流量增大水位累计降低幅度变小,同一流量下水位降低主要发生在 2006—2018 年,2022 年 15000m³/s 以下低水水位有进一步降低变化。

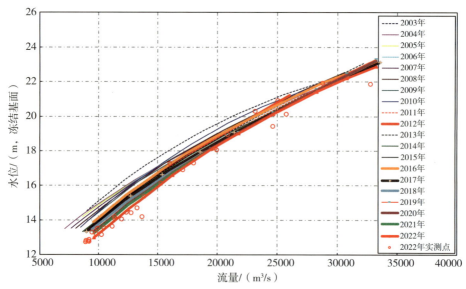

图 4.2-94 汉口水文站 2003—2022 年低水水位—流量关系

4.2.9.5　月均水位分布研究

将汉口水文站 1981—2023 年月均水位进行频率分析，共 516 个数据，见图 4.2-95。从总体来看，1981—2023 年月均水位的最大值为 29.15m（1998 年 8 月），最小值为 12.43m（1987 年 2 月），相差 16.72m。累计频率为 98%、95% 的水位分别为 13.45m、13.85m。

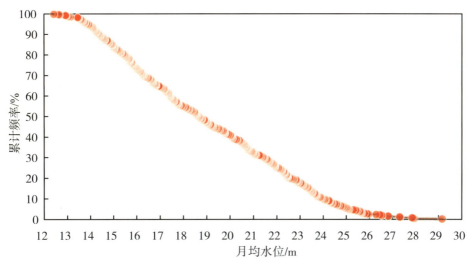

图 4.2-95　汉口水文站 1981—2023 年月均水位累计频率分布

为了进一步对比分析三峡建库前后月均水位的变化，分别将汉口水文站的月均水位序列分为 1981—2002 年、2003—2023 年两个时段进行频率分析，见图 4.2-96。三峡水库蓄水前后，月均水位出现了明显的变化。从曲线的两端可以看出，三峡水库蓄水以后，高于 27m 的月均水位累计频率均明显降低。其中，1981—2002 年月均水位的最大值为 29.15m（1998 年 8 月），最小值为 12.43m（1987 年 2 月）；2003—2023 年月均水位的最大值为 27.89m（2020 年 7 月），相比 1981—2002 年降低了 1.86m，最小值为 12.64m（2022 年 11 月），相比 1981—2002 年增加了 0.21m。1981—2002 年累计频率为 98%、95% 的水位分别为 13.47m 和 13.73m；2003—2023 年累计频率为 98% 的水位为 13.04m，相比建库前降低了 0.43m，累计频率为 95% 的水位为 14.10m，相比建库前降低了 0.37m。

为了使月均水位的分布频率更加直观化，将汉口水文站 1981—2002 年、2003—2023 年月均水位，按 0.5m 进行区间分布统计后，进行频率分析，见图 4.2-97。三峡水库建库前，月均水位的区间为 12～29.5m，其中 13.5～14m 区间月均水位的分布频率约为 5.66%，15.5～16m 区间月均水位的分布频率约为 6.04%。三峡水库建库后，月均水位的区间为 12.5～28m，其中 17～17.5m 区间月均水位分布频率约为 8.30%。与建库前相比,建库后月均水位在 $14.5\sim16.5$ m 的区间分布频率有所增加,在 24.5 m 以上的区间分布频率有明显降低,水位分布频率最高的区间由原来的 $15.5\sim16$ m 调整为 $17\sim17.5$ m。

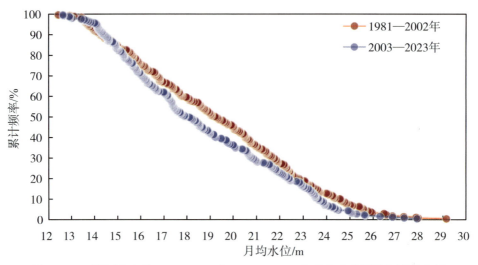

图 4.2-96　汉口水文站 1981—2002 年、2003—2023 年月均水位累计频率分布图

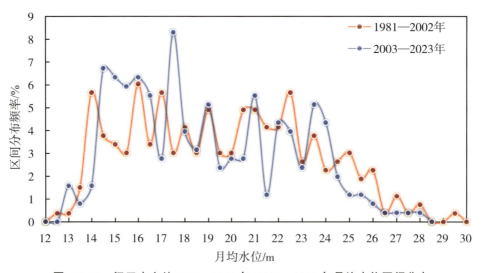

图 4.2-97　汉口水文站 1981—2002 年、2003—2023 年月均水位区间分布

4.2.9.6　三峡蓄水后水位分布研究

为了进一步研究三峡水库蓄水后月尺度水位分布,将汉口水文站 2003—2023 年总计 20 年的水位分月进行处理,按 0.1m 进行区间分布统计后(避免重复计数,区间左端点计入该区间,右端点计入下一区间),进行频率分析,见图 4.2-98 至图 4.2-101。

图 4.2-98 为汉口水文站 2003—2023 年第一季度各月水位区间分布频率图,1 月最

低水位为 12.6m,最高水位为 17.47m,即分布区间为 12.6～17.5m,其中,14.2～14.3m 区间分布频率为 7.82%,频率不低于 98% 的统计水位约为 12.65m。2 月最低水位为 12.41m,最高水位为 18.7m,即分布区间为 12.4～18.8m,其中,14.5～14.6m 和 14.8～14.9m 区间分布频率均为 5.72%,频率不低于 98% 的统计水位约为 12.91m。3 月最低水位为 12.35m,最高水位为 19.89m,即分布区间为 12.3～19.9m,其中,16.6～16.7m 区间分布频率为 4.45%,频率不低于 98% 的统计水位约为 12.47m。

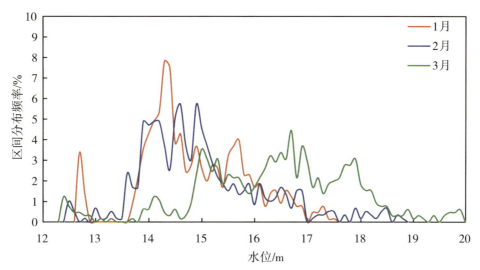

图 4.2-98　汉口水文站 2003—2023 年第一季度水位区间分布

图 4.2-99 为汉口水文站 2003—2023 年第二季度各月水位区间分布频率图,4 月最低水位为 14.8m,最高水位为 23.02m,即分布区间为 14.8～23.1m,其中,15.8～15.9m 区间分布频率为 3.33%,频率不低于 98% 的统计水位约为 15.18m。5 月最低水位为 14.86m,最高水位为 25.13m,即分布区间为 14.8～25.2m,其中,20.9～21m 区间分布频率为 2.91%,频率不低于 98% 的统计水位约为 15.16m。6 月最低水位为 16.81m,最高水位为 25.74m,即分布区间为 16.8～25.8m,其中,21.6～21.7m 区间分布频率为 3.65%,频率不低于 98% 的统计水位约为 17.64m。

图 4.2-100 为汉口水文站 2003—2023 年第三季度各月水位区间分布频率图,7 月最低水位为 17.48m,最高水位为 28.75m,即分布区间为 17.4～28.8m,其中,22.9～23m 区间分布频率为 3.99%,频率不低于 98% 的统计水位约为 18.31m。8 月最低水位为 14.9m,最高水位为 28.13m,即分布区间为 14.9～28.2m,其中,23.2～23.3m 区间分布频率为 3.37%,频率不低于 98% 的统计水位约为 16.73m。9 月最低水位为 12.69m,最高水位为 26.21m,即分布区间为 12.6～26.3m,其中,20.4～20.5m 区间分布频率为 2.54%,频率不低于 98% 的统计水位约为 13.48m。

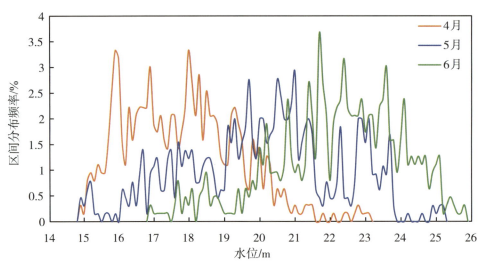

图 4.2-99 汉口水文站 2003—2023 年第二季度水位区间分布

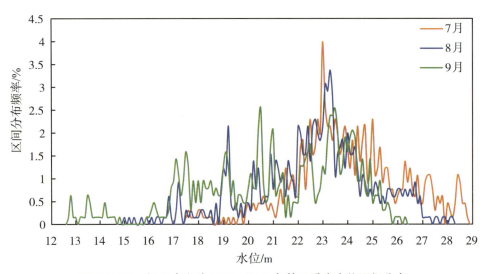

图 4.2-100 汉口水文站 2003—2023 年第三季度水位区间分布

图 4.2-101 为汉口水文站 2003—2023 年第四季度各月水位区间分布频率图,10 月最低水位为 12.6m,最高水位为 24.78m,即分布区间为 12.6~24.8m,其中,18.1~18.2m 区间分布频率为 2.45%,频率不低于 98% 的统计水位约为 12.79m。11 月最低水位为 12.42m,最高水位为 22.76m,即分布区间为 12.4~22.8m,其中,17.1~17.2m 区间分布频率为 3.49%,频率不低于 98% 的统计水位约为 12.61m。12 月最低水位为 12.69m,最高水位为 18.96m,即分布区间为 12.6~19m,其中,15.3~15.4m 区间分布频率为 5.67%,频率不低于 98% 的统计水位约为 12.87m。

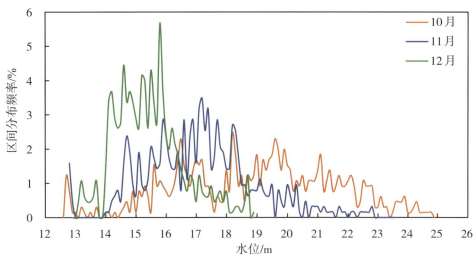

图 4.2-101　汉口水文站 2003—2023 年第四季度水位区间分布

4.2.10　九江水文站

4.2.10.1　九江水文站年最低水位变化

九江水文站位于江西省九江市浔阳区(图 4.2-102),地处长江中游人民洲河段,下游 3km 处有九江长江大桥、9km 处有张家洲横亘江心,下游 30km 有鄱阳湖入汇长江,对本站水位、流量有顶托影响。

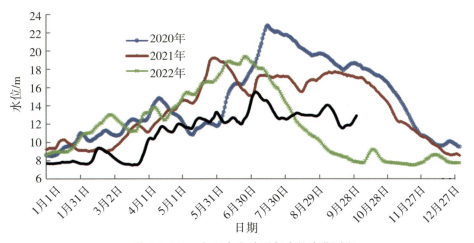

图 4.2-102　九江水文站近年水位变化过程

根据 2003—2022 年九江水文站实测资料,统计了分月水位的最小值(图 4.2-103),可以发现 9 月、10 月,受长江上游水库群蓄水影响,其月最低水位降低明显,其余月波动较为稳定,全年最低水位约为 7.5m(图 4.2-104)。

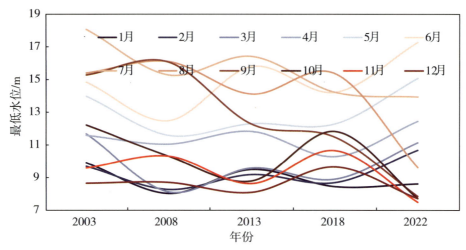

图 4.2-103　九江水文站不同时期分月最低水位变化

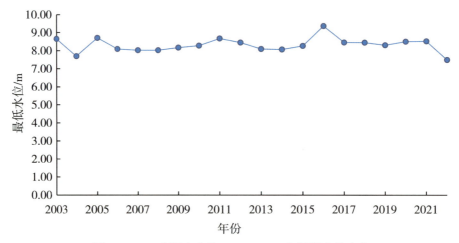

图 4.2-104　九江水文站 2003—2022 年最低水位变化

4.2.10.2　九江水文站年最低水位变化

对九江水文站近 20 年(2003—2022 年)水位过程进行分析,见图 4.2-105,其多年平均日水位变幅为 0.09m,最小值为 0.02m,最大值为 0.16m。日最大变幅超过 0.20m 的时段,分布较为均匀,全年均可能发生。历年最大日水位变幅为 0.68m,出现在 2012 年 3 月 8 日,历年最小日水位变幅为 0.00m。

九江水文站多年平均周水位变幅为 0.69m,最小值为 0.29m,最大值为 1.14m。周最大变幅超过 1.50m 的时段,分布较为均匀,全年均可能发生(图 4.2-106)。历年最大周水位变幅为 4.41m,出现在 2008 年 11 月 5 日,历年最小周水位变幅为 0.01m,出现在 2008 年 1 月 5 日。

九江水文站多年平均旬水位变幅为 0.96m,最小值为 0.39m,最大值为 1.54m。旬最大变幅超过 2.00m 的时段,全年均可发生(图 4.2-107),历年最大旬水位变幅为 5.30m,出现在 2008 年 11 月 3 日,由暴雨洪水引起,历年最小旬水位变幅为 0.02m,出现在 2008 年 1 月 4 日。

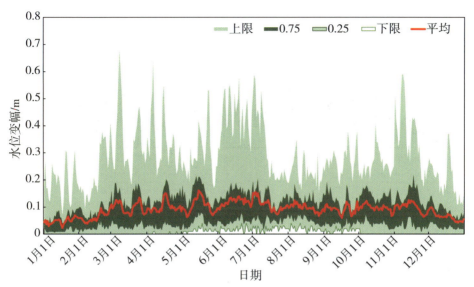

图 4.2-105 九江水文站 2003—2022 年日水位变幅分位

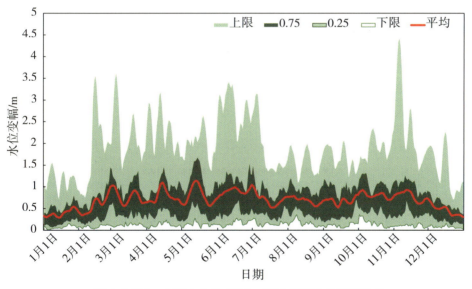

图 4.2-106 九江水文站 2003—2022 年周水位变幅分位

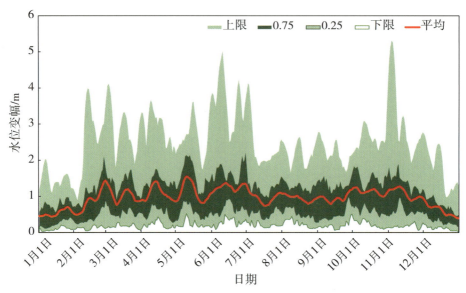

图 4.2-107　九江水文站 2003—2022 年旬水位变幅分位

4.2.10.3　九江水文站保证率水位

对九江水文站近 20 年(2003—2022 年)保证率水位进行分析,见图 4.2-108。

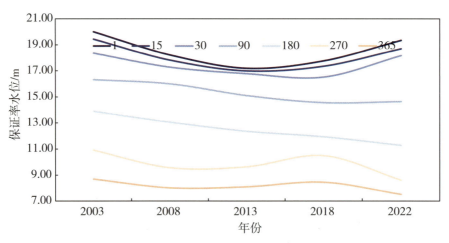

图 4.2-108　九江水文站 2003—2022 年保证率水位

由图中可以发现,九江水文站低保证率水位(180~365m)略有下降,高保证率水位(1~30m)自 2003—2013 年下降后,近年来有所升高。

4.2.10.4　月均水位分布研究

将九江水文站 1981—2023 年月均水位进行频率分析,共 516 个数据(43 年×12 月),见图 4.2-109。从总体来看,1981—2023 年月均水位的最大值为 22.57m(1998 年 8 月),最小值为 7.45m(1987 年 2 月),相差 15.12m。累计频率为 98%、95% 的水位分别为 8.22m、8.48m。

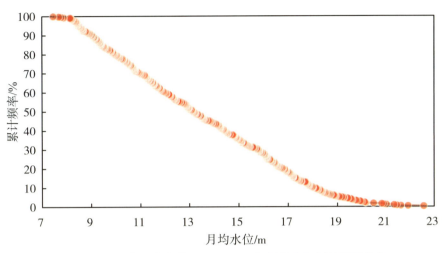

图 4.2-109　九江水文站 1981—2023 年月均水位累计频率分布

为了进一步对比分析三峡建库前后月均水位的变化,分别将九江水文站的月均水位序列分为 1981—2002 年、2003—2023 年两个时段进行频率分析,见图 4.2-110。三峡水库蓄水前后,月均水位出现了明显的变化。从曲线的两端可以看出,三峡水库蓄水以后,高于 20m 的月均水位累计频率均明显降低。其中,1981—2002 年月均水位的最大值为 22.57m(1998 年 8 月),最小值为 7.45m(1987 年 2 月);2003—2023 年月均水位的最大值为 21.44m(2020 年 7 月),相比 1981—2002 年降低了 1.13m,最小值为 7.68m(2022 年 11 月),相比 1981—2002 年增加了 0.23m。1981—2002 年累计频率为 98%、95% 的水位分别为 8.36m 和 8.62m;2003—2023 年累计频率为 98% 的水位为 8.18m,相比建库前降低了 0.18m,累计频率为 95% 的水位为 8.42m,相比建库前降低了 0.2m。

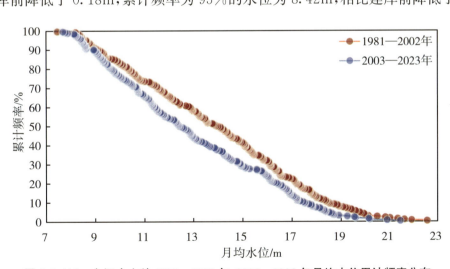

图 4.2-110　九江水文站 1981—2002 年、2003—2023 年月均水位累计频率分布

为了使得月均水位的分布频率更加直观化,将九江水文站 1981—2002 年、2003—2023 年月均水位,按 0.5m 进行区间分布统计后,进行频率分析,见图 4.2-111。三峡水库建库前,月均水位的区间为 7～23m,其中 16～16.5m 区间月均水位的分布频率约为 6.79%。三峡水库建库后,月均水位的区间为 7.5～21.5m,其中 9～9.5m 区间月均水位分布频率约为 7.11%。与建库前相比,建库后月均水位在 9.5～10m 的区间分布频率有所增加,在 19.5m 以上的区间分布频率有明显降低,水位分布频率最高的区间由原来的 16～16.5m 调整为 9～9.5m。

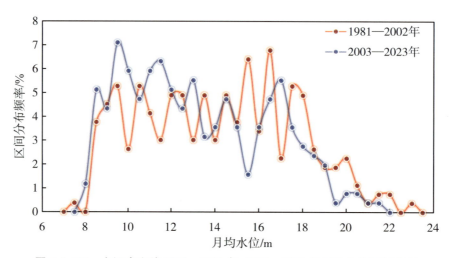

图 4.2-111　九江水文站 1981—2002 年、2003—2023 年月均水位区间分布

4.2.10.5　三峡蓄水后水位分布研究

为了进一步研究三峡水库蓄水后月尺度水位分布,将九江水文站 2003—2023 年总计 20 年的水位分月进行处理,按 0.1m 进行区间分布统计后(避免重复计数,区间左端点计入该区间,右端点计入下一区间),进行频率分析,见图 4.2-112、图 4.2-113。

图 4.2-112 为九江水文站 2003—2023 年第一季度各月水位区间分布频率图,1 月最低水位为 7.67m,最高水位为 20.3m,即分布区间为 7.6～20.4m,其中,8.9～9m 区间分布频率为 2.91%,频率不低于 98% 的统计水位约为 7.74m。2 月最低水位为 7.62m,最高水位为 21.65m,即分布区间为 7.6～21.7m,其中,16.7～16.8m 区间分布频率均为 3.87%,频率不低于 98% 的统计水位约为 8.22m。3 月最低水位为 7.52m,最高水位为 20.52m,即分布区间为 7.5～20.6m,其中,16.9～17m 区间分布频率为 2.91%,频率不低于 98% 的统计水位约为 7.64m。

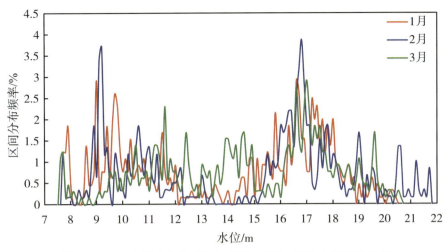

图 4.2-112　九江水文站 2003—2023 年第一季度水位区间分布

图 4.2-113 为九江水文站 2003—2023 年第二季度各月水位区间分布频率图,4 月最低水位为 10.19m,最高水位为 19.43m,即分布区间为 10.1～19.5m,其中,16.8～16.9m 区间分布频率为 3.49%,频率不低于 98% 的统计水位约为 10.50m。5 月最低水位为 8.86m,最高水位为 19.22m,即分布区间为 8.8～19.3m,其中,14.1～14.2m 区间分布频率为 3.37%,频率不低于 98% 的统计水位约为 9.41m。6 月最低水位为 8.65m,最高水位为 19.35m,即分布区间为 8.6～19.4m,其中,12.2～12.3m 区间分布频率为 2.85%,频率不低于 98% 的统计水位约为 8.82m。

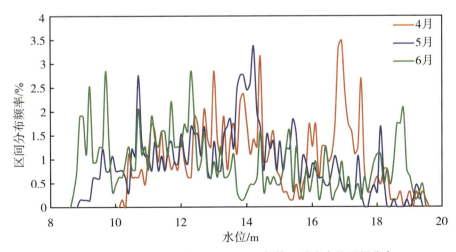

图 4.2-113　九江水文站 2003—2023 年第二季度水位区间分布

图 4.2-114 为九江水文站 2003—2023 年第三季度各月水位区间分布频率图,7 月最低水位为 8.02m,最高水位为 22.75m,即分布区间为 8～22.8m,其中,8.7～8.8m 区间分布频率为 4.75%,频率不低于 98% 的统计水位约为 8.11m。8 月最低水位为 8.02m,

最高水位为 21.56m，即分布区间为 8～21.6m，其中，8.5～8.6m 区间分布频率为
7.82%，频率不低于 98% 的统计水位约为 8.06m。9 月最低水位为 7.85m，最高水位为
19.49m，即分布区间为 7.8～19.5m，其中，8.3～8.4m 和 8.4～8.5m 区间分布频率为
4.75%，频率不低于 98% 的统计水位约为 8.09m。

图 4.2-115 为九江水文站 2003—2023 年第四季度各月水位区间分布频率图，10 月
最低水位为 7.74m，最高水位为 18.46m，即分布区间为 7.7～18.5m，其中，10.8～
10.9m 区间分布频率为 4.29%，频率不低于 98% 的统计水位约为 7.87m。11 月最低水
位为 7.51m，最高水位为 17.49m，即分布区间为 7.5～17.5m，其中，11～11.1m 区间分
布频率为 4.12%，频率不低于 98% 的统计水位约为 7.64m。12 月最低水位为 7.72m，
最高水位为 18.13m，即分布区间为 7.7～18.2m，其中，9.4～9.5m 区间分布频率为
3.22%，频率不低于 98% 的统计水位约为 7.93m。

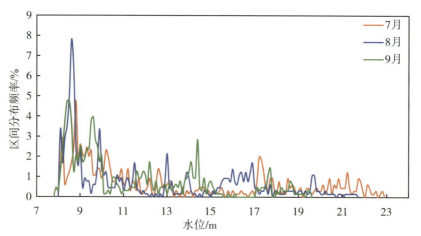

图 4.2-114　九江水文站 2003—2023 年第三季度水位区间分布

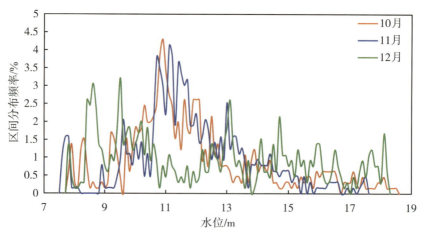

图 4.2-115　九江水文站 2003—2023 年第四季度水位区间分布

4.2.11 大通水文站

4.2.11.1 大通水文站年最低水位变化

大通水文站(图 4.2-116)地处长江下游干流大通河段,上游 219km 处有鄱阳湖。距河口 624km,枯季感潮显著。是长江干流的最后一个径流控制站,控制长江流入感潮河段水量。

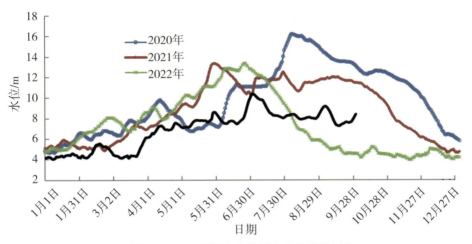

图 4.2-116 大通水文站近年水位变化过程

根据 2003—2022 年大通站实测资料,统计了分月水位的最小值(图 4.2-117),可以发现 9 月、10 月,因长江上游水库群蓄水影响,其月最低水位降低明显,其余月波动较为稳定,全年最低水位约为 4m(图 4.2-118)。

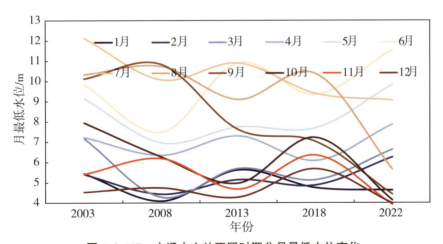

图 4.2-117 大通水文站不同时期分月最低水位变化

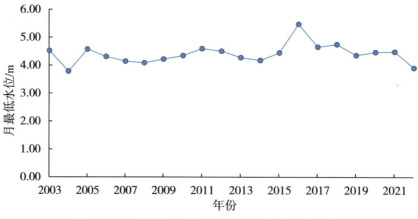

图 4.2-118　大通水文站 2003—2022 年最低水位变化

4.2.11.2　大通水文站多年日周旬水位变幅

对大通水文站近 20 年（2003—2022 年）水位过程进行分析，见图 4.2-119，其多年平均日水位变幅为 0.12m，最小值为 0.06m，最大值为 0.18m。日最大变幅超过 0.40m 的时段，除 8 月外，全年均可发生。历年最大日水位变幅为 0.71m，出现在 2016 年 7 月 2日，历年最小日水位变幅为 0.00m。

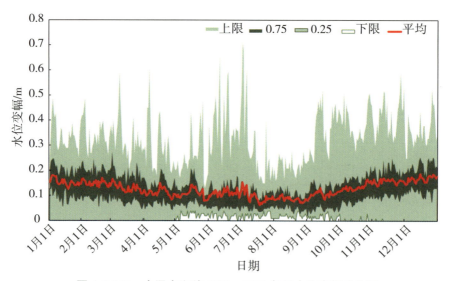

图 4.2-119　大通水文站 2003—2022 年日水位变幅分位图

大通水文站多年平均周水位变幅为 0.63m，最小值为 0.40m，最大值为 0.93m。周最大变幅超过 1.50m 的时段，除 1 月外全年均可发生（图 4.2-120），历年最大周水位变幅为 3.49m，出现在 2008 年 11 月 6 日，历年最小周水位变幅为 0.05m，出现在 2005 年 4月 15 日。

大通水文站多年平均旬水位变幅为 0.85m,最小值为 0.57m,最大值为 1.24m。旬最大变幅超过 1.50m 的时段,全年均可发生(图 4.2-121),历年最大旬水位变幅为 4.65m,出现在 2011 年 6 月 10 日,历年最小旬水位变幅为 0.09m,出现在 2014 年 8 月 28 日。

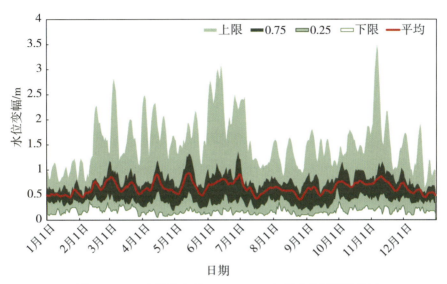

图 4.2-120　大通水文站 2003—2022 年周水位变幅分位图

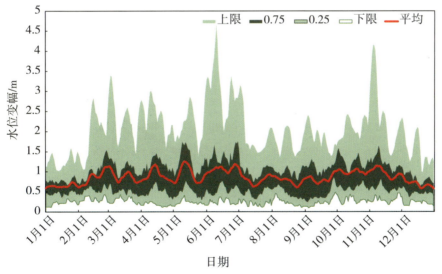

图 4.2-121　大通水文站 2003—2022 年旬水位变幅分位图

4.2.11.3　大通水文站保证率水位

对大通水文站近 20 年(2003—2022 年)保证率水位进行分析,见图 4.2-122。

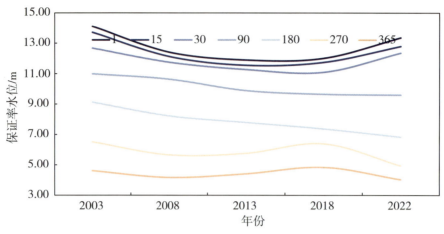

图 4.2-122　大通水文站 2003—2022 年保证率水位

由图中可以发现,大通水文站低保证率水位(180~365m)近年来略有下降,高保证率水位(1~30m)自 2003—2013 年下降后,近年来有所升高,规律同九江类似。

4.2.11.4　大通水文站同流量下枯水位变化

大通站低水时潮汐有所影响,中高水时潮汐影响较小,根据 2003—2022 年大通水文站实测水位流量点绘低水水位—流量关系见图 4.2-123。从图上看,2003—2016 年水位—流量关系较好,基本上为单一线,2017 年后大通站水位—流量关系有所摆动,无明显趋势性变化。

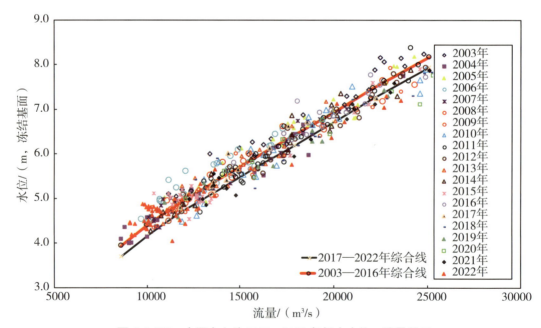

图 4.2-123　大通水文站 2003—2022 年低水水位—流量关系

4.2.11.5 月均水位分布研究

将大通水文站1981—2023年月均水位进行频率分析,共516个数据,见图4.2-124。从总体来看,1981—2023年月均水位的最大值为15.89m(1998年8月),最小值为3.94m(1987年2月),相差11.95m。累计频率为98%、95%的水位分别为4.42m、4.68m。

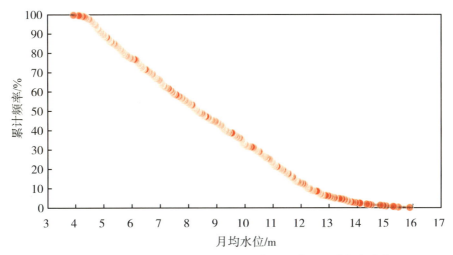

图4.2-124 大通水文站1981—2023年月均水位累计频率分布

为了进一步对比分析三峡建库前后月均水位的变化,分别将大通水文站的月均水位序列分为1981—2002年、2003—2023年两个时段进行频率分析,见图4.2-125。三峡水库蓄水前后,月均水位出现了明显的变化。从曲线的两端可以看出,三峡水库蓄水以后,高于15m和低于4m的月均水位累计频率均明显降低。其中,1981—2002年月均水位的最大值为15.89m(1998年8月),最小值为3.94m(1987年2月);2003—2023年月均水位的最大值为15.29m(2020年7月),相比1981—2002年降低了0.6m,最小值为4.13m(2004年2月),相比1981—2002年增加了0.19m。1981—2002年累计频率为98%、95%的水位分别为4.39m和4.59m;2003—2023年累计频率为98%的水位为4.54m,相比建库前增加了0.15m,累计频率为95%的水位为4.73m,相比建库前增加了0.14m。

为了使月均水位的分布频率更加直观化,将大通水文站1981—2002年、2003—2023年月均水位,按0.5m进行区间分布统计后,进行频率分析,见图4.2-126。三峡水库建库前,月均水位的区间为3.5~16m,其中4.5~5m区间月均水位的分布频率约为7.55%。三峡水库建库后,月均水位的区间为4~15.5m,其中5~5.5m区间月均水位分布频率约为8.30%。与建库前相比,建库后月均水位在5~8m的区间分布频率有所增加,在 13.5m 以上的区间分布频率有明显降低,水位分布频率最高的区间由原来的 4.5～5m 调整为 5～5.5m。

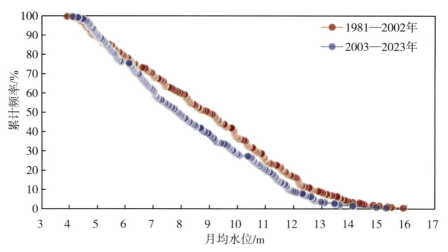

图 4.2-125 大通水文站 1981—2002 年、2003—2023 年月均水位累计频率分布

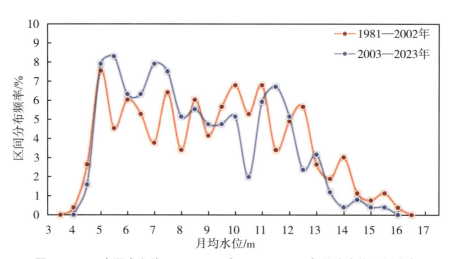

图 4.2-126 大通水文站 1981—2002 年、2003—2023 年月均水位区间分布

4.2.11.6 三峡蓄水后水位分布研究

为了进一步研究三峡水库蓄水后月尺度水位分布,将大通水文站 2003—2023 年总计 20 年的水位分月进行处理,按 0.1m 进行区间分布统计后(避免重复计数,区间左端点计入该区间,右端点计入下一区间),进行频率分析,见图 4.2-127 至图 4.2-130。

图 4.2-127 为大通水文站 2003—2023 年第一季度各月水位区间分布频率图,1月最低水位为 4.06m,最高水位为 7.60m,即分布区间为 4～7.7m,其中,4.8～4.9m 区间分布频率为 8.59%,频率不低于 98% 的统计水位约为 4.23m。2月最低水位为 3.92m,最

高水位为 8.70m,即分布区间为 3.9~8.8m,其中,4.8~4.9m 区间分布频率均为 6.57%,频率不低于 98% 的统计水位约为 4.07m。3 月最低水位为 4.11m,最高水位为 9.92m,即分布区间为 4.1~10m,其中,7.1~7.2m 区间分布频率为 4.91%,频率不低于 98% 的统计水位约为 4.30m。

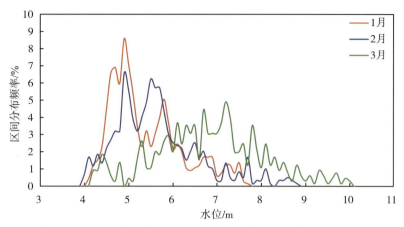

图 4.2-127 大通水文站 2003—2023 年第一季度水位区间分布

图 4.2-128 为大通水文站 2003—2023 年第二季度各月水位区间分布频率图,4 月最低水位为 5.29m,最高水位为 11.84m,即分布区间为 5.2~11.9m,其中,6.8~6.9m 区间分布频率为 5.23%,频率不低于 98% 的统计水位约为 5.57m。5 月最低水位为 5.35m,最高水位为 13.31m,即分布区间为 5.3~13.4m,其中,9.1~9.2m 区间分布频率为 4.14%,频率不低于 98% 的统计水位约为 5.49m。6 月最低水位为 6.39m,最高水位为 14.13m,即分布区间为 6.3~14.2m,其中,10~10.1m 区间分布频率为 4.28%,频率不低于 98% 的统计水位约为 7.18m。

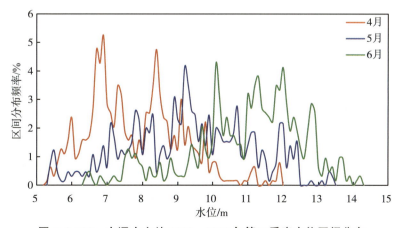

图 4.2-128 大通水文站 2003—2023 年第二季度水位区间分布

图 4.2-129 为大通水文站 2003—2023 年第三季度各月水位区间分布频率图,7 月最低水位为 8.01m,最高水位为 16.21m,即分布区间为 8~16.3m,其中,11.2~11.3m 区间分布频率为 5.37%,频率不低于 98% 的统计水位约为 8.34m。8 月最低水位为 5.78m,最高水位为 15.37m,即分布区间为 5.7~15.4m,其中,11.4~11.5m 区间分布频率为 5.21%,频率不低于 98% 的统计水位约为 6.40m。9 月最低水位为 4.49m,最高水位为 13.67m,即分布区间为 4.4~13.7m,其中,11.4~11.5m 区间分布频率为 5.23%,频率不低于 98% 的统计水位约为 4.76m。

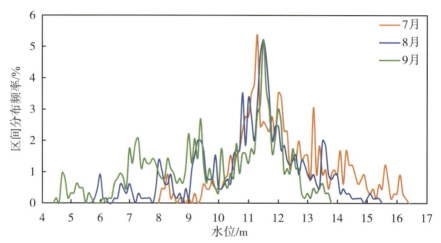

图 4.2-129 大通水文站 2003—2023 年第三季度水位区间分布

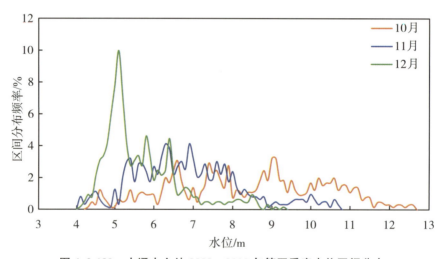

图 4.2-130 大通水文站 2003—2023 年第四季度水位区间分布

图 4.2-130 为大通水文站 2003—2023 年第四季度各月水位区间分布频率图,10 月最低水位为 4.29m,最高水位为 12.54m,即分布区间为 4.2~12.6m,其中,8.9~9m 区间分布频率为 3.22%,频率不低于 98% 的统计水位约为 4.59m。11 月最低水位为

4.04m,最高水位为10.64m,即分布区间为4~10.7m,其中,6.8~6.9m区间分布频率为4.12%,频率不低于98%的统计水位约为4.30m。12月最低水位为4.09m,最高水位9.25m,即分布区间为4~9.3m,其中,5~5.1m区间分布频率为9.97%,频率不低于98%的统计水位约为4.34m。

4.2.12 南京水文站

南京水文站地处长江下游干流南京河段,流量以单向径流为主,受潮汐上溯影响,水位则明显受潮汐影响,水位、流量呈波浪形变化。该站为长江下游干流感潮河段基本水文站,控制长江下游感潮河段水情的实验站。

根据2012—2022年(2017年、2018年缺测)南京水文站实测资料,统计了分月最低高潮位、最低低潮位(表4.2-2、表4.2-3)。全年最低高潮位、最低低潮位较为稳定,见图4.2-131。

表4.2-2　　　　　　　　　南京水文站不同时期分月最低高潮位统计　　　　单位:冻结基面,m

时间	1月	2月	3月	4月	5月	6月	7月	8月	9月	10月	11月	12月
2012	3	3.25	3.49	4.07	5.35	7.31	7.39	7.56	6.28	4.71	4.08	3.66
2013	3.41	3.3	3.39	4.46	4.93	6.69	6.48	5.3	4.66	3.5	3.15	3.2
2014	3.22	3.04	3.57	3.85	4.91	6.02	7.02	6.71	6.77	4.38	4.1	3.42
2015	3.13	3.05	3.55	4.46	4.78	6.59	7.49	5.57	5.26	4.86	4.05	4.79
2016	4.23	3.89	3.69	4.94	7.16	7.45	8.57	6.9	4.36	4.32	4.65	3.76
2019	3.89	3.87	4.91	4.93	5.36	6.86	7.97	6.1	4.41	4	3.66	3.25
2020	3.07	3.84	3.78	4.88	4.34	4.64	8.19	8.5	7.6	6.66	4.02	3.65
2021	3.53	2.97	3.65	4.39	5.51	6.73	6.54	7.08	7.03	5.26	3.63	3.32
2022	3.22	4.06	4.07	4.94	5.93	7.2	5.96	3.64	3.25	3.04	3.2	2.98

表4.2-3　　　　　　　　　南京水文站不同时期分月最低低潮位统计　　　　单位:冻结基面,m

时间	1月	2月	3月	4月	5月	6月	7月	8月	9月	10月	11月	12月
2012	2.42	2.94	3.31	3.75	5.16	6.97	7.14	7.18	6.08	4.27	3.52	3.17
2013	3.14	2.85	3.18	4.16	4.45	6.44	6.28	5.21	4.33	3.05	2.49	2.41
2014	2.56	2.44	3.19	3.6	4.71	5.74	6.65	6.59	6.65	3.94	3.6	2.83
2015	2.47	2.55	3.27	3.91	4.35	6.12	7.18	5.22	5.05	4.08	3.76	4.36
2016	3.6	3.54	3.41	4.68	6.92	7.25	8.21	6.58	3.91	3.98	4.27	3.19
2019	3.21	3.37	4.78	4.67	5	6.61	7.6	5.8	4	3.59	3.08	2.5
2020	2.49	3.49	3.51	4.47	4.02	4.18	7.98	8.38	7.44	6.31	3.68	2.85

时间	1月	2月	3月	4月	5月	6月	7月	8月	9月	10月	11月	12月
2021	2.78	2.67	3.31	4.23	5.25	6.3	6.23	6.69	6.91	5.06	3.4	2.7
2022	2.67	3.7	3.94	4.71	5.76	6.85	5.57	3.4	2.88	2.74	2.53	2.28

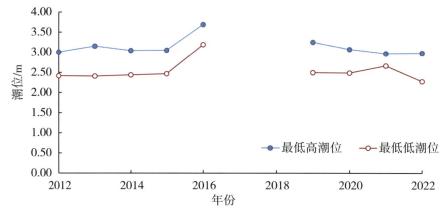

图 4.2-131　南京水文站 2012—2022 年最低高潮位、最低低潮位变化

将南京水文站 2012—2023 年逐日低潮位共 7057 个数据，按 0.1m 进行区间分布统计后进行累计频率分析，见图 4.2-132。根据实测数据显示，南京水文站 2012—2023 年低潮位的最大值为 10.52m（2020 年 7 月 19 晶 18:20），最小值为 2.28m（2022 年 12 月 19 日 13:55），相差 8.24m，即分布区间为 10.5～2.3m。累计频率为 95% 的低潮位值约为 2.82m。

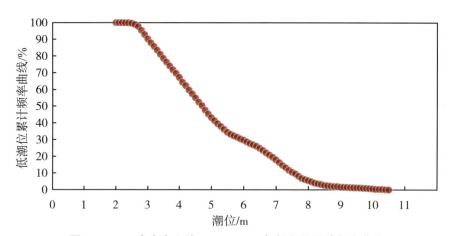

图 4.2-132　南京水文站 2012—2023 年低潮位累计频率曲线

4.2.13 徐六泾(二)—杨林站

4.2.13.1 徐六径(二)站

将徐六径(二)站 2010—2023 年逐日低潮位共 9880 个数据,按 0.1m 进行区间分布统计后进行累计频率分析,见图 4.2-133。根据实测数据显示,徐六径(二)站 2010—2023 年低潮位的最大值为 3.24m(2021 年 9 月 14 日 1:40),最小值为 0.57m(2022 年 12 月 24 日 10:40),相差 2.67m,即分布区间为 0.5～3.3m。累计频率为 95% 的低潮位值约为 1.07m。

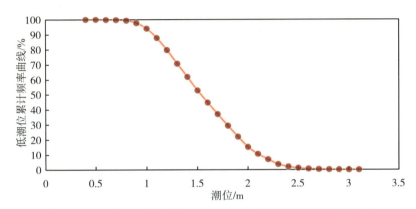

图 4.2-133 徐六径(二)站 2010—2023 年低潮位累计频率曲线

4.2.13.2 白茆站

将白茆站 2010—2023 年逐日低潮位共 9880 个数据,按 0.1m 进行区间分布统计后进行累计频率分析,见图 4.2-134。根据实测数据显示,白茆站 2010—2023 年低潮位的最大值为 3.11m(2021 年 9 月 14 日 1:30),最小值为 0.56m(2022 年 12 月 24 日 10:10),相差 2.65m,即分布区间为 0.5～3.2m。累计频率为 95% 的低潮位值约为 0.98m。

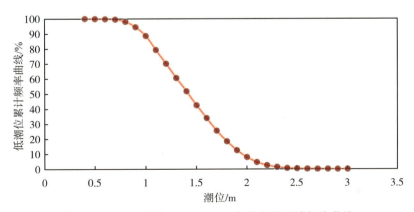

图 4.2-134 白茆站 2010—2023 年低潮位累计频率曲线

4.2.13.3 六滧站

将六滧站2010—2023年逐日低潮位共9881个数据,按0.1m进行区间分布统计后进行累计频率分析,见图4.2-135。根据实测数据显示,六滧站2010—2023年低潮位的最大值为3.96m(2023年6月30日23:10),最小值为0.31m(2016年1月25日8:50),相差3.65m,即分布区间为0.3~4.0m。累计频率为95%的低潮位值约为0.82m。

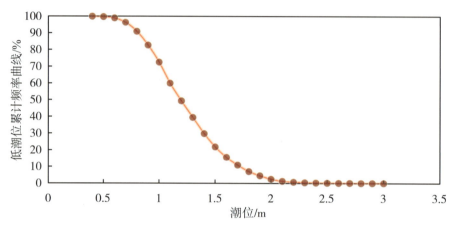

图4.2-135 六滧站2010—2023年低潮位累计频率曲线

4.2.13.4 杨林站

将杨林站2010—2023年逐日低潮位共9881个数据,按0.1m进行区间分布统计后进行累计频率分析,见图4.2-136。根据实测数据显示,杨林站2010—2023年低潮位的最大值为3.00m(2021年9月14日0:40),最小值为0.41m(2022年12月24日9:20),相差2.59m,即分布区间为0.4~3.0m。累计频率为95%的低潮位值约为0.88m。

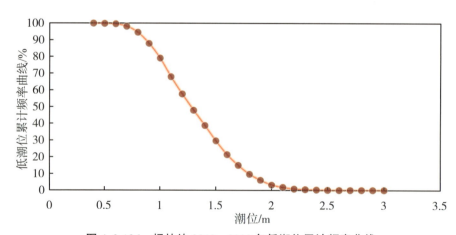

图4.2-136 杨林站2010—2023年低潮位累计频率曲线

4.3 站点间水位变幅对比

4.3.1 长江上游

4.3.1.1 多年平均日水位变幅

对长江上游多站点近 20 年(2003—2022 年)日水位过程进行分析,见图 4.3-1。宜宾水位站年内日水位变幅最为显著,非汛期水位变幅最大,汛期寸滩站水位变幅最大。宜宾、泸州、朱沱站的水位变幅沿程降低。

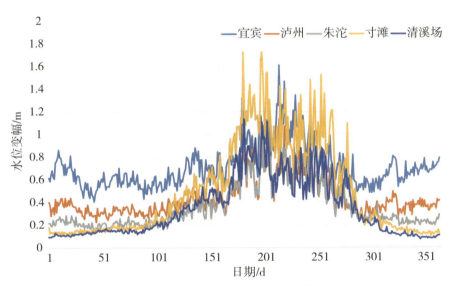

图 4.3-1 长江上游多站点 2003—2022 年日水位平均变幅对比

4.3.1.2 多年平均周水位变幅

对长江上游多站点近 20 年(2003—2022 年)周水位过程进行分析,见图 4.3-2。非汛期宜宾站周水位变幅最大,汛期寸滩站周水位变幅最大。寸滩、清溪场站汛期、非汛期周水位变幅差异较大。

4.3.1.3 多年平均旬水位变幅

对长江上游多站点近 20 年(2003—2022 年)旬水位过程进行分析,见图 4.3-3。非汛期宜宾站旬水位变幅最大,三峡水库的消落期清溪场站旬水位变幅最大,汛期寸滩站旬水位变幅最大。寸滩、清溪场站汛期、非汛期旬水位变幅差异较大。

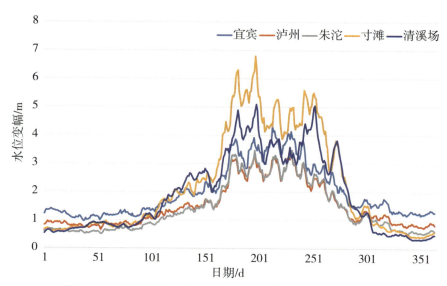

图 4.3-2　长江上游多站点 2003—2022 年周水位平均变幅对比

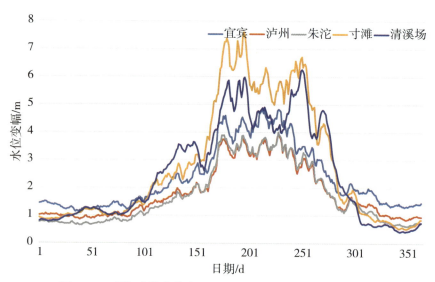

图 4.3-3　长江上游多站点 2003—2022 年旬水位平均变幅对比

4.3.2　长江中下游

4.3.2.1　多年平均日水位变幅

　　对长江中下游多站点近 20 年（2003—2022 年）日水位过程进行分析,见图 4.3-4。宜昌、沙市水位年内日水位变幅最为显著,明显大于其他站点,大通站非汛期水位变幅较大,部分时段超过沙市站。

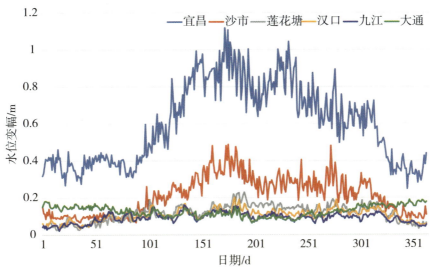

图 4.3-4　长江中下游多站点 2003—2022 年日水位平均变幅对比

4.3.2.2　多年平均周水位变幅

对长江中下游多站点近 20 年（2003—2022 年）周水位过程进行分析，见图 4.3-5。汛期宜昌、沙市站周水位变幅明显大于其他站点，汛期其余站点莲花塘、汉口、九江、大通水位变幅沿程降低。非汛期站点间，周水位变幅差异不大。

图 4.3-5　长江中下游多站点 2003—2022 年周水位平均变幅对比

4.3.2.3　多年平均旬水位变幅

对长江中下游多站点近 20 年（2003—2022 年）旬水位过程进行分析，见图 4.3-6。汛期宜昌、沙市站旬水位变幅明显大于其他站点，汛期其余站点莲花塘、汉口、九江、大通水位变幅沿程降低。非汛期站点间,旬水位变幅差异不大。

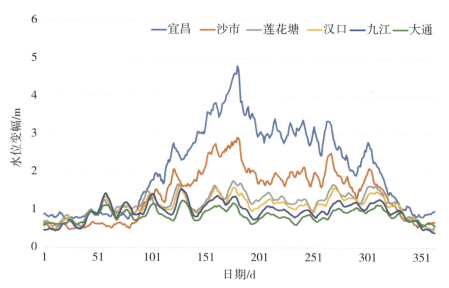

图 4.3-6　长江中下游多站点 2003—2022 年旬水位平均变幅对比

第5章 长江干线航道枯水位预测预报技术研究

根据项目任务书要求开展长江干线主要站点枯水期(10月—次年4月)日、周、旬水位预测技术研究。水文学中根据流域最大汇流时间按照预见期分为短、中、长期预测预报,对于长江干线而言,3天以内的为短期,3天以上的为中长期。研究拟定水位站为:

上游10处(<u>宜宾</u>、江安、<u>泸州</u>、朱沱、寸滩、长寿、<u>涪陵</u>(清溪场)、万州、奉节、茅坪);

中游7处(<u>宜昌</u>、枝江、<u>沙市</u>、郝穴、监利、<u>城陵矶</u>(莲花塘)、莫家河);

下游8处(<u>汉口</u>、黄石、<u>九江</u>、安庆、铜陵、芜湖、<u>南京</u>、镇江)。

共25处水位站,因干线航道分汇流众多,且受水工程调度及潮汐等影响,水位预测难度大,为此将重要站点确定为参证站以加强研究。以上加下划线站点为参证站,此外还增加了大通站为参证站。本章在系统分析重要站点水位过程、预测预见期变幅等水位变化特点基础上,识别了水位变化影响因素,并就主要影响因素研究了水位传递过程,针对性地开展了水位预测技术研究研发工作。

5.1 参证站枯水位预测预报技术研究

水文预报是根据前期或现时水文资料,运用水文学、水力学的原理和方法,在研究水文现象变化规律的基础上,对某一水体、某一地区或某一水文站未来一定时期内的水文情势做出定性或定量的预测。水文预报的内容比较广泛,如:预报河流、湖泊、水库等汛期洪水的洪峰水位、最大流量,以及洪水水位、流量过程;预报枯季水位、流量和河网蓄水量的变化;预报水体冻结和消融过程的流冰、封冻、解冻日期等控制节点和封冻冰厚等特征数据;预报入海河口风暴潮预报、河流含沙量和水库泥沙冲淤情况等。水文预报有不同的分类方法,按预见期长短可分为短期水文预报和中长期水文预报。短期预报预见期通常小于3天,中长期预报定义为预见期超过流域最大汇流时间且在3天以上、1年以内的水文预报。由于具有较长的预见期,开展中长期预报时无法利用实测降水资料通过流域水文模型的产流、汇流机制进行计算,必须通过考虑影响水文过程的各种因素或者分析水文要素自身变化规律进行预报。

传统的水位预报方法主要包括经验预报、统计预报、物理模型预报、水文模型预报。这些传统水位预报方法都有各自的优缺点。经验方法如相关关系线法被广泛采用。物理基础水力学模型的应用具有局限性,主要是因为物理基础的确定性水力学模型需要大量的信息,而这些信息很难保持不断更新。经验方法相对简单,可以使用最新的水文信息进行调整,因此更加实用。

此外,近年来,随着数据采集和分析技术的进步,还涌现出了一些新的水位预报方法,如基于机器学习、人工神经网络等的数据驱动预报方法,这些方法相对于传统方法来说具有更高的精度和适应性。利用神经网络方法进行水位预报相对于传统水位预报方法具有优势如下。

神经网络具有较强的非线性关系建模能力,可以捕捉到传统方法难以拟合的复杂关系。在水位预报中,许多影响因素之间存在复杂的非线性关系,神经网络方法能够更好地捕捉和利用这些关系,提高预报准确性。

神经网络具有一定的自适应能力,可以根据实时数据自动调整模型参数,适应不同的环境和条件。这种自适应能力使得神经网络方法在面对不断变化的水文环境时相对灵活,能够快速适应新的情况。

神经网络方法的计算过程可以进行高度并行处理,能够快速处理大量输入和输出数据。这种处理能力使得神经网络方法可以有效地处理大规模的水文数据,提高水位预报的速度和效率。

神经网络方法相对于传统水位预报方法具有更强的非线性关系建模能力、自适应能力、高度并行处理能力,能够提高水位预报的准确性、速度和效率。

5.1.1 水文学短期预报方法

5.1.1.1 宜宾水位站

宜宾水位站以向家坝和横江合成流量为主变量,高场错时流量(-3h)为参变量。其中,向家坝和横江合成流量公式如下:

$$I_{合成t} = Q_{向家坝t-6} + Q_{横江t-3}$$

宜宾水位站地处金沙江、横江、岷江三江交汇处,现有预报方案考虑了三江流量对水位的影响,但存在预见期不足的问题,基于三江实测流量,宜宾水位预见期在 3～6h,需采用流量预报值作为输入,以延长宜宾水位预见期。

5.1.1.2 泸州水位站

泸州水位站目前水位预测主要采用水文经验公式,部分站点预测经验公式见

表 5.1-1,主要根据各水位大站下泄流量,依据流量预测水位。

表 5.1-1   **泸州水位站水位预测经验公式**

条件	拟合公式
$Q \leq 5000 \, \text{m}^3/\text{s}$	$Z_{泸州} = -9 \times 10^{-8} Q^2 + 0.0016Q + 221.33$
$5000 \, \text{m}^3/\text{s} < Q \leq 10000 \, \text{m}^3/\text{s}$	$Z_{泸州} = -2 \times 10^{-8} Q^2 + 0.0009Q + 223.18$
$10000 \, \text{m}^3/\text{s} < Q \leq 15000 \, \text{m}^3/\text{s}$	$Z_{泸州} = -9 \times 10^{-9} Q^2 + 0.0007Q + 223.98$
$15000 \, \text{m}^3/\text{s} < Q \leq 20000 \, \text{m}^3/\text{s}$	$Z_{泸州} = -9 \times 10^{-9} Q^2 + 0.0007Q + 223.58$
$20000 \, \text{m}^3/\text{s} < Q \leq 30000 \, \text{m}^3/\text{s}$	$Z_{泸州} = -10^{-9} Q^2 + 0.0004Q + 226.86$
$Q > 30000 \, \text{m}^3/\text{s}$	$Z_{泸州} = -10^{-9} Q^2 + 0.0004Q + 226.65$

5.1.1.3 朱沱水文站

朱沱水文站现配有一套合成流量方案,以泸州、赤水站为入流站,用河段流量演算法求得朱沱水文站流量预报成果,并通过水位—流量关系曲线将流量转化为水位,公式如下:

$$Q_{朱t} = C_1 Q_{上t-6} + C_2 Q_{朱t-6} + Q_{校正}$$

式中:$Q_{上t-6} = Q_{泸t-6} + Q_{赤t-8}$。当 $Q_{上t-6}$ 小于 20000 m^3/s 时,C_1 取 1.0,C_2 取 0,$Q_{校正}$ 取 -500。

水位—流量关系曲线见图 5.1-1。

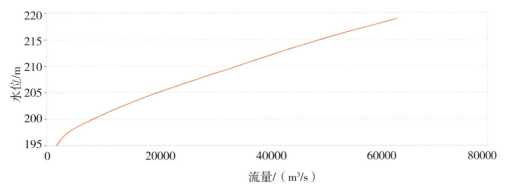

图 5.1-1 朱沱水文站水位—流量关系曲线

现有预报方案考虑了干支流入汇对水位的影响,但存在预见期不足的问题,基于实测流量,朱沱水位预见期在 6~8h,需采用流量预报值作为输入,以延长朱沱水位预见期。

5.1.1.4 寸滩水文站

寸滩水文站现配有一套合成流量方案,以朱沱、五岔、北碚站为入流站,用河段流量

演算法求得寸滩水文站流量预报成果,并通过水位—流量关系曲线将流量转化为水位,公式如下:

1)以朱沱来水为主:

$$Q_{寸t} = C_1 Q_{上t-12} + C_2 Q_{寸t-12}$$

式中:$Q_{上t-12} = Q_{朱t-12} + Q_{北t-6} + Q_{五t-8}$。

2)以北碚来水为主:

$$Q_{寸t} = C_1 Q_{上t-9} + C_2 Q_{寸t-9}$$

式中:$Q_{上t-9} = Q_{朱t-9} + Q_{北t-3} + Q_{五t-5}$。

当朱沱水位变幅大于北碚时,涨水面(C_1 取 1.0、C_2 取 0),落水面(C_1 取 0.6、C_2 取 0.4)。当朱沱水位变幅小于北碚时,涨水面(C_1 取 0.7、C_2 取 0.3),落水面(C_1 取 0.5、C_2 取 0.5)。

水位—流量关系曲线见图 5.1-2。

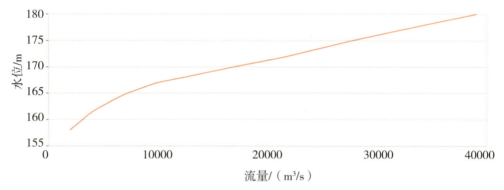

图 5.1-2　寸滩水文站水位—流量关系曲线

现有预报方案考虑了干支流入汇对水位的影响,但存在预见期不足的问题,基于实测流量,寸滩水位预见期在 3～12h,需采用流量预报值作为输入,以延长寸滩水位预见期。

5.1.1.5　宜昌水文站

三峡水库与宜昌水文站距离 44km(传播时间 1～2h),集水面积相差不大,同时葛洲坝水库调节性能较差(日调节),因此宜昌站来水主要由三峡水库控制。可以发现宜昌水位的精度直接同三峡出库流量相关(表 5.1-2、图 5.1-3),其水库调度、发电调峰时下泄流量的恒定、陡涨陡落等都将直接影响宜昌水位预报结果。

表 5.1-2　　　　　　　　　　宜昌水文站水位短期预测经验公式

一般形式	拟合公式
	$Z_宜 = aQ_宜^3 + bQ_宜^2 + cQ_宜 + d$
汛期	$Z_宜 = e^{-13}Q_宜^3 - e^{-8}Q_宜^2 + 0.0007Q_宜 + 36.145$
枯期	$Z_宜 = -5e^{-13}Q_宜^3 + 4e^{-10}Q_宜^2 + 0.0006Q_宜 + 36.093$

注:a,b,c 均为参数,由实测资料率定获得。

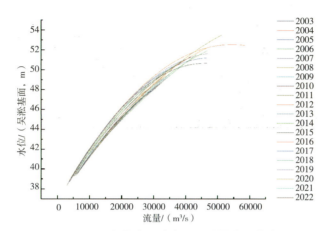

图 5.1-3　宜昌水文站水位—流量关系曲线

5.1.1.6　沙市水文站

沙市水文站距枝城站 98km,距离较近,且下游洞庭湖出口城陵矶水位对沙市水位有影响,尤其是城陵矶高水时影响更为显著。可通过建立沙市、枝城、城陵矶三者水位间的相关关系进行沙市水位的预报(图 5.1-4),且分为三种情况进行分析率定:①枝城水位高于 44m;②枝城水位小于 44m,城陵矶水位高于 26m;③枝城水位小于 44m,城陵矶水位小于 26m。

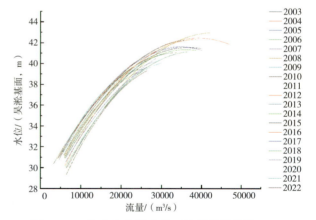

图 5.1-4　沙市水文站水位—流量关系曲线

已有分析表明,沙市水文站水位预报主要受三峡水库调度影响,尤其电网在进行调峰时,出库流量最大日内变化可达 5000m³/s,对沙市水位的影响可达到 1.5m。

5.1.1.7　莲花塘水位站

莲花塘水位站位于螺山与七里山之间,见图 5.1-5,与两站相关关系密切,编制方案

时可直接建立螺山、七里山与莲花塘站的水位相关关系,关系式如下:

$$H_{莲花塘,t} = f(H_{螺山,t}, H_{七里山,t})$$

图 5.1-5 莲花塘水位站位置

5.1.1.8 汉口水文站

汉口水文站位于长江干流与汉江汇合处的下游约 5km 处。测站下游约 6.2km 处的左岸有府河入汇,80～180km 处有倒、举、巴、添、薪各支流入汇。因此汉口水文站不仅受上游来水、支流汉江来水的影响,而且还受下游九江站以及各支流回水顶托的影响。

鉴于上述影响,在建立汉口站预报方案时,可考虑建立以上游螺山站来水为主,支流来水为次,下游九江站顶托为第三的相应关系(图 5.1-6)。在通常情况下,三个影响因素均不可偏废,除非支流来水及顶托影响在预见期内没有变化,此时仅考虑上游螺山站来水这一影响因素。

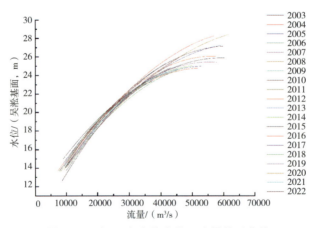

图 5.1-6 汉口水文站水位—流量关系曲线

5.1.1.9　九江水文站

九江水文站受鄱阳湖来水顶托和长江干流来水的影响,因九江与湖口两站相距仅32km,两站的水位变化基本一致,其落差变化在 0.3～0.9m。当鄱阳湖来水增加时,两站落差自大变小,当干流来水增加时,落差又自小变大。因此,根据其特性,可直接建立湖口与九江水位相应关系,利用湖口站的水位预报过程,反推九江水文站的水位过程(图 5.1-7)。

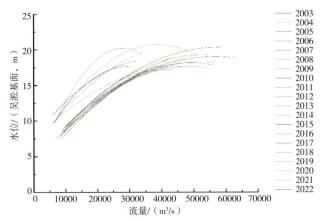

图 5.1-7　九江水文站水位—流量关系曲线

5.1.1.10　大通水文站

大通水文站(图 5.1-8)为长江流域总控制站,控制着长江各大小支流和洞庭、鄱阳两湖地区以及各区间的来水。由于大通以上来水组成较为复杂,为消除某些复杂因素的影响,故在控制汉口以上地区来水的前提下,把汉口—大通段和鄱阳湖作为一个大湖泊,采用湖泊水文预报方法,推算大通站的水位预报过程。在湖口预报方案计算入流的基础上,再增加湖口—大通区间的来量计算。

大通以上入流边界为:区间(汉口—湖口区间、鄱阳湖区间、湖口—大通区间)、鄱阳五河合成流量(外洲、李家渡、梅港、虎山、渡峰坑、柘林、万家埠)、汉口流量。出流为大通水位过程。

大通水文站作为长江干流海洋潮位上涨所能达到的河流上界,在上游来水不大时,水位预报也需要考虑潮位变化,潮位的影响在枯水期尤为明显。

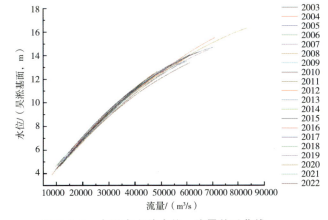

图 5.1-8　大通水文站水位—流量关系曲线

5.1.1.11　南京水文站

南京位于长江下游感潮河段,是长江下游河道的组成部分,其潮水位受到上游大通来水以及下游长江口潮波的共同影响。其中,大通来水是影响南京站潮位的主要因素。

使用大通水位、南京高潮位以及徐六泾高潮位实测资料,分汛、枯2季,采用水位相关法分别编制南京汛期、枯季的高潮位预报方案。

在使用南京汛期、枯季高潮位预报方案时,首先需由上海航道局刊布的《上海港潮汐预测表》查得吴淞站潮位预报时间,距预报日前几天吴淞传至南京高潮位实际所需的时间,经综合分析后,取平均值确定南京高潮位预报时间;其次确定徐六径预见期内的高潮位及其出现时间;第三根据南京高潮位出现时间来确定前24～48h大通日平均水位。最后依据已知条件,由相关图查算南京高潮位预报。

具体进行相关预报时,应结合实际情况(台风等)随时对相关图进行实时修正,并据实考虑调整徐六泾潮位的预报误差,这样才能获得正确合理的南京高潮位预报值。

5.1.2　基于图神经网络的近坝段多站点短期水位预报

向家坝水电站是金沙江下游4个梯级电站的最后一级电站,受岷江、横江顶托及河床下切等因素影响,向家坝下游水位变化特性较为复杂。且水库出库日内流量变化大,在日调节非恒定流影响下,水库下游河段1天之间水位变化幅度较大,且波峰、波谷传递时间也不固定,对水富—宜宾段航道建设带来负面影响。

5.1.2.1　模型简介

针对向家坝水库下游,常用的水位预测方法有水力学模型和人工智能模型两个方向。现有研究多从日尺度航运需求角度出发,建立水力学模型,对向家坝下非恒定流特性开展了系统研究。也有研究探索了机器学习等智能技术在向家坝下游水位模拟、预测中的效果。上述研究中,在模型中考虑预测对象间的水力联系较为复杂。

水富—宜宾段水位受到岷江、横江支流影响,干支流间水位、流量数据属于多维时空数据。如何有效捕获数据中的时空关联性是时空数据预测问题中一大难点。图神经网络(Graph Neural Network,GNN)因其强大的学习能力在非欧几里得领域获得了相当大的成功,越来越多的研究者致力于图神经网络在时空数据领域的研究。近年来,国内外研究人员使用GNN在预测河网流量、洪水、水位方面均取得良好的效果。

为更加全面分析向家坝下游水富—宜宾段的水位变化规律,探索GNN技术在水位预报领域的运用。研究基于GNN技术开展向家坝水库下游多站点水位预报研究,以期为向家坝下游的通航水位预报、防汛抗旱、水资源开发利用等提供科学的水位信息依据,具有一定的理论价值和实践指导意义。

研究采用的GNN整体架构见图5.1-9。多元时间序列输入 X 首先被馈送到潜在相关层,其中可以从数据中自动推断出图结构及其相关的权重矩阵 $\boldsymbol{W}$。接下来,$G = (X, W)$ 作为由两个 GNN 块组成的 GNN 层的输入。GNN 模块的设计目的是在频谱域中联合建模多元时间序列内的结构和时间依赖性。预测输出 Y_i 经过训练以生成对未来值的最佳估计,见图中右侧红色部分。

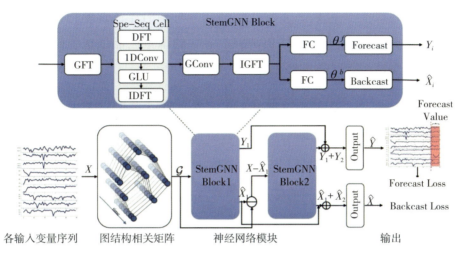

图 5.1-9　图神经网络整体架构

5.1.2.2　模型的输入与输出因子

针对日尺度航运需求,为了探索预报模型性能受预见期的影响,共建立三种不同预见期,即未来 1h、未来 8h、未来 24h 的模型。对模型的输入输出因子进行了举例说明,若预报发布时间为 10 月 18 日 8 时,则模型输入为 10 月 17 日 9 时至 18 日 8 时的各站点逐时水位流量数据(共计 24 个不同时刻的数据),模型输出分别为 18 日 9 时(模型 1)、18 日 16 时(模型 2)、19 日 8 时(模型 3)的水位流量数据,见表 5.1-3。

表 5.1-3　　　　　　　　　　水位预报模型的输入与输出因子

站点	变量	17 日 9 时至 18 日 8 时	18 日 9 时	18 日 16 时	19 日 8 时
向家坝水库	水库水位 R_w				
	坝下水位 D_w				
	出库流量 R_q				
向家坝水文站	水位 X_w				
	流量 X_q				
横江水文站	水位 H_w	输入 (24 行 11 列)	模型 1 输出 (1 行 11 列)	模型 2 输出 (1 行 11 列)	模型 3 输出 (1 行 11 列)
	流量 H_q				
宜宾水位站	水位 Y_w				
高场水文站	水位 G_w				
	流量 G_q				
李庄水文站	水位 L_w				

5.1.2.3　水位预报模型评估

　　收集了研究站点 2022 年 10—12 月的水位流量逐时数据,并将系列按 7∶2∶1 分为三部分,分别作为训练(train)、验证(validation)、测试(test)时期样本。测试样本在模型构建过程中不会使用,作为全新样本资料,用于分析预报模型实际使用时的潜在精度指标。

　　三种预见期的水位预报模型,在验证和测试两时期的详细误差指标见表 5.1-4。由表中数据可以发现,随着预见期的增长,模型 1～3 的预报性能依次下降,可见预见期是影响多站水位预报模型精度的重要因素。

表 5.1-4　　　　　　　　不同预见期模型在 validation 和 test 阶段的多个误差指标对比

模型效果指标	模型 1(1h)		模型 2(8h)		模型 3(24h)	
	验证	测试	验证	测试	验证	测试
MAPE 平均绝对百分误差	4.712%	6.028%	7.101%	7.826%	8.942%	9.307%
MAE 平均绝对误差	61.095	77.056	97.926	109.538	134.899	137.918
RMSE 均方根误差	140.386	183.086	220.280	248.453	303.303	317.895

　　图 5.1-10 中依次展示了向家坝站、宜宾站、李庄站水位实测值与三种预见期模型的预报值在测试时期的对比情况,由图中可以发现如下特点:

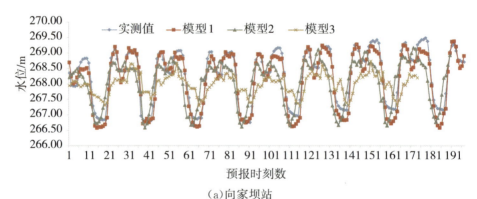

(a)向家坝站

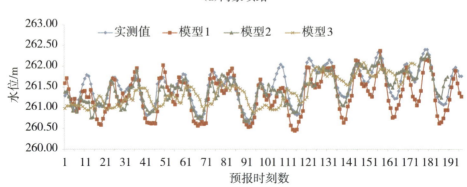

(b)宜宾站

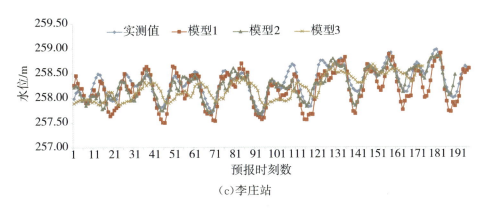

（c）李庄站

图 5.1-10 水位实测值与三种不同预见期的模型预报值对比

1）向家坝站预见期为 1h 的模型 1 精度最高，同实测值最为接近。统计模型 1 的预报值与实测值在向家坝站、宜宾站、李庄站三处的相关系数分别为 0.94、0.76、0.77。向家坝站明显更优，可能的原因为向家坝站水位受向家坝出库的影响较为直接，对其开展短时预报工作较为容易。

2）三处站点预见期为 8h 的模型 2 均有一定的预报能力，能正确预报出水位在日内的变化趋势，但对日内变幅的峰值预报效果较差。三处的相关系数分别为 0.62、0.65、0.69。李庄站较优，可能的原因为李庄站为多站中末端站点，汇流时间较向家坝站更长。

3）对于预报水位的最大误差，三处站点中的模型 1、模型 2 均在 0.5m 左右，投入生产实践后，可针对实际航运需求，进一步优化日内峰、谷水位的预报性能。

5.1.2.4 图结构相关矩阵分析

对预报结果的分析证明了预报模型的可用性，而图结构相关矩阵可以从输入数据中自动提取河网结构信息，体现研究区域的汇流特性。三种预见期模型的相关矩阵见表 5.1-5，表中单元格的数字越大（对应数据条越长）代表输入变量的重要性越强，越小（对应数据条越短）则代表输入变量的重要性越弱。从表中可以初步发现如下规律：

1）随着预见期的增长（模型 1～3），横江流量（H_q，第 7 列输入）的重要性明显减弱，其数据条逐渐变短。

2）随着预见期的增长，向家坝水库水位（R_w）、横江水位（H_w）、高场水位（G_w）、高场流量（G_q），依次为第 1、6、9、10 列输入，它们的重要性明显增加，数据条加长。

表**5.1-5**　三种预报模型的图结构相关矩

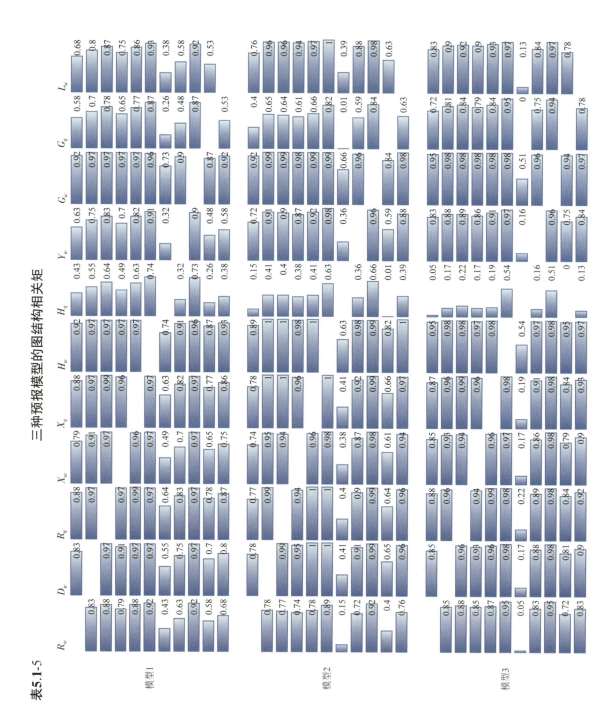

本研究的时段为 10—12 月,横江流量基本在 200m³/s 之内,而向家坝出库流量在 3000～4000m³/s 量级,高场流量在 1000～2000m³/s 量级。横江过小的流量,对于 24h 后的多站点水位、流量而言,其影响较小。而向家坝水库水位、横江水位、高场水位代表着多站点系统的前期水位情况,而高场流量作为系统较大的外来输入,对于 24h 后的多站点水位、流量而言,影响较大。图结构相关矩阵特征与研究区域汇流特性相符。

5.1.3 AutoML 中长期水位预报

5.1.3.1 模型应用

长江干线宜宾合江门至泸州纳溪 91 km 航道(简称叙泸段)属国家Ⅲ级航道。该段航道位于川江最上游,上与金沙江、岷江相接,下与泸渝段航道、三峡库区及川江港口整体相连,是沟通云、贵、川、渝三省一市的水运主通道。近年来,金沙江、岷江流域水电站对叙泸段航道的影响越来越明显,金沙江下游河段有向家坝(距宜宾约 30km)、溪洛渡两座大型水电站,岷江支流有紫坪埔、瀑布沟、城东等众多水电站,这些水电站的日调节模式完全改变了叙泸段航道天然来水规律,所带来的枯水期时间延长、水位日变幅增大等问题进一步增加叙泸段航道维护工作难度。

长江航道最为重要的对外服务公共产品是航道尺度。长江航道对外发布的航道尺度包括年度养护计划尺度、分月维护尺度和周预报尺度。周预报航道养护尺度是当周末对下一周尺度的预报,相对于年度、月度计划尺度,周预报航道养护尺度更为接近预报周期内的航道实际尺度,与船舶组织营运、合理配载及运输效益联系得更为紧密,是社会各界的关注点。长江干线航道周尺度预测预报将结合流域气象水文预报和干支流主要水利枢纽流量调度信息,预测未来一周水位变化;以重点水道实测航道尺度为基础,结合水位预测数据安全富余需求,预测下一周重点水道航道尺度,并据此确定各区段航道预测预报尺度。

(1)数据准备

收集数据资料为 2014—2021 年(10 月—次年 4 月,枯水期)的向家坝、横江、高场、宜宾站的水位、流量整编资料,数据时间间隔为 1 天。向家坝水文站为金沙江下游干流控制站,位于向家坝水电站下游约 2km,横江与金沙江汇合口上游约 1km 处。横江水文站为金沙江下段支流横江控制站,距离河口约 15km。高场水文站为长江上游支流岷江控制站,距离河口约 27km。宜宾水位站为金沙江下游干流控制站,位于岷江与金沙江汇合口上游约 350 m 处。

研究对宜宾站预见期内的最低水位开展预报模型建模,使用数据见表 5.1-6。为了探索预见期的预报模型性能的影响,共建立两种预见期模型,模型输出因子(因变量,又称为标签变量)分别为:宜宾站未来 7 天内出现的最低水位、未来 10 天内出现的最低水位。举例说明,见表 5.1-6,若预报发布日期为 10 月 18 日,模型输入为 10 月 15—18 日的向家坝、高场、横江,三站的水位流量信息以及宜宾站的水位信息,则模型输出分别为 10 月 19—25 日内宜宾站的最低水位(未来 7 天,后文称模型 1)、10 月 19—28 日内宜宾站的最低水位(未来 10 天,后文称模型 2)。

表 5.1-6　　　　　　　　　宜宾站水位预报模型的输入与输出因子

输入/输出	10 月 15 日	10 月 16 日	10 月 17 日	10 月 18 日	10 月 19—25 日	10 月 19—28 日
向家坝、高场、横江(水位流量)	输入	输入	输入	输入	/	/
宜宾(水位)	输入	输入	输入	输入	输出(7 天内最低)	输出(10 天内最低)

(2)计算流程

研究采用微软 Azure 机器学习平台(microsoft azure machine learning studio,Azure ML)中的 AutoML 功能对宜宾站水位数据进行建模。Azure ML 是一种面向机器学习与大数据分析的云服务平台,能够有效提升采用机器学习方法进行数据分析的效率。该平台的优势主要有:能够在单个实验中一次性尝试多种模型并比较结果,有助于找到最适合的解决方案。在同一个试验中建立多算法模型,对预测结果进行对比分析,选择合适的学习算法和海量数据的训练,达到建立预测模型的目的。

基于 Azure AutoML 的数据分析流程见图 5.1-11,主要由选择数据资产、配置作业、选择任务和设置、超参数配置(仅计算机视觉,本研究不涉及)、验证和测试等步骤组成。Azure AutoML 中内置了大量不同的机器学习算法,由于 Azure 云平台强大的计算能力,在机器学习模型构建的过程中,可逐一使用不同的机器学习算法,便于从中挑选最佳的算法建立模型并开展后续的分析研究。

图 5.1-11　创建新的 AutoML 作业界面

（3）模型构建与评估

在宜宾站水位预报模型构建过程中，选择任务和设置步骤中选取主要指标为 R^2，退出条件训练作业时间为 0.5h。

在验证和测试步骤中，将收集的 2014—2021 年数据系列分为两大部分，2014—2020 年样本资料作为模型构建样本（供 train 和 validation 过程使用），2021 年资料作为模型精度分析样本（供 test 过程使用）。精度分析样本在模型构建过程中不会使用，作为全新样本资料，用于分析预报模型实际使用时的潜在精度指标。

AzureAutoML 基于 2014—2020 年样本资料建立的两种预见期模型，即模型 1 和模型 2，对应效果排名靠前的算法与 R^2，见表 5.1-7。可以发现在两种预见期的模型下，效果最好的算法分别为 VotingEnsemble 与 StackEnsemble。VotingEnsemble 是一个集合算法，它包含多个基本回归模型，并对这些模型结果进行加权平均，以形成最终预测。StackEnsemble 是一种简单的集成学习算法，首先构建多个不同类型的一级学习器，并使用他们来得到一级预测结果，然后基于这些一级预测结果，构建一个二级学习器，来得到最终的预测结果。

对效果最好算法下的两种模型开展后续分析。表 5.1-8 展示了模型在 2014—2020 年、2021 年两时期的详细指标，值得注意的是这些指标均由 Azure AutoML 系统自动计算，无需额外进行设置。由表中数据可以发现，在 2014—2020 年（train 和 validation 过程），两模型均能得到较好的性能，而在 2021 年（test 过程），预见期为 10 天的模型 2 效果较差。此结果表明，预见期是影响宜宾站枯水位预报精度的重要因素。

表 5.1-7　　　　　　　使用不同机器学习算法的模型 1 和模型 2 的 R^2 指标

模型 1		模型 2	
算法名称	R^2	算法名称	R^2
VotingEnsemble	0.91827	StackEnsemble	0.91220
StackEnsemble	0.91494	VotingEnsemble	0.91166
MaxAbsScaler，LightGBM	0.91390	MaxAbsScaler，LightGBM	0.91131
StandardScalerWrapper，RandomForest	0.91359	RobustScaler，ExtremeRandomTrees	0.90446
MinMaxScaler，RandomForest	0.90928	MaxAbsScaler，RandomForest	0.90053

表 5.1-8　　　　　　　模型 1 和模型 2 在两不同时间阶段的多个指标对比

模型效果指标	模型 1(7 天)		模型 2(10 天)	
	14～20 年	21 年	14～20 年	21 年
解释方差	0.91834	0.8622342	0.91287	0.8060842
平均绝对误差	0.28467	0.3910612	0.28188	0.4307093
平均绝对百分比误差	0.10921	0.1498600	0.10819	0.1649800
中值绝对误差	0.24417	0.3151631	0.20455	0.3084022
标准平均绝对误差	0.038836	0.05335078	0.038456	0.05875980
标准中值绝对误差	0.033311	0.04299634	0.027906	0.04207396
标准均方根误差	0.050939	0.07084018	0.052007	0.08035586
R^2	0.91827	0.8582765	0.91220	0.8060208
均方根误差	0.37339	0.5192585	0.38121	0.5890084
Spearman 相关	0.84209	0.8922979	0.82669	0.8652335

（4）2021 年预报精度分析

下图展示了研究站点预见期内最低水位整编值（可反映实测情况）与两种预见期的模型预报值在 2021 年的对比情况，可以发现如下特点（图 5.1-12）：

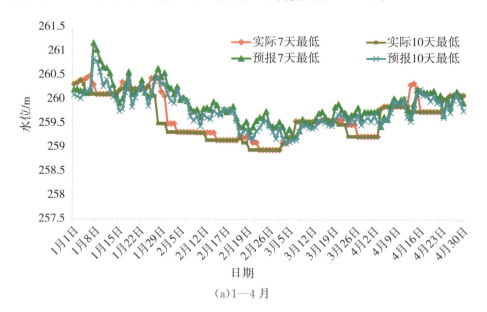

(a)1—4 月

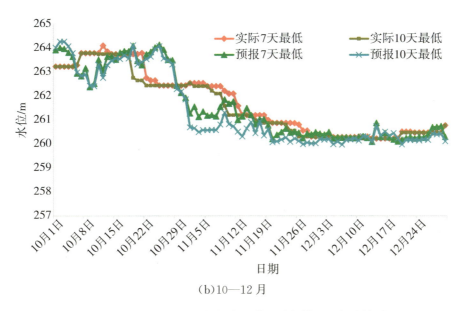

图 5.1-12　2021 年宜宾站最低水位整编值与模型预报值的对比

1）由于项目对枯水期（10 月—次年 4 月）进行研究，故 2021 年数据被分为了 1—4 月、10—12 月两阶段。观察实测数据，可以发现实际的最低水位往往处于波动之中，且由于未来几天内的最低水位可能为相同值，研究数据呈现出台阶状的阶段性变化。

2）两种不同预见期的模型均能在一定程度上判断最低水位的变化趋势，尤其针对最低水位变化较为稳定的阶段，见图中 11 月末—12 月末，实际最低水位与预报最低水位之间极为接近。

3）而对于预报最低水位的误差，见图中 1 月末—2 月末、10 月下旬—11 月上旬，最大误差可以达到 1m 左右，预报模型的性能有待进一步提高。

（5）输入因子重要性分析

此外，Azure AutoML 在构建模型的过程中，能提供量化的输入变量间的相对重要性，可以帮助建模者对输入因子的重要性进行评估，见图 5.1-13。可以利用滑块选择重要变量的数量。

表 5.1-9 利用该功能，统计了不同预见期的两个模型的前 5 个重要变量。从表 5.1-9 中可以发现规律如下。

1）宜宾站预见期内最低水位同前期水位的相关性较强，两模型排名前三的重要变量均为近期的宜宾站水位。

2）向家坝的流量与水位，是除宜宾站水位外最重要的信息，见表中加下划线的变量。而高场与横江的水位流量信息相对重要性较低。

模型性能 数据集资源管理器 聚合特征重要性 单个特征重要性

探索影响总体模型预测的前k个重要特征（即全局解释）。使用滑块降序显示特征重要性。并排显示所有队列的功能重要性，并且可以通过选择图例中的队列来切换关闭。单击关系图中的任何特征以查看下面的密度图，以了解所选特征的值如何影响预测。

前5个特征（按重要性排列）

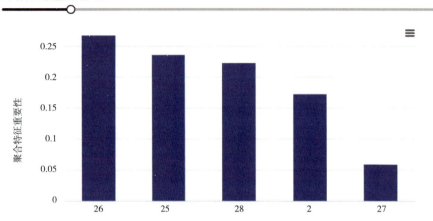

图 5.1-13　模型输入因子的重要性排名

表 5.1-9　　　　　　　　　　研究站点三种模型的重要输入因子排名

模型	重要性1	重要性2	重要性3	重要性4	重要性5
模型1	当天的宜宾水位	前1天的宜宾水位	前三天的宜宾水位	当天的向家坝流量	当天的向家坝水位
模型2	前三天的宜宾水位	当天的宜宾水位	前1天的宜宾水位	当天的向家坝流量	前两天的宜宾水位

5.1.3.2　研究各站点 AutoML 与传统水位预报方法精度对比

采用 AutoML 模型，对宜宾、泸州、朱沱、涪陵（清溪场）、宜昌、沙市、城陵矶（莲花塘）、汉口、九江、大通、南京等研究站点进行建模，各模型采用的输入输出数据见表 5.1-10，模型预报精度见表 5.1-11。

表 5.1-10　　　　　　　　　　预报模型的输入与输出因子

输入数据	输出数据
向家坝（水位流量）、高场（水位流量）、横江（水位流量）、宜宾（水位）	宜宾（水位）
李庄（水位）、富顺（水位流量）、泸州（水位）	泸州（水位）
李庄（水位）、富顺（水位流量）、朱沱（水位流量）	朱沱（水位）
寸滩（水位流量）、武隆（水位流量）、清溪场（水位流量）	涪陵（水位）
黄陵庙（水位流量）、宜昌（水位流量）	宜昌（水位）
枝城（水位流量）、沙市（水位流量）、监利（水位流量）	沙市（水位）

续表

输入数据	输出数据
监利(水位流量)、七里山(水位流量)、莲花塘(水位)、螺山(水位流量)	莲花塘(水位)
螺山(水位流量)、仙桃(水位流量)、汉口(水位流量)	汉口(水位)
汉口(水位流量)、湖口(水位流量)、九江(水位流量)、八里江(水位流量)	九江(水位)
八里江(水位流量)、安庆(水位)、大通(水位流量)	大通(水位)
南京(潮位)	南京(潮位)

注:标下划线的站点使用支流数据。

表 5.1-11 研究站点 AutoML 模型预报精度统计

均方根误差	模型1(7天预见期)		模型2(10天预见期)	
	率定期	验证期	率定期	验证期
宜宾	0.373	0.519	0.381	0.589
泸州	0.278	0.339	0.309	0.413
朱沱	0.244	0.324	0.288	0.375
涪陵(清溪场)	0.267	0.559	0.334	0.870
宜昌	0.358	0.494	0.398	0.539
沙市	0.279	0.606	0.340	0.566
城陵矶(莲花塘)	0.239	0.523	0.322	0.659
汉口	0.214	0.611	0.289	0.738
九江	0.180	0.411	0.233	0.573
南京	0.197	0.263	0.243	0.329
大通	0.237	0.209	0.319	0.263

由表中数据可以发现,7 天预见期的模型中,大通、南京两站点的预报效果好,汉口站预报精度最差,其均方根误差指标为 0.611。而 10 天预见期的模型中,同样是大通、南京两站点的预报效果好,涪陵(清溪场)站精度最差,其均方根误差指标为 0.870,为表中精度最低的模型。

据项目任务书中考核指标,参考《水文情报预报规范》(GB/T 22482—2008),枯水期(10月—次年4月)预测时段内最小水位预报精度,7天、10天预见期预报精度达到乙级标准。

《水文情报预报规范》第 6.5.4 条规定,许可误差是依据预报成果的使用要求和实际预报技术水平等综合确定的误差允许范围。根据洪水预报方法和预报要素的不同,对许可误差作如下规定:洪峰预报许可误差,河道流量(水位)预报以预见期内实测变幅的20%作为许可误差。第 7.5.4 条将对中长期预报的精度规定:其他要素按多年同期实测变幅的 20%。第 6.5.5 条将预报项目的精度按合格率或确定性系数的大小分为 3 个等级,当合格率位于 70%~85%时,精度为乙类标准。

以均方根误差指标最差的 10 天预见期涪陵(清溪场)预报模型为例,统计其在验证期的合格率,见表 5.1-12。枯水期 2—4 月、10 月,预报合格率大于乙类 70%合格率的要求。而枯水期 1 月、11 月、12 月,预报合格率大于 50%,具有一定预报能力。

表 5.1-12　　　　　　　　涪陵(清溪场)AutoML 预报模型合格率计算

月	总预报次数	不合格	合格	合格率
1 月	62	27	35	56.45%
2 月	57	11	46	80.70%(达标)
3 月	62	16	46	74.19%(达标)
4 月	60	12	48	80.00%(达标)
10 月	62	2	60	96.77%(达标)
11 月	60	29	31	51.67%
12 月	51	20	31	60.78%

中长期水文预报存在的主要问题是预报精度较低,难以有效地指导生产实践。传统的中长期预报方法主要是根据河川径流的变化具有连续性、周期性、地区性和随机性等特点来开展研究,主要有成因分析和水文统计方法。近年来,计算机技术的发展和新的数学方法的不断涌现。为中长期水文预报拓展了新的途径,如模糊数学、人工神经网络、灰色系统分析、小波分析、混沌理论、多层递阶方法、支持向量机等以及这些方法的相互耦合,每种方法都有各自的适用条件,或存在有待深入研究的问题。

水文统计方法是应用数理统计理论和方法,从大量历史水文资料中寻找预报对象和预报因子之间的统计关系或水文要素自身历史变化的统计规律,建立预报模型进行预报。主要分为单因素预报和多因素综合预报两大类。单因素预报是利用水文要素历史演变规律来预报该要素未来可能出现的数值,常用的方法有历史演变法、周期分析法和平稳时间序列法等。多因素综合预报方法主要有逐步回归、聚类分析、主成分分析等。这种方法的主要问题是如何合理选择因子个数,解决拟合效果与预报效果不一致的矛盾。时间序列分析是应用水文要素的观测记录寻找其自身的演变规律来进行预报,常用的方法有平稳时间序列中的自回归模型、周期均值叠加、马尔可夫链等。水文统计方法由于模型简单、实现方便,获得了广泛应用。

1982 年邓聚龙提出的灰色系统理论在中长期水文预报中也得到了成功应用。目前使用最广泛的灰色预测模型就是关于数列预测的一个变量、一阶微分的 GM(1,1) 模型。它是基于随机的原始时间序列,经按时间累加后所形成的新的时间序列呈现的规律可用一阶线性微分方程的解来逼近。如周振民等[13]选择 GM(1,1) 模型对溧河下游地下水进行了动态分析。杨玮[14]为了满足了长江水位预测频率高的要求,结合了 ARIMA 模型和 GM(1,1) 模型并将其优化,增加了模型的可用性和预测准确度。

GM(1,1) 模型计算流程:①将原始数据序列进行一次累加生成,得到新的序列。②假设新的序列满足一阶线性微分方程,并对该方程两边同时积分,得到一个指数函数。③利用原始数据序列的紧邻均值生成序列和最小二乘法求解微分方程中的参数。④根据求得的参数和指数函数构建预测模型,并进行预测。

采用 GM(1,1) 构建期涪陵(清溪场)预报模型,相应的输入数据及输出数据见表 5.1-13。相应合格率统计成果见表 5.1-14。

表 5.1-13 涪陵(清溪场)GM(1,1)预报模型输入及输出

输入因子	当前日期	预报对象
1 月 5—14 日最低水位		
1 月 6—15 日最低水位		
1 月 7—16 日最低水位		
1 月 8—17 日最低水位	1 月 21 日	1 月 21—30 日最低水位
1 月 9—18 日最低水位		
1 月 10—19 日最低水位		
1 月 11—20 日最低水位		

表 5.1-14 涪陵(清溪场)GM(1,1)预报模型合格率计算

月	总预报次数	不合格	合格	合格率
1 月	46	18	28	60.87%
2 月	57	4	53	92.98%(达标)
3 月	62	7	55	88.70%(达标)
4 月	60	24	36	60.00%(不达标)
10 月	30	21	9	30.00%(不达标)
11 月	60	46	14	23.33%
12 月	51	28	23	45.09%

对比 AutoML、GM(1,1)预报模型,可以发现在 1—3 月,GM(1,1)模型精度稍好于 AutoML 预报模型,但 1 月精度仍未到达 70% 合格率的要求。4 月、10—12 月 GM(1,1) 模型劣于 AutoML 模型,且 10—12 月精度过低,特别在 10 月,二者合格率分别为 30%、96.77%,差异巨大。此结果说明:①部分时段过低的精度,限制了 GM(1,1)模型的单独应用;②建议同时采用 AutoML、GM(1,1)预报模型,对比近期的预报效果,选择较优的模型进行应用,如涪陵(清溪场)1—3 月采用 GM(1,1)预报模型,剩余月采用 AutoML 预报模型。

5.1.3.3 基于 AutoML 的多水位站联动预测模型

同一条河流空间相邻水位站的水位具有关联性,上游会对下游水位值产生影响,同样下游水位值也能在一定程度上延时反映上游水位值的变化趋势。空间相邻多个水位站的综合水位观测值可更稳定地反映水位变化的趋势,避免单一水位站观测值数据随机性的影响。

因此,为充分利用各个水位观测站采集数据的关联性,进而提高水位预测精度,本节有别于前述的单水位站的预测方法,研究了多水位站联动预测模型,即利用空间上处于上游、中游和下游的三个水位站数据,同时输出上、中、下游三处站点的水位预报值。

(1)研究站点

多水位站联动预测时选取站点为宜宾、泸州、朱沱、沙市、城陵矶(莲花塘)、汉口,见图 5.1-14。

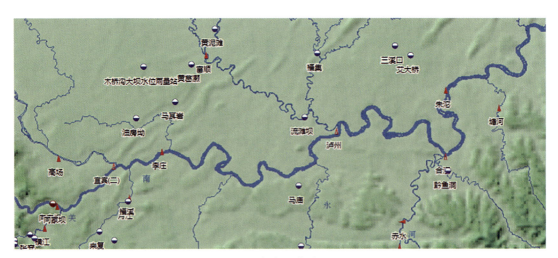

(a)宜宾—朱沱

(b)沙市—汉口

图 5.1-14　多水位站地理位置示意图

（2）AutoML 多输出预测方法

研究 6 处站点，进行单站水位预测时，所采用输入数据见表 5.1-15。而进行多水位站联动预测时，将输入站点同上游、中游和下游的三个水位站同时建立联系。如将向家坝、高场、横江、宜宾、李庄、富顺、泸州、朱沱作为输入，利用 AutoML 模型，指定输出为宜宾、泸州、朱沱三站点的水位。原 AutoML 模型仅输出一列单一站点的数据；而多水位站模型同时输出三列上、中、下游三处站点的水位预报值。

表 5.1-15　　　　　　　　　6 处站点预报模型的输入与输出因子

输入站点	输出水位
向家坝、高场、横江、宜宾	宜宾（水位）
李庄、富顺、泸州	泸州（水位）
李庄、富顺、朱沱	朱沱（水位）
枝城、沙市、监利	沙市（水位）
监利、七里山、莲花塘、螺山	莲花塘（水位）
螺山、仙桃、汉口	汉口（水位）

（3）单站、多站预测结果对比

AutoML 单一站点预测，同多站点同时预测，精度见表 5.1-16。从表中可发现，

AutoML 单站点与多站点模型预测精度相近,有高有低,二者中无明显更优模型。

表 5.1-16   单站点与多站点模型精度对比

均方根误差 RMSE	模型(7 天预见期)	
	单站点模型	多站点模型
宜宾	0.373	0.326
泸州	0.278	0.283
朱沱	0.244	0.257
沙市	0.279	0.268
城陵矶(莲花塘)	0.239	0.221
汉口	0.214	0.236

表中结果说明,多站点模型较单站点模型不一定能提升水位预报的精度。建议可考虑同时采用单站点、多站点预报模型,对比近期的预报效果,选择较优的模型进行应用。

5.1.4 AutoML 中长期潮位预报

20 世纪 90 年代以来,长江上中游陆续建成以三峡水库为核心的大型水库群,加之区间支流及通江湖泊入汇径流减少,引江济渭、南水北调中线、安徽引江济淮等工程实施、运行等,使得长江下游水文情势发生改变,一方面来水偏枯且年内水文过程变化明显,2003—2018 年大通站年均径流总量相较于 2002 年前多年平均值偏少 455 亿 m³,9—11 月平均流量分别减少了 5910m³/s、7590m³/s、3460m³/s,减幅分别为 14.7％、22.7％、14.8％,与供水安全的矛盾日益显现;另一方面长江下游直至入海口全程河床冲刷下切,如江苏省境内长江段平滩河槽 2001—2018 年累计冲刷 12.8 亿 m³,河床冲刷下切导致中枯水水位不同幅度下降,局部河势也发生调整。伴随着长江上中游大型水库群陆续建成使用,下游河道还将经历长时间、长距离的冲刷,长江下游的水文情势和河道冲淤调整也将发生深刻变化。

河道水位流量大小、过程以及河床冲刷下切造成的中枯水位下降、局部河势调整带来的引水进流条件变化等直接影响长江下游的引江能力,对现有或规划建设的引水工程运行方式及效率产生影响。长江上中游水库群汛后蓄水导致大通站流量减小、水位下降,2003—2018 年 9—10 月大通站月均水位较蓄水前分别降低 1.2m、1.7m。以灌溉取水为例,沿江灌溉取水集中在 4—10 月,且以通过水闸自流引水为主,当江水水位低于闸底板高程时,无法自流影响用水,若通过泵站抽引则增加运行成本。特别是在农灌季节,若遇持续干旱等不利因素,长江下游水位大幅下降,灌溉涵闸的取水受到一定的影响,将加剧旱情的发展。为采取相应的干旱对策,需要在一定的预见期内,对可能发生的枯水位进行预报。

大通、南京水文站为长江下游关键性水位(潮位)控制站点,为探索 AutoML 技术在水位预报领域的运用效果,推动基于机器学习技术的水位预报模型应用于长江下游枯水位(潮位)预报的生产实践,服务抗旱决策的制定,本书基于微软 Azure AutoML 平台,以大通、南京水文站预见期内枯水位(最低潮位)为例,开展水位(潮位)预报研究。

5.1.4.1 数据准备

收集数据资料为 2014—2021 年(10 月—次年 4 月,枯水期)的八里江、安庆、大通站的水位整编资料,数据时间间隔为 1 天;2014—2021 年全年南京站逐潮高低潮位资料。站点简要介绍如下:

八里江水文站位于江西省湖口县金沙湾,为控制鄱阳湖入汇长江后的长江干流基本站,为研究江湖关系、长江中下游河道整治、防洪及预报提供水情资料。安庆水位站位于安徽省安庆市迎江区,为控制长江下游水情基本站,为长江下游河道治理、防洪预报提供资料。大通水文站位于安徽省池州市贵池区,为长江下游干流基本水文站,是长江干流的最后一个径流控制站,控制长江流入感潮河段水量。为国家收集基本水文资料,为防汛抗旱、水资源监督管理服务。南京水文站位于江苏省南京市雨花台区,为长江下游干流感潮河段基本水文站,控制长江下游感潮河段水情的实验站;为国家收集基本水文资料,为防汛抗旱、水资源监督管理服务。

对大通水文站预见期内的最低水位开展预报模型建模,使用的数据见表 5.1-17。为了探索预报模型性能受预见期的影响,共建立两种预见期模型,模型输出因子(因变量,又称为标签变量)分别为大通站未来 7 天内出现的最低水位、未来 10 天内出现的最低水位。

举例说明,若预报发布日期为 10 月 18 日,模型输入为 10 月 15—18 日的八里江、安庆、大通,三站的水位信息,则模型输出分别为 10 月 19—25 日内大通站的最低水位(未来 7 天,后文称模型 1)、10 月 19—28 日内大通站的最低水位(未来 10 天,后文称模型 2)。

表 5.1-17 大通站水位预报模型的输入与输出因子

输入与输出	10 月 15 日	10 月 16 日	10 月 17 日	10 月 18 日	10 月 19—25 日	10 月 19—28 日
八里江、安庆(水位)	输入	输入	输入	输入	/	/
大通(水位)	输入	输入	输入	输入	输出(7 天内最低)	输出(10 天内最低)

5.2　示范站点预报模型构建及精度评价

5.2.1　深度学习方法

时间序列深度学习是深度学习在时间序列数据分析中的应用,它利用了深度神经网络(DNNs)强大的学习和表示能力,来处理和预测时间序列数据。与传统的机器学习方法相比,时间序列深度学习可以自动学习和提取时间序列数据中的复杂模式和趋势,具有较强的自适应性和鲁棒性,可以在处理高维和复杂时间序列数据时获得更好的预测效果。

在航道尺度预测中,时间序列深度学习可以处理各种类型和尺度的航道数据,例如航道水位、航道底质、河流流量等,并综合考虑多种影响因素,例如气候变化、人类活动等,以建立更准确的航道尺度预测模型。此外,时间序列深度学习还可以利用历史数据和实时监测数据,进行航道尺度的长期预测和短期预测,为航道治理、水路交通规划和防洪减灾等提供科学依据和技术支持。

5.2.1.1　RNN 模型

RNN(Recurrent Neural Networks)是指循环神经网络,它在隐藏层的各个神经元之间是有相互作用的,能够处理那些输入之间前后有关联的问题。在 RNN 中,前一时刻的输出会和下一时刻的输入一起传递下去,相当于一个随时间推移的数据流。和前馈神经网络不同的是,RNN 可以接收序列化的数据作为输入,也可以返回序列化值作为输出,对时间序列上的变化进行建模。由于样本出现的时间顺序对于自然语言处理、语音识别、手写体识别等应用非常重要,RNN 模型在该领域内广泛被认可。

在航道尺度的预测中,RNN 可以很好地处理具有时间序列特性的航道尺度数据。RNN 的递归结构可以很好地捕捉历史数据中的时间依赖关系和趋势,从而对未来航道尺度进行预测。具体来说,RNN 可以首先从历史航道尺度数据中学习到时间序列的模式和特征,然后将这些模式和特征用于建立预测模型。同时,RNN 具有很好的泛化能力,可以对未来的航道尺度进行预测,为航道治理、水路交通规划和防洪减灾等提供科学依据和技术支持。此外,RNN 还可以与其他模型和方法相结合,例如与传统的统计模型、机器学习模型及 GIS 技术等结合,进一步提高航道尺度预测的精度和可靠性。

5.2.1.2　LSTM 模型

LSTM 是为了解决 RNN 中的反馈消失问题而被提出的模型,它也可以被视为 RNN 的一个变种。与 RNN 相比,增加了 3 个门(gate):input 门,forget 门和 output 门,门的作用就是为了控制之前的隐藏状态、当前的输入等各种信息,确定哪些该丢弃,哪些该保留。

LSTM 的隐藏状态的计算公式与 RNN 的类似:$g = \tanh(U_{gxt} + W_{gst-1})$。但是这个隐藏状态的输出却受到了各种门的控制。内部存储用 c 来表示,它由前一步的内部存储和当前的隐藏状态计算得出,并且受到 input 门和 forget 门的控制。前者确定当前隐藏状态中需要保留的信息,后者确定前一步的内部存储中需要保留的信息:$c_t = c_t - 1 \times f + g \times i$。LSTM 的输出则使用 s_t 来表示,并且受输出门的控制:$s_t = \tanh(c_t) \times o$。总之,门机制的存在使 LSTM 能够显式地为序列中长距离的依赖建模,通过对门参数的学习,网络能够找到合适的内部存储行为。

LSTM 模型的核心思想如下。

1)理解 LSTM 的核心是 cell state,暂且名为细胞状态,也就是上述图中最顶的传送线。

2)cell state 也可以理解为传送带,个人理解其实就是整个模型中的记忆空间,随着时间而变化的,当然,传送带本身是无法控制哪些信息是否被记忆,起控制作用的是下面将讲述的控制门(gate)。

3)控制门主要由一个 sigmoid 函数跟点乘操作组成。sigmoid 函数的值为 0 到 1 之间,点乘操作决定多少信息可以传送过去,当值为 0 时,不传送;当值为 1 时,在航道尺度的预测中,LSTM 可以很好地捕捉航道尺度时间序列中的长期依赖关系和趋势,从而对未来航道尺度进行准确预测。具体来说,LSTM 通过引入记忆单元解决了传统 RNN 在处理长序列时梯度消失和梯度爆炸的问题,能够保留更多的历史信息,并有效地捕捉序列中的长期依赖关系。在航道尺度预测中,LSTM 可以利用历史航道尺度数据学习到的模式和趋势,并利用这些信息建立预测模型,对未来航道尺度进行准确预测。同时,LSTM 还可以与其他模型和方法相结合,例如与传统的统计模型、机器学习模型及 GIS 技术等结合,进一步提高航道尺度预测的精度和可靠性。

5.2.1.3 GRU 模型

前面说到过 LSTM 是为了解决传统 RNN 无法解决的长距离依赖问题而出现的,而 GRU 也具有该功能,但是结构相对于 LSTM 来说相对简单,可以将 GRU 看作 LSTM 的一种优化或变体。

在水位和地形时间序列预测中,GRU 具有独特的应用价值和潜力。首先,GRU 通过引入门机制和重置门,能够更好地捕捉和保存历史信息。在水位和地形时间序列预测中,这些历史信息可能对于预测未来走势具有重要意义。GRU 能够有效地去除不相关或冗余的信息,只保留那些对预测有用的信息,从而提高模型的预测性能。其次,GRU具有较低的计算复杂度,这使得在处理大规模时间序列数据时更高效。由于其特殊的结构和计算方式,GRU在处理长序列时不会像传统的RNN那样出现梯度消失或梯度爆炸的问题,这使得GRU在水位和地形时间序列预测中可以更好地捕捉和利用长期依赖关系和趋势。

此外,GRU可以与其他模型和方法相结合,以提高预测精度和可靠性。例如,GRU与传统的统计模型、机器学习模型或物理模型等结合,能提供更加全面的预测视角和更准确的预测结果。此外,GRU还可以与其他深度学习模型如LSTM等进行结合,形成更为强大的混合模型用于预测。

5.2.1.4　模型超参数设置

深度学习在过去几年中已经取得了巨大的进展,并在图像分类、语音识别、自然语言处理等领域中取得了许多令人瞩目的成果。然而,深度学习模型通常具有大量的参数和超参数,这使得模型的训练和调整变得非常困难。本节将介绍深度学习中的超参数,并探讨一些常见的超参数调整技术。深度学习中的超参数是指那些需要手动设置并且不能从训练数据中学习到的参数。这些参数通常影响模型的性能和训练效率,例如学习率、批量大小、层数、神经元数等等。下面介绍几个常见的超参数。

(1)学习率(learning_rate)

学习率是深度学习中最重要的超参数之一。它控制了模型参数在每次更新中的变化量,太小的学习率会导致模型收敛缓慢,而太大的学习率会导致模型发散。通常,会根据经验选择一个合适的学习率,并在训练过程中不断调整它以获得更好的性能。

(2)批量大小(batch_size)

批量大小是指在每次迭代中用于训练模型的样本数量。较小的样本数量可以提高模型的收敛速度,但是可能导致模型过拟合。较大的样本数量可以减少模型的方差,但也可能导致模型的收敛速度变慢。

(3)层数(layers)

深度学习模型的层数是指模型中包含的隐藏层的数量。较深的模型可以学习更复杂的特征表示,但也更容易出现梯度消失和梯度爆炸问题。因此,在选择层数时需要权衡模型的复杂度和训练效率。

(4)神经元数(units)

神经元数是指在每个隐藏层中包含的神经元的数量。较多的神经元数可以增加模型的容量,但也可能导致过拟合。较少的神经元数可以降低模型的复杂度,但也可能导致欠拟合。

超参数调整是深度学习模型开发过程中必不可少的一步,它可以通过调整超参数来优化模型性能。

(1)网格搜索(Grid Search)

网格搜索是一种通过枚举给定的超参数组合,对每个组合进行评估,并选取最优超参数组合的方法。网格搜索通过将超参数空间划分为一个网格,然后对每个网格点进行评估,从而找到最优的超参数组合。例如,对于某具有 3 个超参数的模型,每个超参数有 3 个可能的取值,那么网格搜索将对 27 种超参数组合进行评估。

(2)随机搜索(Random Search)

随机搜索是一种常用的超参数调整方法,它可以在给定的超参数空间中随机选择超参数组合进行模型训练和评估,从而找到最佳超参数组合。与传统的网格搜索方法相比,随机搜索不需要在预先定义的网格上进行搜索,而是在超参数空间中随机选择一些点进行搜索,因此可以更快地找到最佳超参数组合。

(3)贝叶斯优化(Bayesian Optimization)

贝叶斯优化是一种比较新颖的超参数调整方法,它利用了贝叶斯方法和高斯过程回归来寻找最优的超参数组合。相比于传统的网格搜索和随机搜索方法,贝叶斯优化方法具有更高的效率和准确率。

(4)自适应学习率(adaptive learning rate)

在深度学习中,学习率是一个非常重要的超参数,它决定了模型参数更新的步长。如果学习率设置过大,可能会导致模型震荡不收敛;如果学习率设置过小,可能会导致模型收敛过慢甚至无法收敛。自适应学习率的主要思想是根据模型在训练过程中的表现自动调整学习率,以加速收敛和提高模型性能。

5.2.2 深度学习水位预测模型

5.2.2.1 预测模型构建

针对水位的预测问题,分别利用深度学习框架构建了 RNN、LSTM 和 GRU 深度学习模型。三者的技术流程基本相同,具体如下。

1)导入所需模块;

2)读取文件中的数据;

3)提取预测站点,数据归一化,并且转为监督学习模型;

4)装载数据,设置数据 dataset 与 dataload,并且分割训练集测试集与验证集;

5)模型参数调整与模型训练;

6)对预测数据反归一化、二维数组一维化;

7)绘出真实数据和预测数据的对比曲线。

针对水位的预测问题提出的技术框架见图 5.2-1。

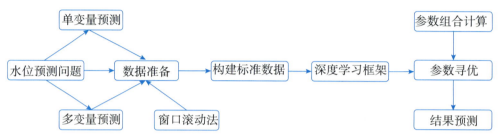

图 5.2-1　水位深度学习预测模型框架

5.2.2.2　预测结果对比分析及比选

下面利用汉口与南京站 8 年水位数据来进行深度学习模型的比选工作。训练集由前 70% 数据构建,验证集由最后 10% 的数据构建。在预测模型中,分为单站点与多站点预测模型,输入量是预测站点过去 120 天的水位,及上游两个站点过去 120 天的水位,输出结果是当前站点未来 1 天、7 天的水位。

当预测的天数不同时,训练集和验证集要根据预测天数进行重新构建。下面给出了预测模型的数据流示意图(图 5.2-2)。

天	值		输入值		输出值			输入量		输出量	
1	S_1	S_1	S_2	S_3	S_4	S_5	S_1	S_2	S_3	S_4	S_5
2	S_2	S_2	S_3	S_4	S_5	S_6	S_2	S_3	S_4	S_5	S_6
3	S_3	S_3	S_4	S_5	S_6	S_7	S_3	S_4	S_5	S_6	S_7
4	S_4	S_4	S_5	S_6	S_7	?	S_5	S_6	S_7	S_8	S_9
5	S_5	S_5	S_6	S_7	?	?					
6	S_6										
7	S_7										

图 5.2-2　数据流示意图

接下来分别构建 GRU 模型、RNN 模型、LSTM 模型、BP 模型等神经网络架构,对长江流域城陵矶、汉口、九江、安庆、芜湖、南京、镇江等站点的日均航道水位变化进行训练和预测。将总数据的 90% 作为训练集,10%(大约 200 天)的数据作为验证集。使用 GridSearch 方法对深度学习模型的隐藏层数、批量大小、神经元数量、学习速率、误差收敛方法和循环次数等参数进行网格搜索并自动选择最优组合。此外创建了误差分析集合包括平均绝对误差、均方误差、均方根误差和 R^2 等用于评估学习效果。其中 LSTM 模型和 RNN 模型设置滑动窗口为 7,即使用前 7 天数据预测后 1 天数据。预测结果和分析如下。

(1)GRU 预测模型

1)城陵矶单站点模型。

城陵矶为长江中游站点,在进行深度学习训练后,获得了预测 1 天的单站点模型。并且使用数据最后 200 条进行模型准确度的验证,以下为模型验证结果。

城陵矶单站点模型预测与误差。预测 1 天单站点模型输出的预测值与测量值,图中蓝色为预测值,红色为测量值,在图中预测值与测量值拟合较好(图 5.2-3)。预测 1 天单站点模型的绝对误差,其中平均绝对误差为 0.15m(图 5.2-4)。预测 1 天单站点模型的相对误差,相对误差小于 0.2,模型效果很好(图 5.2-5)。

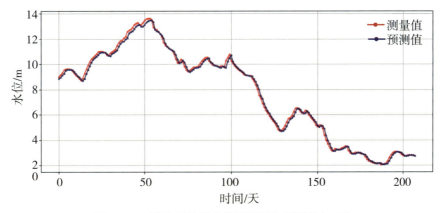

图 5.2-3 城陵矶单站点模型预测与测量值(1 天)

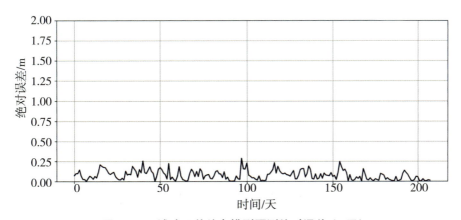

图 5.2-4 城陵矶单站点模型预测绝对误差 (1 天)

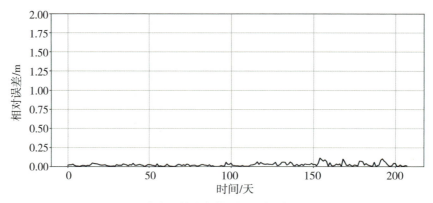

图 5.2-5　城陵矶单站点模型预测相对误差（1 天）

2）汉口单站点模型。

汉口单站点模型预测与误差。预测 1 天单站点模型输出的预测值与测量值（图 5.2-6），图中蓝色为预测值，红色为测量值。预测 1 天单站点模型的绝对误差，其中平均绝对误差为 0.14m（图 5.2-7）。预测 1 天单站点模型的相对误差，相对误差小于 0.2，模型效果很好（图 5.2-8）。

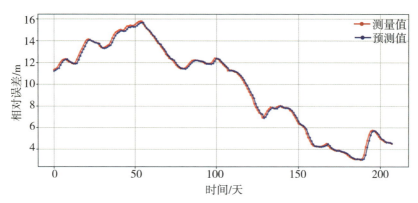

图 5.2-6　汉口单站点模型预测与测量值（1 天）

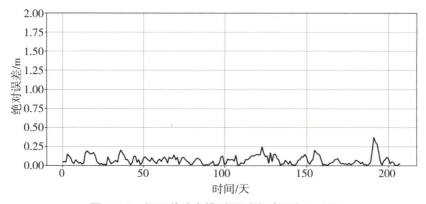

图 5.2-7　汉口单站点模型预测绝对误差（1 天）

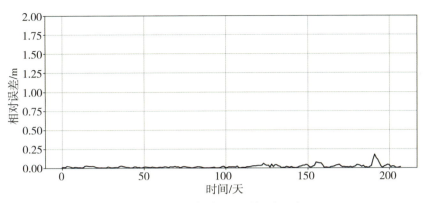

图 5.2-8 汉口单站点模型预测相对误差（1 天）

3）九江单站点模型。

九江单站点模型预测与误差。预测 1 天单站点模型输出的预测值与测量值，图中蓝色为预测值，红色为测量值（图 5.2-9）。预测 1 天单站点模型的绝对误差，其中平均绝对误差为 0.12m（图 5.2-10）。预测 1 天单站点模型的相对误差，相对误差小于 0.2，模型效果很好（图 5.2-11）。

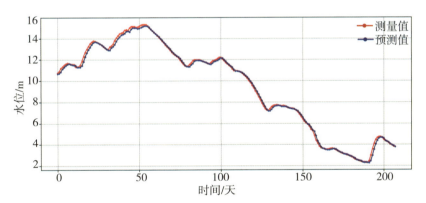

图 5.2-9 九江单站点模型预测与测量值（1 天）

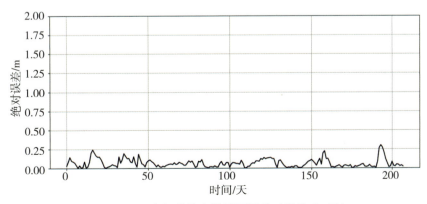

图 5.2-10 九江单站点模型预测绝对误差（1 天）

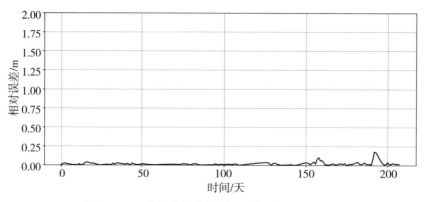

图 5.2-11　九江单站点模型预测相对误差（1 天）

4）安庆单站点模型。

安庆单站点模型预测与误差。预测 1 天单站点模型输出的预测值与测量值，图中蓝色为预测值，红色为测量值（图 5.2-12）。预测 1 天单站点模型的绝对误差，其中平均绝对误差为 0.10m（图 5.2-13）。预测 1 天单站点模型的相对误差，相对误差小于 0.2，模型效果很好（图 5.2-14）。

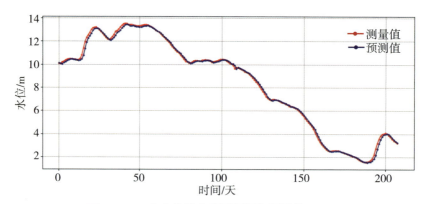

图 5.2-12　安庆单站点模型预测与测量值（1 天）

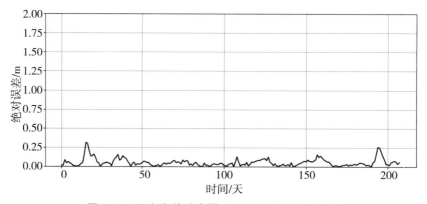

图 5.2-13　安庆单站点模型预测绝对误差（1 天）

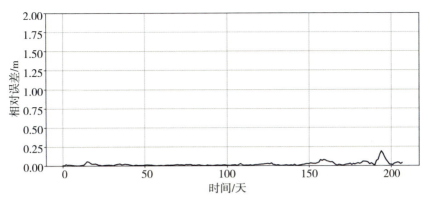

图 5.2-14　安庆单站点模型预测相对误差（1 天）

5）芜湖单站点模型。

芜湖单站点模型预测与误差。预测 1 天单站点模型输出的预测值与测量值,图中蓝色为预测值,红色为测量值（图 5.2-15）。预测 1 天单站点模型的绝对误差,其中平均绝对误差为 0.09m（图 5.2-16）。预测 1 天单站点模型的相对误差,相对误差小于 0.2,模型效果很好（图 5.2-17）。

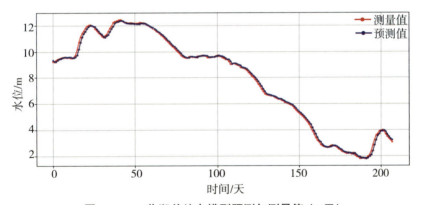

图 5.2-15　芜湖单站点模型预测与测量值（1 天）

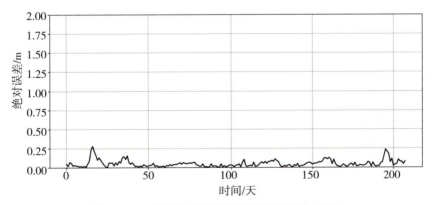

图 5.2-16　芜湖单站点模型预测绝对误差（1 天）

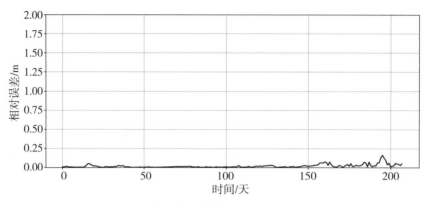

图 5.2-17　芜湖单站点模型预测相对误差（1 天）

6）南京单站点模型。

南京单站点模型预测与误差。预测 1 天单站点模型输出的预测值与测量值，图中蓝色为预测值，红色为测量值（图 5.2-18）。预测 1 天单站点模型的绝对误差，其中平均绝对误差为 0.086m（图 5.2-19）。预测 1 天单站点模型的相对误差，相对误差在 150 天和 200 天之间波动较大（图 5.2-20）。

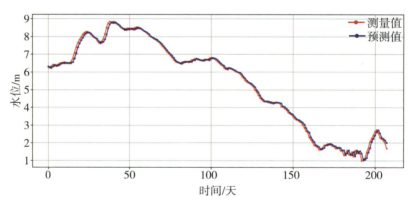

图 5.2-18　南京单站点模型预测与测量值（1 天）

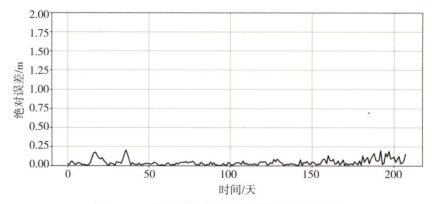

图 5.2-19　南京单站点模型预测绝对误差（1 天）

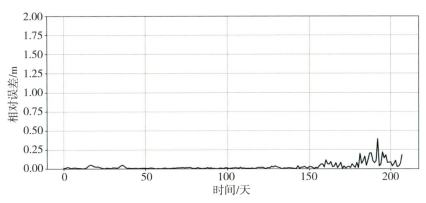

图 5.2-20　南京单站点模型预测相对误差（1 天）

7）镇江单站点模型。

镇江单站点模型预测与误差。预测 1 天单站点模型输出的预测值与测量值，图中蓝色为预测值，红色为测量值（图 5.2-21）。预测 1 天单站点模型的绝对误差，其中平均绝对误差为 0.11m（图 5.2-22）。预测 1 天单站点模型的相对误差，相对误差在 150 天和 200 天之间波动较大（图 5.2-23）。

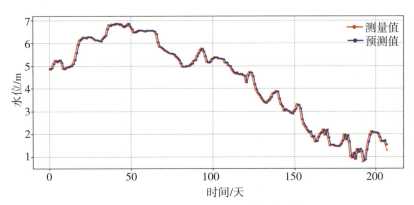

图 5.2-21　镇江单站点模型预测与测量值（1 天）

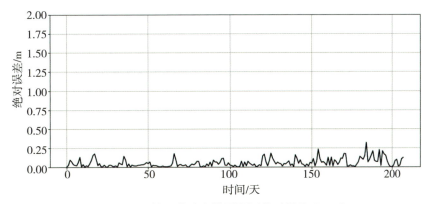

图 5.2-22　镇江单站点模型预测绝对误差（1 天）

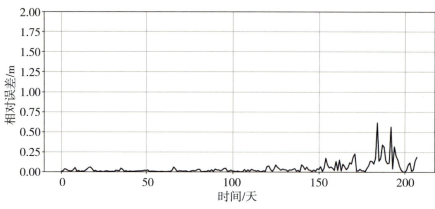

图 5.2-23　镇江单站点模型预测相对误差（1 天）

综合上述站点结果,该预测模型下的误差分析结果见表 5.2-1,其中平均绝对误差、均方误差和均方根误差越小代表预测效果越好,R^2 分数在 0 和 1 之间,越高代表拟合效果越好。

表 5.2-1　　　　　　　　　　　　　　误差分析

站点名称	平均绝对误差	均方误差	均方根误差	R^2
城陵矶	0.152	0.037	0.192	0.997
汉口	0.141	0.034	0.185	0.998
九江	0.125	0.028	0.168	0.998
安庆	0.104	0.022	0.147	0.998
芜湖	0.099	0.018	0.133	0.998
南京	0.086	0.014	0.120	0.998
镇江	0.107	0.023	0.151	0.993

（2）BP 预测模型

深度学习中的 BP(Back Propagation)模型是一种重要的神经网络训练算法。它通过反向传播算法,将预测错误(也称为损失)分配到每个权重上,并更新这些权重以减小未来的损失。利用传统的 BP 模型进行了部分站点的预测与比对。

1)城陵矶单站点模型。

城陵矶为长江中游站点,在进行深度学习训练后,获得了预测 1 天的单站点模型。并且使用数据最后 200 条进行模型准确度的验证,以下为模型验证结果。

城陵矶单站点模型预测与误差。预测 1 天单站点模型输出的预测值与测量值,图中蓝色为预测值,红色为测量值,在图中预测值与测量值拟合较好(图 5.2-24)。预测 1 天单站点模型的绝对误差,其中平均绝对误差为 0.096m,在 95 天左右达到误差峰值 0.6m

（图 5.2-25）。预测 1 天单站点模型的相对误差，相对误差小于 0.2，模型效果很好（图 5.2-26）。

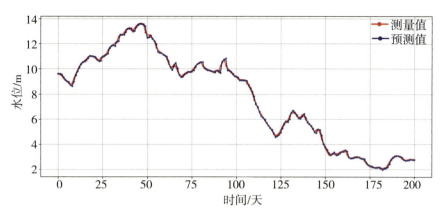

图 5.2-24　城陵矶单站点模型预测与测量值（1 天）

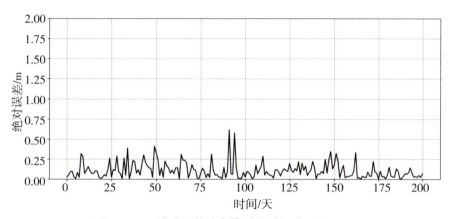

图 5.2-25　城陵矶单站点模型预测绝对误差（1 天）

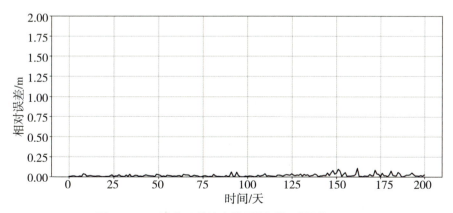

图 5.2-26　城陵矶单站点模型预测相对误差（1 天）

2）汉口单站点模型。

汉口单站点模型预测与误差。预测 1 天单站点模型输出的预测值与测量值，图中蓝色为预测值,红色为测量值(图 5.2-27)。预测 1 天单站点模型的绝对误差,其中平均绝对误差为 0.077m(图 5.2-28)。预测 1 天单站点模型的相对误差,相对误差小于 0.2,模型效果很好(图 5.2-29)。

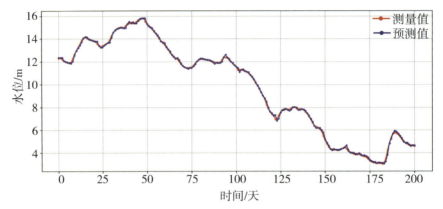

图 5.2-27 汉口单站点模型预测与测量值(1 天)

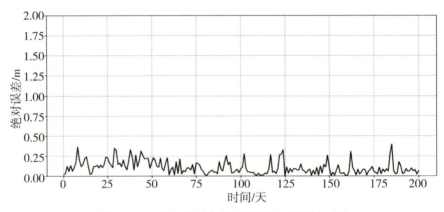

图 5.2-28 汉口单站点模型预测绝对误差(1 天)

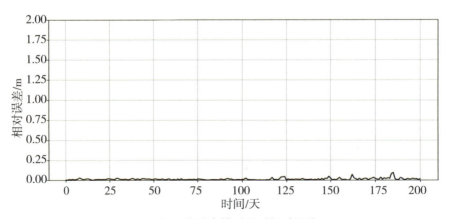

图 5.2-29 汉口单站点模型预测相对误差(1 天)

3)九江单站点模型。

九江单站点模型预测与误差。预测 1 天单站点模型输出的预测值与测量值,图中蓝色为预测值,红色为测量值(图 5.2-30)。预测 1 天单站点模型的绝对误差,其中平均绝对误差为 0.084m(图 5.2-31)。预测 1 天单站点模型的相对误差,相对误差小于 0.2,模型效果很好(图 5.2-32)。

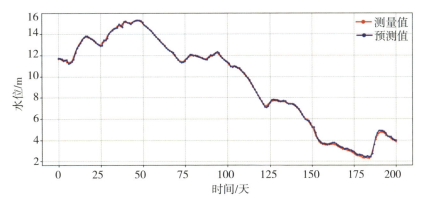

图 5.2-30 九江单站点模型预测与测量值(1 天)

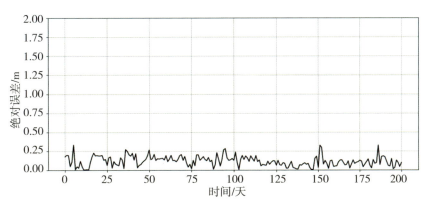

图 5.2-31 九江单站点模型预测绝对误差(1 天)

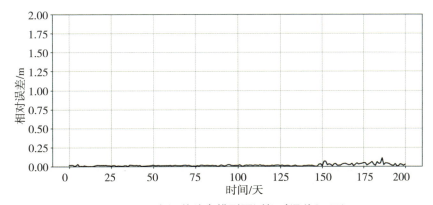

图 5.2-32 九江单站点模型预测相对误差(1 天)

4)安庆单站点模型。

安庆单站点模型预测与误差。预测1天单站点模型输出的预测值与测量值,图中蓝色为预测值,红色为测量值(图5.2-33)。预测1天单站点模型的绝对误差,其中平均绝对误差为0.058m,最大误差为0.4m(图5.2-34)。预测1天单站点模型的相对误差,相对误差小于0.2,模型效果很好(图5.2-35)。

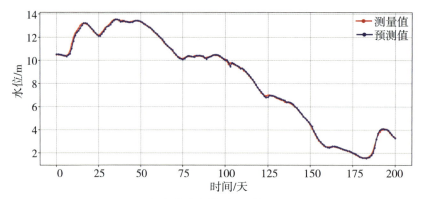

图5.2-33 安庆单站点模型预测与测量值(1天)

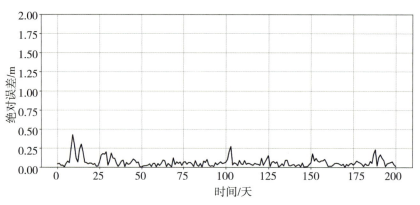

图5.2-34 安庆单站点模型预测绝对误差(1天)

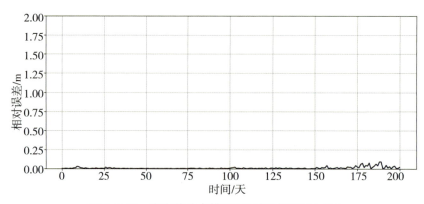

图5.2-35 安庆单站点模型预测相对误差(1天)

5)芜湖单站点模型。

芜湖单站点模型预测与误差。预测 1 天单站点模型输出的预测值与测量值,图中蓝色为预测值,红色为测量值(图 5.2-36)。预测 1 天单站点模型的绝对误差,其中平均绝对误差为 0.054m(图 5.2-37)。预测 1 天单站点模型的相对误差,相对误差小于 0.2,模型效果很好(图 5.2-38)。

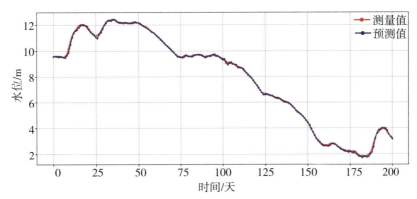

图 5.2-36 芜湖单站点模型预测与测量值(1 天)

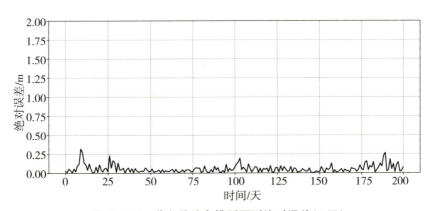

图 5.2-37 芜湖单站点模型预测绝对误差(1 天)

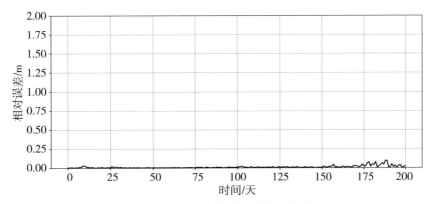

图 5.2-38 芜湖单站点模型预测相对误差(1 天)

6)南京单站点模型。

南京单站点模型预测与误差。预测 1 天单站点模型输出的预测值与测量值,图中蓝色为预测值,红色为测量值(图 5.2-39)。预测 1 天单站点模型的绝对误差,其中平均绝对误差为 0.068m,在 175 天和 200 天之间出现较大波动,最高绝对误差接近 0.5m(图 5.2-40)。预测 1 天单站点模型的相对误差,相对误差小于 0.3,模型效果很好(图 5.2-41)。

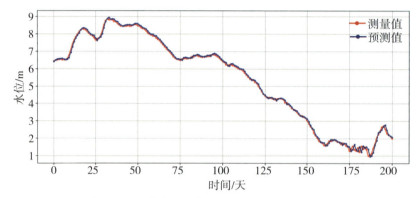

图 5.2-39 南京单站点模型预测与测量值(1 天)

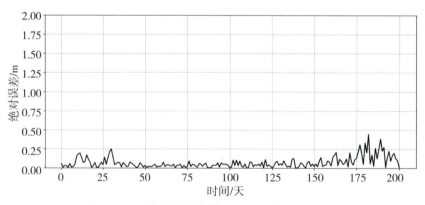

图 5.2-40 南京单站点模型预测绝对误差(1 天)

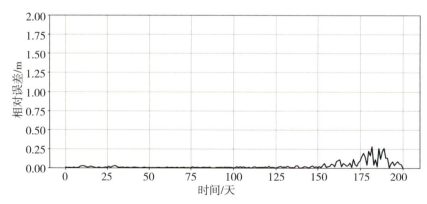

图 5.2-41 南京单站点模型预测相对误差(1 天)

7)镇江单站点模型。

镇江单站点模型预测与误差。预测 1 天单站点模型输出的预测值与测量值,图中蓝色为预测值,红色为测量值(图 5.2-42)。预测 1 天单站点模型的绝对误差,其中平均绝对误差为 0.112m,最高绝对误差出现在 177 天为 0.6m(图 5.2-43)。预测 1 天单站点模型的相对误差,相对误差在 175 天和 200 天之间波动较大(图 5.2-44)。

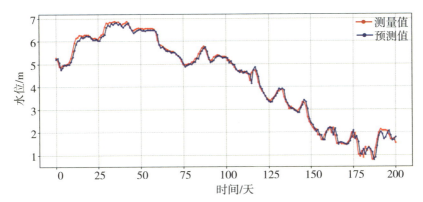

图 5.2-42　镇江单站点模型预测与预测值(1 天)

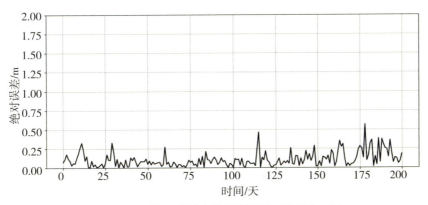

图 5.2-43　镇江单站点模型预测绝对误差(1 天)

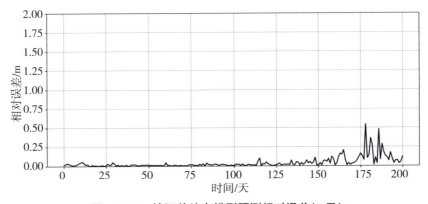

图 5.2-44　镇江单站点模型预测相对误差(1 天)

综上,该预测模型下的误差分析结果见表 5.2-2,其中平均绝对误差、均方误差和均方根误差越小代表预测效果越好,R^2 在 0 和 1 之间,越高代表拟合效果越好。

表 5.2-2   误差分析

站点名称	平均绝对误差	均方误差	均方根误差	R^2
城陵矶	0.096	0.018	0.136	0.998
汉口	0.077	0.011	0.106	0.999
九江	0.084	0.011	0.108	0.999
安庆	0.058	0.007	0.083	0.999
芜湖	0.054	0.006	0.077	0.999
南京	0.068	0.008	0.093	0.999
镇江	0.112	0.022	0.148	0.994

(3)LSTM 预测模型

1)城陵矶单站点模型。

城陵矶为长江中游站点,在进行深度学习训练后,获得了预测 1 天的单站点模型。并且使用数据最后 200 条进行模型准确度的验证,以下为模型验证结果。

城陵矶单站点模型预测与误差。预测 1 天单站点模型输出的预测值与测量值,图中蓝色为预测值,红色为测量值,在图中预测值与测量值拟合较好(图 5.2-45)。预测 1 天单站点模型的绝对误差,其中平均绝对误差为 0.114m(图 5.2-46)。预测 1 天单站点模型的相对误差,相对误差小于 0.2,模型效果很好(图 5.2-47)。

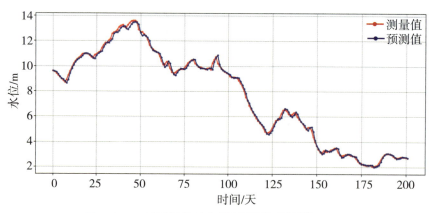

图 5.2-45　城陵矶单站点模型预测与测量值(1 天)

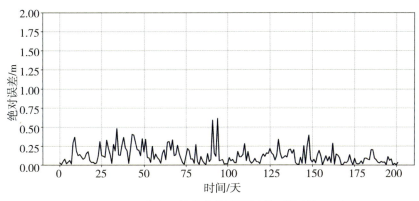

图 5.2-46　城陵矶单站点模型预测绝对误差(1 天)

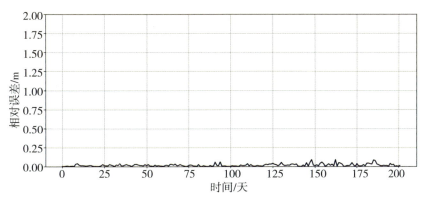

图 5.2-47　城陵矶单站点模型预测相对误差(1 天)

2)汉口单站点模型。

汉口单站点模型预测与误差。预测 1 天单站点模型输出的预测值与测量值,图中蓝色为预测值,红色为测量值(图 5.2-48)。预测 1 天单站点模型的绝对误差,其中平均绝对误差为 0.093m,绝对误差峰值出现在 185 天左右,为 0.55m(图 5.2-49)。预测 1 天单站点模型的相对误差,相对误差小于 0.2,模型效果很好(图 5.2-50)。

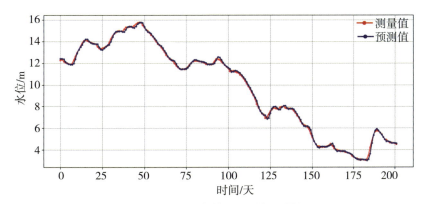

图 5.2-48　汉口单站点模型预测与测量值(1 天)

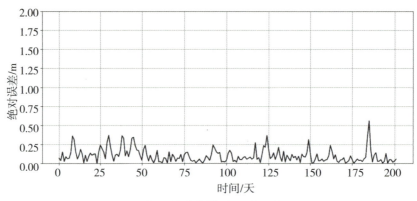

图 5.2-49　汉口单站点模型预测绝对误差(1 天)

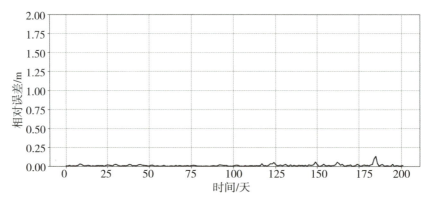

图 5.2-50　汉口单站点模型预测相对误差(1 天)

3)九江单站点模型。

九江单站点模型预测与误差。预测 1 天单站点模型输出的预测值与测量值,图中蓝色为预测值,红色为测量值(图 5.2-51)。预测 1 天单站点模型的绝对误差,其中平均绝对误差为 0.12m(图 5.2-52)。预测 1 天单站点模型的相对误差,相对误差小于 0.2,模型效果很好(图 5.2-53)。

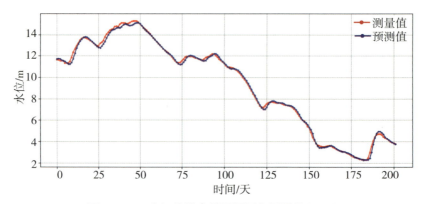

图 5.2-51　九江单站点模型预测与测量值(1 天)

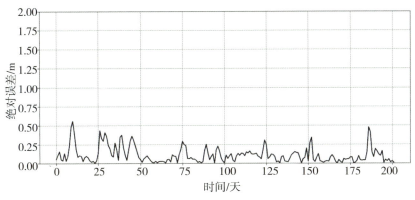

图 5.2-52　九江单站点模型预测绝对误差(1 天)

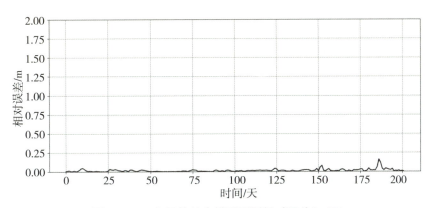

图 5.2-53　九江单站点模型预测相对误差(1 天)

4)安庆单站点模型。

安庆单站点模型预测与误差。预测 1 天单站点模型输出的预测值与测量值,图中蓝色为预测值,红色为测量值(图 5.2-54)。预测 1 天单站点模型的绝对误差,其中平均绝对误差为 0.105m(图 5.2-55)。预测 1 天单站点模型的相对误差,相对误差小于 0.2,模型效果很好(图 5.2-56)。

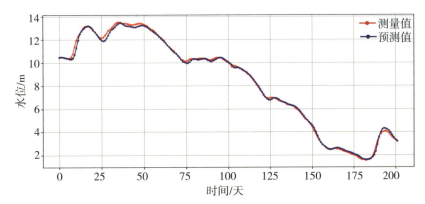

图 5.2-54　安庆单站点模型预测与测量值(1 天)

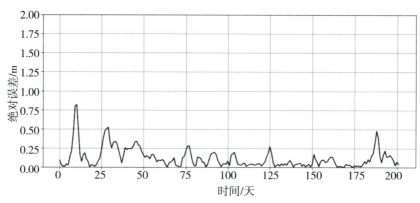

图 5.2-55　安庆单站点模型预测绝对误差（1 天）

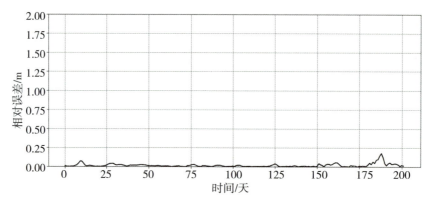

图 5.2-56　安庆单站点模型预测相对误差（1 天）

5）芜湖单站点模型。

芜湖单站点模型预测与误差。预测 1 天单站点模型输出的预测值与测量值，图中蓝色为预测值，红色为测量值（图 5.2-57）。预测 1 天单站点模型的绝对误差，其中平均绝对误差为 0.104m（图 5.2-58）。预测 1 天单站点模型的相对误差，相对误差小于 0.2，模型效果很好（图 5.2-59）。

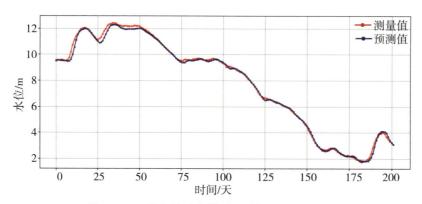

图 5.2-57　芜湖单站点模型预测与测量值（1 天）

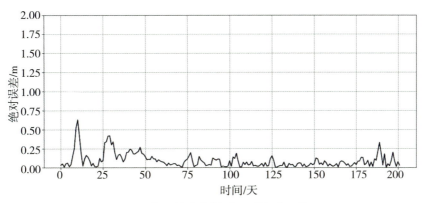

图 5.2-58 芜湖单站点模型预测绝对误差(1 天)

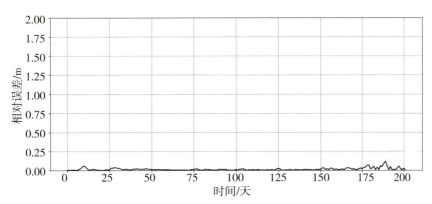

图 5.2-59 芜湖单站点模型预测相对误差(1 天)

6)南京单站点模型。

南京单站点模型预测与误差。预测 1 天单站点模型输出的预测值与测量值,图中蓝色为预测值,红色为测量值(图 5.2-60)。预测 1 天单站点模型的绝对误差,其中平均绝对误差为 0.085m(图 5.2-61)。预测 1 天单站点模型的相对误差,相对误差在 175 天和 200 天之间波动较大(图 5.2-62)。

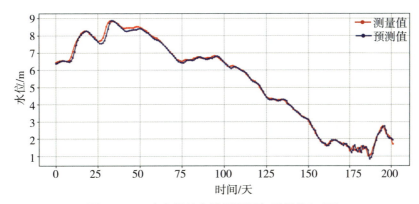

图 5.2-60 南京单站点模型预测与测量值(1 天)

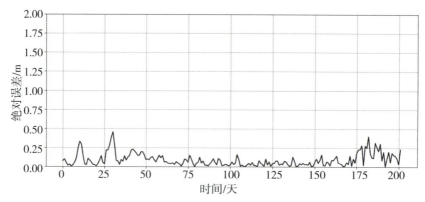

图 5.2-61　南京单站点模型预测绝对误差(1 天)

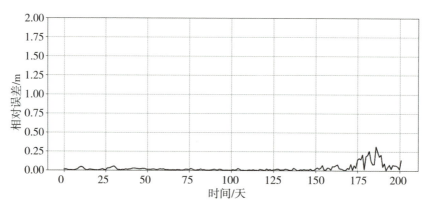

图 5.2-62　南京单站点模型预测相对误差(1 天)

7)镇江单站点模型。

镇江单站点模型预测与误差。预测 1 天单站点模型输出的预测值与测量值,图中蓝色为预测值,红色为测量值(图 5.2-63)。预测 1 天单站点模型的绝对误差,其中平均绝对误差为 0.101m,误差峰值在 0.5m 左右(图 5.2-64)。预测 1 天单站点模型的相对误差,相对误差在 175 天和 200 天之间波动较大(图 5.2-65)。

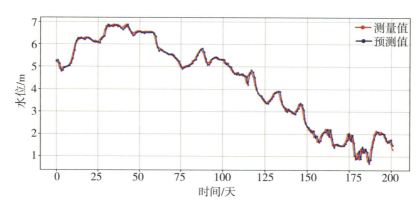

图 5.2-63　镇江单站点模型预测与测量值(1 天)

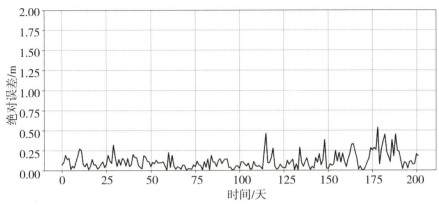

图 5.2-64　镇江单站点模型预测绝对误差（1 天）

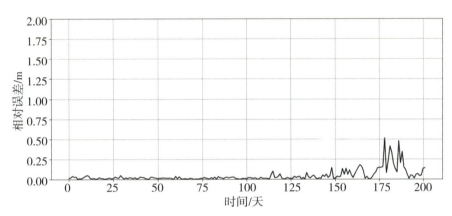

图 5.2-65　镇江单站点模型预测相对误差（1 天）

综上，该预测模型下的误差分析结果见表 5.2-3，其中平均绝对误差、均方误差和均方根误差越小代表预测效果越好，R^2 在 0 到 1 之间，越高代表拟合效果越好。

表 5.2-3　　　　　　　　　　　　　　　误差分析

站点名称	平均绝对误差	均方误差	均方根误差	R^2
城陵矶	0.114	0.024	0.156	0.998
汉口	0.093	0.015	0.124	0.999
九江	0.118	0.028	0.168	0.998
安庆	0.105	0.022	0.150	0.998
芜湖	0.104	0.024	0.154	0.998
南京	0.085	0.015	0.123	0.998
镇江	0.101	0.020	0.142	0.994

（4）RNN 预测模型

1）城陵矶单站点模型。

城陵矶为长江中游站点，在进行深度学习训练后，获得了预测 1 天的单站点模型。并且使用数据最后 200 条进行模型准确度的验证，以下为模型验证结果。

城陵矶单站点模型预测与误差。预测 1 天单站点模型输出的预测值与测量值，图中蓝色为预测值，红色为测量值，在图中预测值与测量值拟合较好（图 5.2-66）。预测 1 天单站点模型的绝对误差，其中平均绝对误差为 0.120m（图 5.2-67）。预测 1 天单站点模型的相对误差，相对误差小于 0.2，模型效果很好（图 5.2-68）。

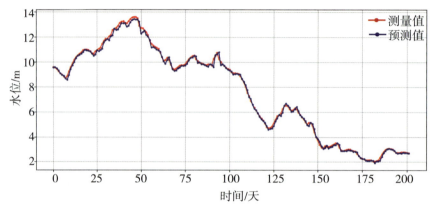

图 5.2-66　城陵矶单站点模型预测与测量值（1 天）

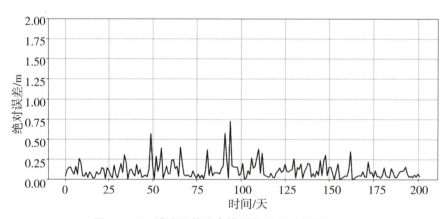

图 5.2-67　城陵矶单站点模型预测绝对误差（1 天）

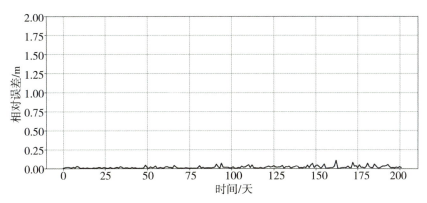

图 5.2-68　城陵矶单站点模型预测相对误差(1 天)

2)汉口单站点模型。

汉口单站点模型预测与误差。预测 1 天单站点模型输出的预测值与测量值,图中蓝色为预测值,红色为测量值(图 5.2-69)。预测 1 天单站点模型的绝对误差,其中平均绝对误差为 0.077m(图 5.2-70)。预测 1 天单站点模型的相对误差,相对误差小于 0.2,模型效果很好(图 5.2-71)。

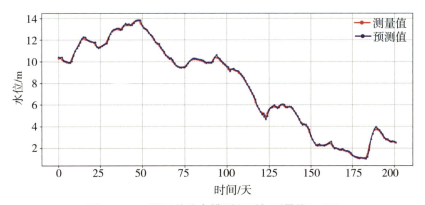

图 5.2-69　汉口单站点模型预测与测量值(1 天)

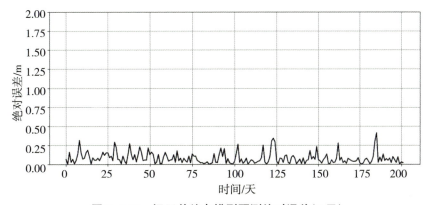

图 5.2-70　汉口单站点模型预测绝对误差(1 天)

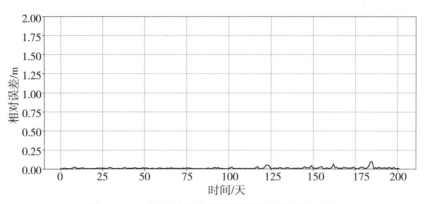

图5.2-71　汉口单站点模型预测相对误差(1天)

3)九江单站点模型。

九江单站点模型预测与误差。预测1天单站点模型输出的预测值与测量值,图中蓝色为预测值,红色为测量值(图5.2-72)。预测1天单站点模型的绝对误差,其中平均绝对误差为0.067m(图5.2-73)。预测1天单站点模型的相对误差,相对误差小于0.2,模型效果很好((图5.2-74)。

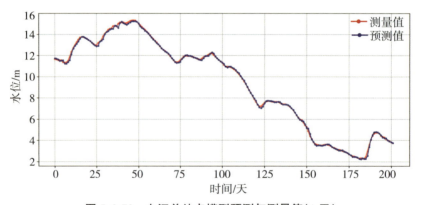

图5.2-72　九江单站点模型预测与测量值(1天)

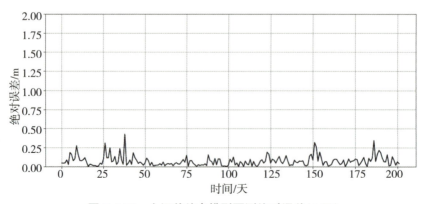

图5.2-73　九江单站点模型预测绝对误差(1天)

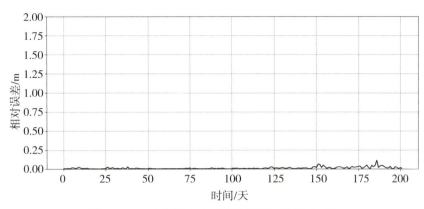

图 5.2-74　九江单站点模型预测相对误差(1 天)

4)安庆单站点模型。

安庆单站点模型预测与误差。预测 1 天单站点模型输出的预测值与测量值,图中蓝色为预测值,红色为测量值(图 5.2-75)。预测 1 天单站点模型的绝对误差,其中平均绝对误差为 0.056m(图 5.2-76)。预测 1 天单站点模型的相对误差,相对误差小于 0.2,模型效果很好(图 5.2-77)。

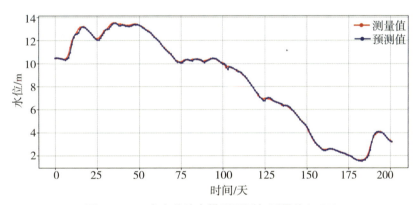

图 5.2-75　安庆单站点模型预测与测量值(1 天)

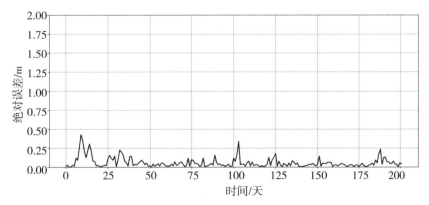

图 5.2-76　安庆单站点模型预测绝对误差(1 天)

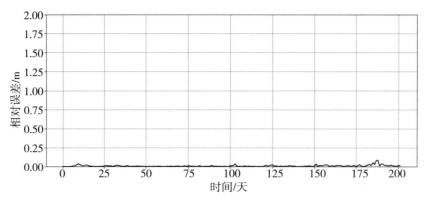

图 5.2-77　安庆单站点模型预测相对误差(1 天)

5)芜湖单站点模型。

芜湖单站点模型预测与误差。预测 1 天单站点模型输出的预测值与测量值,图中蓝色为预测值,红色为测量值(图 5.2-78)。预测 1 天单站点模型的绝对误差,其中平均绝对误差为 0.057m(图 5.2-79)。预测 1 天单站点模型的相对误差,相对误差小于 0.2,模型效果很好(图 5.2-80)。

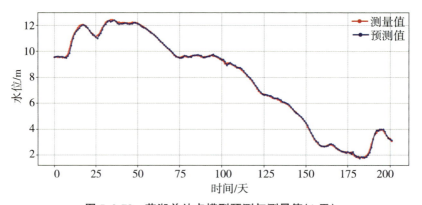

图 5.2-78　芜湖单站点模型预测与测量值(1 天)

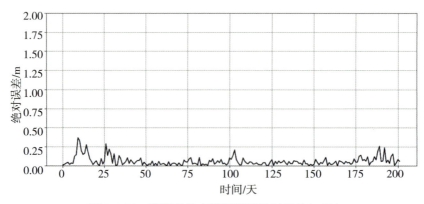

图 5.2-79　芜湖单站点模型预测绝对误差(1 天)

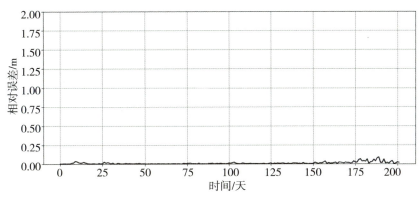

图 5.2-80　芜湖单站点模型预测相对误差(1 天)

6)南京单站点模型。

南京单站点模型预测与误差。预测 1 天单站点模型输出的预测值与测量值,图中蓝色为预测值,红色为测量值(图 5.2-81)。预测 1 天单站点模型的绝对误差,其中平均绝对误差为 0.072m(图 5.2-82)。预测 1 天单站点模型的相对误差,相对误差小于 0.2,模型效果很好(图 5.2-83)。

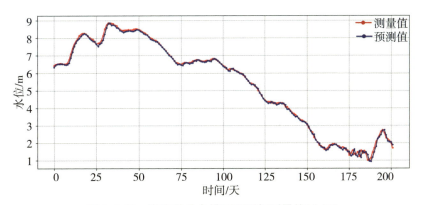

图 5.2-81　南京单站点模型预测与测量值(1 天)

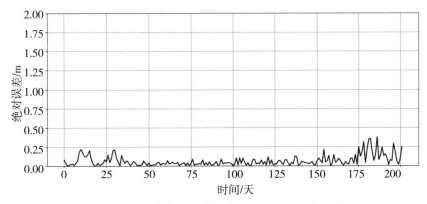

图 5.2-82　南京单站点模型预测绝对误差(1 天)

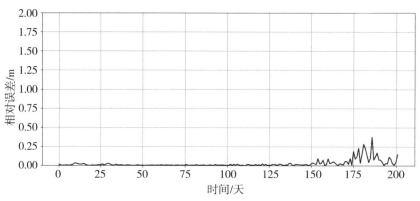

图 5.2-83　南京单站点模型预测相对误差(1 天)

7)镇江单站点模型。

镇江单站点模型预测与误差。预测 1 天单站点模型输出的预测值与测量值,图中蓝色为预测值,红色为测量值(图 5.2-84)。预测 1 天单站点模型的绝对误差,其中平均绝对误差为 0.100m(图 5.2-85)。预测 1 天单站点模型的相对误差,相对误差在 175 天和 200 天之间波动较大(图 5.2-86)。

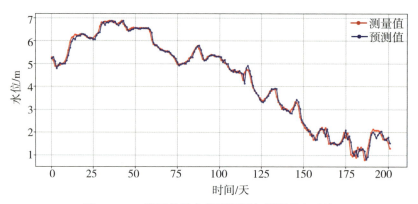

图 5.2-84　镇江单站点模型预测与测量值(1 天)

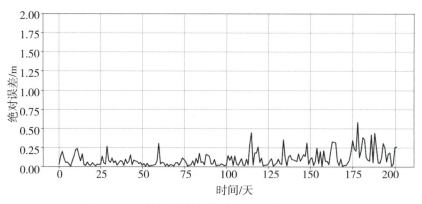

图 5.2-85　镇江单站点模型预测绝对误差(1 天)

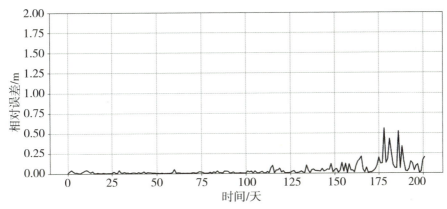

图 5.2-86　镇江单站点模型预测相对误差(1 天)

综上,该预测模型下的误差分析结果见表 5.2-4,其中平均绝对误差、均方误差和均方根误差越小代表预测效果越好,R^2 在 0 和 1 之间,越高代表拟合效果越好。

表 5.2-4　　　　　　　　　　　　误差分析

站点名称	平均绝对误差	均方误差	均方根误差	R^2
城陵矶	0.120	0.025	0.159	0.998
汉口	0.077	0.011	0.106	0.999
九江	0.067	0.009	0.095	0.999
安庆	0.055	0.007	0.086	0.999
芜湖	0.057	0.006	0.079	0.999
南京	0.072	0.010	0.101	0.998
镇江	0.100	0.020	0.104	0.994

根据各模型预测和误差分析结果,可以得出结论:这四种模型对于预测各城市站点长江干线航道水位均有较好的表现。但是对于不同站点和不同时期,四种模型的预测表现又各有优劣。其中 GRU 模型预测表现较为均衡,对于各站点航道水位拟合稳定;而使用 BP 模型预测的平均绝对误差最小,但是绝对误差在全时期相比其他三种模型都有较大的波动。LSTM 和 RNN 表现相似,LSTM 预测效果则更加稳定,相对误差在四种模型中最低。但是这两种模型在预测长沙站点的水位时均表现不佳,不如 GRU 和 BP 模型。

在长江干线站点水位预测问题中,受时间、空间等众多因素影响,即使使用自动寻找超参数技术,单一的模型也很难适用于所有站点和时期。因此寻求使用组合模型适配不同站点和时期才是最佳解决方案。

5.2.2.3　深度学习堆叠模型构建

堆叠模型(Stacking)的核心思想是将多个基础模型的预测结果作为元特征,输入元模型,以获得更准确的最终预测结果。通过在验证集上对每个基础模型进行预测,得到它们在时序上的预测值。这些预测值将成为元模型的输入,帮助元模型更全面地理解水位数据的多样性。

元模型被设计为一个多层前馈神经网络。采用了全连接层作为元模型的主要构建块,通过逐渐减少神经元数量的方式,逐层提取和整合基础模型的预测信息。图 5.2-87 中堆叠模型结构的设计充分考虑了基础模型的不同特点,以及它们在捕捉水位变化的不同方面的能力。不同基础模型可能对数据的不同方面有更好的拟合能力。堆叠模型能够在各个基础模型之间建立一种有效的信息流动,从而在保留各自优势的同时弥补缺陷。这样的组合可以提高预测的鲁棒性和准确性,尤其适用于复杂、多变的水位数据预测任务。通过堆叠模型,能够充分利用各个基础模型的优点,进一步优化预测性能,更准确地预测长江流域站点的水位变化。

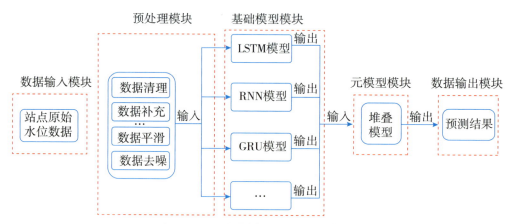

图 5.2-87　堆叠模型(Stacking)结构

堆叠模型是以 3 个基础模型(LSTM,GRU,RNN 模型)的输出为输入再进行堆叠训练构建的。下面为构建步骤:

1)创建基模型;

2)创建网格搜索对象与训练基模型;

3)创建元模型与训练元模型。

为了评估堆叠模型的适用性和预测能力,首先使用 RNN 模型作为基准模型对 8 个站点的水位变化进行了训练和预测,预测结果见图 5.2-88。测试集共包含了 466 个数据点,时间跨度从 9 月 21 日到次年 12 月 23 日,覆盖了全年的枯水期和丰水期。图中横坐标表示时间,纵坐标表示水位,红色曲线代表实际测量水位,而蓝色曲线则表示预测水位。可以观察到深度学习模型对长江航道的水位涨落趋势具有较好的追踪能力,所有站点的模型都表现出一定的预测能力。8 个站点的平均绝对误差(MAE)分别为 0.287、

0.185、0.079、0.066、0.060、0.049、0.060、0.119。值得注意的是,监利、城陵矶、汉口、九江和安庆这五个站点的 MAE 都小于 0.1,这些站点的水位变化较为平缓。与之相反,宜昌、沙市和南京等站点的 MAE 较大,特别是在丰水期(在 250~380 天),这些站点的水位预测误差较大。表 5.2-5 总结了使用 RNN 模型预测 8 个站点水位变化时的 MAE、MSE、RMSE 和 R^2 系数等误差指标。

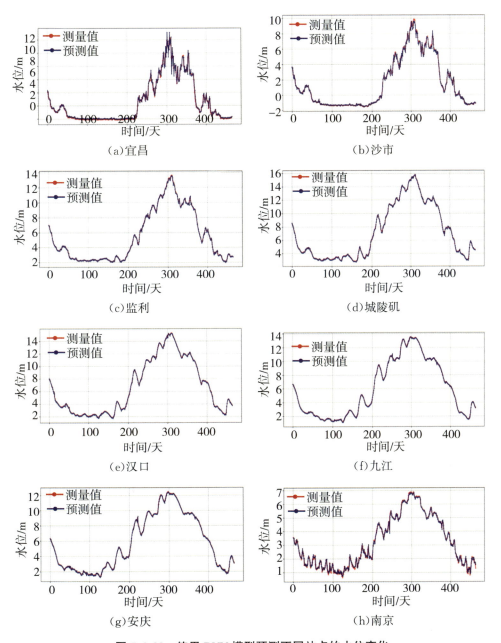

图 5.2-88　使用 RNN 模型预测不同站点的水位变化

表 5.2-5　　　　　　　　　　　使用 RNN 模型预测不同站点水位的误差

系数	宜昌	沙市	监利	城陵矶	汉口	九江	安庆	南京
MAE	0.28733	0.18472	0.07929	0.06562	0.06035	0.04915	0.06061	0.11902
MSE	0.19703	0.21596	0.01257	0.00877	0.00579	0.00479	0.00829	0.02926
RMSE	0.44388	0.46471	0.11214	0.09369	0.07613	0.06924	0.09109	0.17107
R^2	0.98321	0.98078	0.99893	0.99945	0.99967	0.99969	0.99931	0.99104

　　基于基准模型的结果显示,对于长江中游水位变化较为平缓的站点,RNN 模型表现出了不错的预测效果。然而,对于位于靠近上游和下游的宜昌、沙市和南京等站点的水位,该模型难以捕捉其变化趋势。因此,引入了改进的 GRU 模型,采用一阶差分法来更好地捕捉数据的变化趋势,并增加了 3 个中间层,以充分学习多要素对长江水位变化的影响。预测结果见图 5.2-89。可以观察到,改进的模型在中游站点保持了较好的预测精度,同时显著提升了对宜昌、沙市和南京站水位的预测能力,其 MAE 分别从 0.287、0.184、0.119 降低到 0.140、0.102、0.061。此外,观察预测结果发现,在长江航道水位达到峰值(在第 350 天左右,即 8 月 10 日左右)时,实测数据与预测数据的差异最大,因此在这一时期,预测精度也相对较低。表 5.2-6 总结了使用 GRU 模型预测不同站点水位的误差情况。

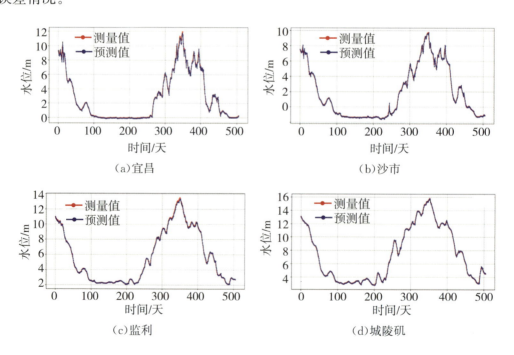

（a）宜昌　　　　　　　　　　　　　（b）沙市

（c）监利　　　　　　　　　　　　　（d）城陵矶

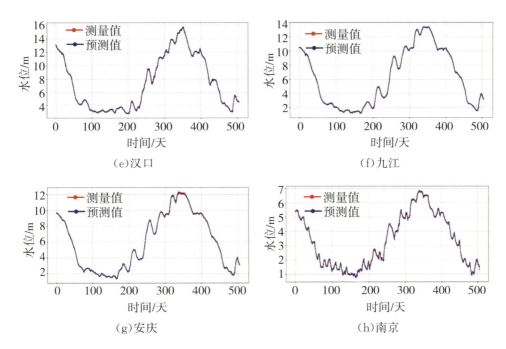

（e）汉口　　　　　　　　　　　　（f）九江

（g）安庆　　　　　　　　　　　　（h）南京

图 5.2-89　使用 GRU 模型预测不同站点的水位变化

表 5.2-6　　　　　　　　　　　　　使用 GRU 模型预测不同站点水位的误差

系数	宜昌	沙市	监利	城陵矶	汉口	九江	安庆	南京
MAE	0.14027	0.10265	0.07283	0.06758	0.06939	0.04335	0.05205	0.06178
MSE	0.06351	0.03153	0.01204	0.01034	0.00921	0.00458	0.00573	0.00761
RMSE	0.25202	0.17759	0.10976	0.10173	0.09600	0.06772	0.07575	0.08726
R^2	0.99443	0.99715	0.99897	0.99935	0.99947	0.99970	0.99952	0.99768

在使用堆叠大模型对 8 个站点进行预测研究时，得到的结果见图 5.2-90。这些结果表明，相较于 RNN 和 GRU 模型，堆叠模型在预测精度上表现最佳，8 个站点的平均绝对误差分别为 0.087、0.068、0.072、0.070、0.059、0.055、0.058、0.056，所有站点的 MAE 均小于 0.1。表 5.2-7 总结了使用 Stacking 堆叠模型预测不同站点水位时的误差情况。相比于 GRU 模型的预测结果，除了城陵矶、九江和安庆站的预测误差略高外，其他站点都有所提升。尤其值得关注的是宜昌和沙市站，其 MAE 从 0.140、0.103 下降至 0.087、0.068，与其他站点的预测精度保持一致。然而，需要注意的是，尽管堆叠模型在不同站点的适用性最强，但在某些站点的水位峰值出现时，它仍然存在较大的预测偏差，特别是南京站点，其偏差是所有模型中最大的。

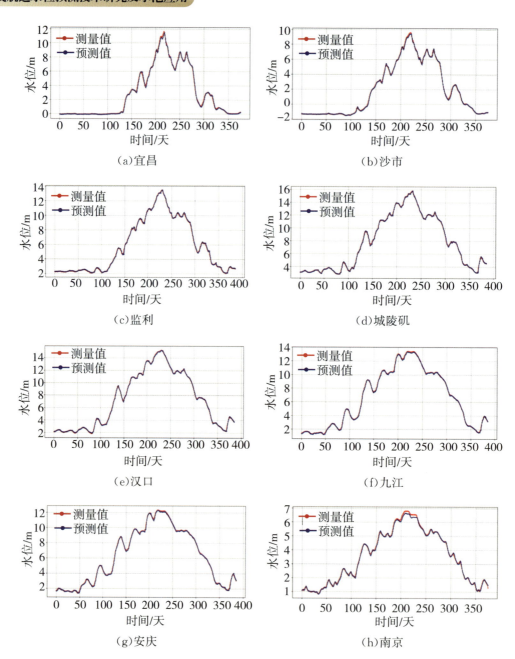

（a）宜昌　　　　　　　　　　　　　　（b）沙市

（c）监利　　　　　　　　　　　　　　（d）城陵矶

（e）汉口　　　　　　　　　　　　　　（f）九江

（g）安庆　　　　　　　　　　　　　　（h）南京

图 5.2-90　使用 Stacking 堆叠模型预测不同站点的水位变化

表 5.2-7　　　　　　　　　使用 Stacking 堆叠模型预测不同站点水位的误差

系数	宜昌	沙市	监利	城陵矶	汉口	九江	安庆	南京
MAE	0.08664	0.06825	0.07190	0.07006	0.05945	0.05533	0.05829	0.05634
MSE	0.02021	0.01049	0.01110	0.01072	0.00714	0.00695	0.00733	0.00572
RMSE	0.14218	0.10243	0.10536	0.10355	0.08455	0.08338	0.08566	0.07567
R^2	0.99829	0.99911	0.99913	0.99937	0.99962	0.99958	0.99943	0.99838

　　虽然模型对于全年水位变幅都有一定的预测能力,但在目前的长江航道水文水情管理体系中,对于枯水期水位的高精度预测预报具有更强的需求。因此进一步分析了 12 月 1 日—次年 4 月 1 日的预测结果,重点关注了具有不同变化特点的宜昌、沙市、九江和南京站点。使用三种模型(Baseline、GRU、Stacking)对这 4 个站点的预测曲线对比,见图 5.2-91,其中黑色点画线为实测数据,橙色、紫色和绿色曲线分别为 Baseline 模型、GRU 模型和 Stacking 模型的预测结果。观察图 5.2-91(a)宜昌站水位预测对比图可以看到,虽然三个模型都能捕捉到水位的变化趋势,但是 Baseline 和 GRU 模型有较大的偏移误差,而 Stacking 模型的预测结果几乎与测量值保持一致,具有显著的精度优势。在沙市和南京站点的预测结果中,三种模型具有类似的预测表现,精度均为 Stacking＞GRU＞Baseline。而观察图 5.2-91(c)九江站的对比图,三种模型的预测曲线具有较高的重合度,预测精度接近,没有明显的优劣之分。

　　图 5.2-92 和图 5.2-93 分别为三种模型在不同站点的预测平均绝对误差和均方根误差对比图,在水位变化比较平缓的中游站点上,三种模型表现相似,其中 Baseline 模型在宜昌、沙市和南京等站点表现较差。GRU 模型的预测精度虽然有提升,但在宜昌和沙市两个偏上游的站点仍有较大的误差,而 Stacking 模型在全部的 8 个站点都具有较好的表现,平均绝对误差在 0.1m 以下。通过对比三种模型的预测表现,可以得出堆叠模型在用于不同站点水位预测时具有更好的鲁棒性和稳定性。

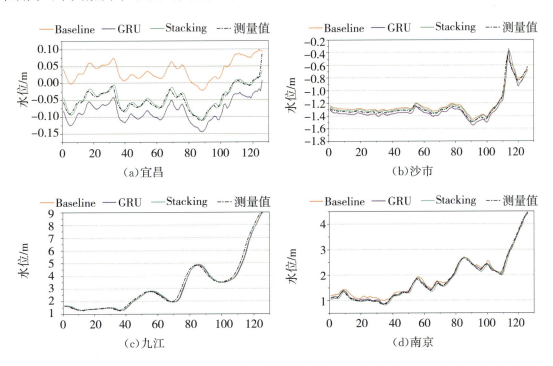

图 5.2-91　使用 Baseline、GRU 和 Stacking 堆叠模型预测不同站点枯水期(12 月—次年 4 月)水位对比

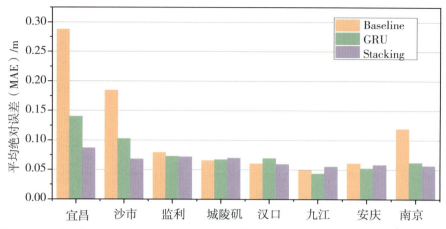

图 5.2-92　使用 Baseline、GRU 和 Stacking 堆叠模型预测不同站点水位的平均绝对误差

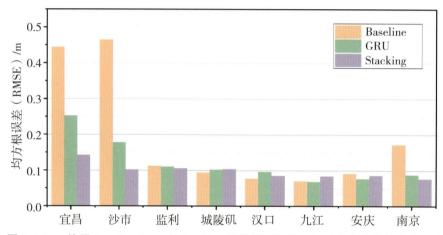

图 5.2-93　使用 Baseline、GRU 和 Stacking 堆叠模型预测不同站点水位的均方根误差

5.2.3　长江上游站点堆叠大模型水位预测结果及分析

本项目选取的上游站点有寸滩、奉节、涪陵、江安、泸州、万州、宜宾、长寿、朱沱、秭归。长江上游大部分流经高原、高山、峡谷地带，具有明显的高原山地峡谷河流特征。这里河床比降大，河流水量丰沛，水流湍急，水利资源丰富。长江上游站点水量主要由干流与雪山融雪组成。

按照技术指标要求，这些站点将会分成逐日预报（预报 1 天内 24 小时水位数据），逐周预报和逐旬预报 3 个预测预报模型。经过数据训练模型后，这些站点 3 个预测预报模型效果如下。

5.2.3.1　上游站点逐日预报模型效果

逐日预报功能采用时均数据，使用前 56 个逐小时水位数据，预报接下来 24 个逐小时的水位预测数据,每个上游站点的训练集与验证集的时间与数据数量见表 5.2-8。

表 5.2-8 上游站点逐日预报模型样本资料

站点名称	训练集起止时间	训练样本数量	验证集起止时间	验证样本数量
a)寸滩	2019-05-29 15:00:00 2022-10-01 06:00:00	29297	2022-10-01 07:00:00 2023-08-02 11:00:00	7324
b)奉节	2022-01-01 01:00:00 2023-04-02 09:00:00	10952	2023-04-02 10:00:00 2023-07-25 11:00:00	2739
c)涪陵	2022-01-01 00:00:00 2023-04-02 09:00:00	10953	2023-04-02 10:00:00 2023-07-25 11:00:00	2739
d)江安	2019-04-09 17:00:00 2022-09-21 07:00:00	30254	2022-09-21 08:00:00 2023-08-02 10:00:00	7564
e)泸州	2019-04-26 16:00:00 2022-09-24 17:00:00	29929	2022-09-24 18:00:00 2023-08-02 11:00:00	7483
f)万州	2019-05-29 15:00:00 2022-10-01 07:00:00	29296	2022-10-01 08:00:00 2023-08-02 11:00:00	7325
g)宜宾	2019-04-09 17:00:00 2022-09-21 07:00:00	30254	2022-09-21 08:00:00 2023-08-02 10:00:00	7564
h)长寿	2019-05-29 15:00:00 2022-10-01 07:00:00	29296	2022-10-01 08:00:00 2023-08-02 11:00:00	7325
i)朱沱	2022-01-01 00:00:00 2023-04-02 09:00:00	10953	2023-04-02 10:00:00 2023-07-25 11:00:00	2739
j)秭归	2019-05-29 15:00:00 2022-10-01 07:00:00	29296	2022-10-01 08:00:00 2023-08-02 11:00:00	7325

站点模型经过训练集的训练后,把验证集中样本的输入数据放入模型进行预测即可获取预测输出,同时与验证集中样本真实输出进行对比,可以获得模型预测的效果。因为逐日预测为输出 24 个数据,同时验证集为滚动预测,所以取每次输出的第一个数据与同时间的真实数据进行比对。

5.2.3.2 上游站点逐周预报模型效果

逐周预报功能采用日均数据,使用前 56 个日均水位数据,预报接下来 7 个日均的水位预测数据,每个上游站点的训练集与验证集的时间与数据数量见表 5.2-9。

表 5.2-9　　　　　　　　　　　　上游站点逐周预报模型样本资料

站点名称	训练集起止时间	训练样本数量	验证集起止时间	验证样本数量
a)寸滩	2019-05-29 2022-10-01	1222	2022-10-01 2023-08-02	306
b)奉节	2022-01-01 2023-04-02	1164	2023-04-02 2023-07-25	292
c)涪陵	2022-01-01 2023-04-02	1221	2023-04-02 2023-07-25	306
d)江安	2019-04-09 2022-09-21	1261	2022-09-21 2023-08-02	316
e)泸州	2019-04-26 2022-09-24	456	2022-09-24 2023-08-02	115
f)万州	2019-05-29 2022-10-01	1221	2022-10-01 2023-08-02	306
g)宜宾	2019-04-09 2022-09-21	1261	2022-09-21 2023-08-02	316
h)长寿	2019-05-29 2022-10-01	1221	2022-10-01 2023-08-02	306
i)朱沱	2022-01-01 2023-04-02	456	2023-04-02 2023-07-25	115
j)秭归	2019-05-29 2022-10-01	1221	2022-10-01 2023-08-02	306

因为逐周预测为输出 7 个数据,同时验证集为滚动预测,所以取每次输出的第一个数据与同时间的真实数据进行比对。

5.2.3.3　上游站点逐旬预报模型效果

逐旬预报功能采用日均数据,使用前 56 个日均水位数据,预报接下来 10 个日均的水位预测数据,每个上游站点的训练集与验证集的时间与数据数量见表 5.2-10。

表 5.2-10　　　　　　　　　　　上游站点逐旬预报模型样本资料

站点名称	训练集起止时间	训练样本数量	验证集起止时间	验证样本数量
a)寸滩	2019-05-29 2022-10-01	1219	2022-10-01 2023-08-02	303
b)奉节	2022-01-01 2023-04-02	1161	2023-04-02 2023-07-25	289

站点名称	训练集起止时间	训练样本数量	验证集起止时间	验证样本数量
c)涪陵	2022-01-01 2023-04-02	1218	2023-04-02 2023-07-25	303
d)江安	2019-04-09 2022-09-21	1258	2022-09-21 2023-08-02	313
e)泸州	2019-04-26 2022-09-24	453	2022-09-24 2023-08-02	112
f)万州	2019-05-29 2022-10-01	1218	2022-10-01 2023-08-02	303
g)宜宾	2019-04-09 2022-09-21	1258	2022-09-21 2023-08-02	313
h)长寿	2019-05-29 2022-10-01	1218	2022-10-01 2023-08-02	303
i)朱沱	2022-01-01 2023-04-02	453	2023-04-02 2023-07-25	112
j)秭归	2019-05-29 2022-10-01	1218	2022-10-01 2023-08-02	303

因为逐旬预测为输出 10 个数据,同时验证集为滚动预测,所以取每次输出的第一个数据与同时间的真实数据进行比对。

5.2.3.4 上游站点模型误差分析

上游站点的三种模型经过验证集拟合后,能得出实际水位与预测水位序列,对这两个数据序列进行分析可以获得该三种模型的在上游水位上的误差表现,选取平均绝对误差(MAE)、均方误差(MSE)、均方根误差(RMSE)、决定系数(R^2)、纳什系数、最大与最小绝对误差进行误差分析。

误差信息见表 5.2-11。

表 5.2-11   **上游站点模型误差信息**

站点名称	模型类型	MAE/m	MSE	RMSE	R^2	纳什系数	最大绝对误差/m	最小绝对误差/m
a)寸滩	逐日	0.02	0.001	0.04	0.99	0.99	0.73	0.000008
	逐周	0.13	0.10	0.32	0.95	0.95	0.98	0.00009
	逐旬	0.43	0.44	0.67	0.92	0.92	1.4	0.04

站点名称	模型类型	MAE/m	MSE	RMSE	R^2	纳什系数	最大绝对误差/m	最小绝对误差/m
b)奉节	逐日	0.08	0.01	0.11	0.99	0.99	0.56	0.0000004
	逐周	0.16	0.05	0.23	0.97	0.97	1.0	0.001
	逐旬	0.57	0.39	0.62	0.82	0.82	1.3	0.01
c)涪陵	逐日	0.07	0.009	0.09	0.99	0.99	0.45	0.00004
	逐周	0.28	0.135	0.36	0.97	0.97	1.53	0.001
	逐旬	0.69	0.58	0.76	0.87	0.87	1.60	0.01
d)江安	逐日	0.02	0.001	0.04	0.99	0.99	1.41	0.000005
	逐周	0.11	0.032	0.17	0.93	0.93	0.74	0.0002
	逐旬	0.15	0.05	0.22	0.88	0.88	0.9	0.0006
e)泸州	逐日	0.02	0.001	0.03	0.99	0.99	0.25	0.00001
	逐周	0.23	0.098	0.31	0.91	0.91	1.03	0.02
	逐旬	0.22	0.085	0.29	0.90	0.90	0.83	0.01
f)万州	逐日	0.04	0.002	0.05	0.99	0.99	0.22	0.000016
	逐周	0.39	0.199	0.44	0.96	0.96	1.32	0.004
	逐旬	0.51	0.329	0.57	0.94	0.94	0.40	0.014
g)宜宾	逐日	0.03	0.002	0.04	0.99	0.99	0.81	0.000007
	逐周	0.09	0.01	0.13	0.97	0.97	0.90	0.0008
	逐旬	0.20	0.09	0.31	0.84	0.84	1.65	0.0004
h)长寿	逐日	0.05	0.008	0.08	0.99	0.99	0.72	0.00001
	逐周	0.59	0.53	0.79	0.84	0.84	2.87	0.008
	逐旬	0.26	0.13	0.37	0.95	0.95	1.87	0.001
i)朱沱	逐日	0.03	0.001	0.04	0.99	0.99	0.19	0.00003
	逐周	0.20	0.096	0.31	0.90	0.90	1.04	0.005
	逐旬	0.16	0.05	0.23	0.93	0.93	0.73	0.004
j)秭归	逐日	0.07	0.011	0.10	0.99	0.99	0.82	0.000003
	逐周	0.55	0.34	0.58	0.94	0.94	1.47	0.003
	逐旬	0.61	0.49	0.70	0.92	0.92	1.84	0.003

5.2.4 长江中游站点堆叠大模型水位预测结果及分析

本项目选取的中游站点有城陵矶、郝穴、监利、莫家河、沙市、宜昌、枝江。长江流域位于中国中部,从宜昌至武汉为中游,集水面积 86 万 km^2。长江中游流经平原地区,江面展宽,水流缓慢,河道弯曲。中游两岸湖泊众多,江湖相通,构成庞大的洞庭湖和鄱阳湖两大水系。中游的水位受支流湖泊与水库影响。

同时按照技术指标要求,这些站点将会分成逐日预报(预报 1 天 24h 水位数据),逐周预报和逐句预报三种预测预报模型。经过数据训练模型后,这些站点 3 个预测预报模型效果如下。

5.2.4.1 中游站点逐日预报模型效果

逐日预报功能采用时均数据,使用前 56 个逐小时水位数据,预报接下来 24 个逐小时的水位预测数据,每个中游站点的训练集与验证集的时间与数据数量见表 5.2-12。

表 5.2-12 中游站点逐日预报模型样本资料

站点名称	训练集起止时间	训练样本数量	验证集起止时间	验证样本数量
a)城陵矶	2019-04-12 15:00:00 2022-09-21 22:00:00	30199	2022-09-21 23:00:00 2023-08-02 11:00:00	7550
b)郝穴	2019-04-12 15:00:00 2022-09-21 22:00:00	30199	2022-09-21 23:00:00 2023-08-02 11:00:00	7550
c)监利	2019-04-12 15:00:00 2022-09-21 22:00:00	30199	2022-09-21 23:00:00 2023-08-02 11:00:00	7550
d)莫家河	2019-04-12 18:00:00 2022-07-26 18:00:00	28824	2022-07-26 19:00:00 2023-05-23 00:00:00	7207
e)沙市	2019-04-13 01:00:00 2022-09-22 00:00:00	30191	2022-09-22 01:00:00 2023-08-02 11:00:00	7548
f)宜昌	2019-05-28 18:00:00 2022-10-01 03:00:00	29313	2022-10-01 04:00:00 2023-08-02 11:00:00	7329
g)枝江	2019-05-29 15:00:00 2022-10-01 07:00:00	29296	2022-10-01 08:00:00 2023-08-02 11:00:00	7325

因为逐日预测为输出 24 个数据,同时验证集为滚动预测,所以取每次输出的第一个数据与同时间的真实数据进行比对。

5.2.4.2 中游站点逐周预报模型效果

逐周预报功能采用时均数据,使用前 56 个逐日水位数据,预报接下来 7 个逐日的水位预测数据,每个中游站点的训练集与验证集的时间与数据数量见表 5.2-13。

因为逐日预测为输出 7 个数据,同时验证集为滚动预测,所以取每次输出的第一个数据与同时间的真实数据进行比对。

表 5.2-13   中游站点逐周预报模型样本资料

站点名称	训练集起止时间	训练样本数量	验证集起止时间	验证样本数量
a)城陵矶	2019-04-12 2022-09-21	1259	2022-09-21 2023-08-02	315
b)郝穴	2019-04-12 2022-09-21	1259	2022-09-21 2023-08-02	315
c)监利	2019-04-12 2022-09-21	1259	2022-09-21 2023-08-02	315
d)莫家河	2019-04-12 2022-07-26	1202	2022-07-26 2023-05-23	301
e)沙市	2019-04-13 2022-09-22	1258	2022-09-22 2023-08-02	315
f)宜昌	2019-05-28 2022-10-01	1222	2022-10-01 2023-08-02	306
g)枝江	2019-05-29 2022-10-01	1221	2022-10-01 2023-08-02	306

5.2.4.3 中游站点逐旬预报模型效果

逐旬预报功能采用时均数据,使用前 56 个逐日水位数据,预报接下来 10 个逐日的水位预测数据,每个中游站点的训练集与验证集的时间与数据数量见表 5.2-14。

表 5.2-14   中游站点逐旬预报模型样本资料

站点名称	训练集起止时间	训练样本数量	验证集起止时间	验证样本数量
a)城陵矶	2019-04-12 2022-09-21	1256	2022-09-21 2023-08-02	312
b)郝穴	2019-04-12 2022-09-21	1256	2022-09-21 2023-08-02	312
c)监利	2019-04-12 2022-09-21	1256	2022-09-21 2023-08-02	312
d)莫家河	2019-04-12 2022-07-26	1999	2022-07-26 2023-05-23	298
e)沙市	2019-04-13 2022-09-22	1255	2022-09-22 2023-08-02	312
f)宜昌	2019-05-28 2022-10-01	1219	2022-10-01 2023-08-02	303
g)枝江	2019-05-29 2022-10-01	1218	2022-10-01 2023-08-02	303

因为逐日预测为输出 10 个数据，同时验证集为滚动预测，所以取每次输出的第一个数据与同时间的真实数据进行比对。

5.2.4.4 中游站点模型误差分析

选取平均绝对误差（MAE）、均方误差（MSE）、均方根误差（RMSE）、决定系数（R^2）、纳什系数、最大与最小绝对误差进行误差分析。

误差信息见表 5.2-15。

表 5.2-15　　　　　　　　　　　中游站点模型误差信息

站点名称	模型类型	MAE/m	MSE	RMSE	R^2	纳什系数	最大绝对误差/m	最小绝对误差/m
a)城陵矶	逐日	0.02	0.0006	0.02	0.99	0.99	0.19	0.000007
	逐周	0.16	0.054	0.23	0.98	0.98	0.85	0.0003
	逐旬	0.12	0.027	0.16	0.99	0.99	0.59	0.001
b)郝穴	逐日	0.02	0.0007	0.02	0.99	0.99	0.20	0.000003
	逐周	0.13	0.069	0.26	0.97	0.97	1.9	0.00007
	逐旬	0.16	0.087	0.29	0.97	0.97	1.34	0.00007
c)监利	逐日	0.008	0.0001	0.01	0.99	0.99	0.10	0.000002
	逐周	0.096	0.0233	0.15	0.99	0.99	0.51	0.00002
	逐旬	0.15	0.04	0.20	0.98	0.98	0.77	0.008
d)莫家河	逐日	0.02	0.001	0.03	0.99	0.99	0.51	0.000006
	逐周	0.11	0.032	0.17	0.98	0.98	0.66	0.0003
	逐旬	0.16	0.059	0.24	0.96	0.96	0.92	0.001
e)沙市	逐日	0.02	0.0006	0.02	0.99	0.99	0.14	0.00001
	逐周	0.09	0.0221	0.14	0.99	0.99	0.67	0.0002
	逐旬	0.16	0.102	0.32	0.96	0.96	0.83	0.01
f)宜昌	逐日	0.03	0.003	0.05	0.99	0.99	0.88	0.00005
	逐周	0.12	0.028	0.16	0.98	0.98	0.67	0.002
	逐旬	0.13	0.07	0.26	0.96	0.96	1.10	0.000002
g)枝江	逐日	0.01	0.0003	0.01	0.99	0.99	0.16	0.00004
	逐周	0.12	0.0345	0.18	0.97	0.97	0.83	0.0005
	逐旬	0.11	0.04	0.21	0.96	0.96	0.96	0.0001

5.2.5　长江下游站点堆叠大模型水位预测结果及分析

本项目选取的下游站点有安庆、汉口、黄石、九江、南京、铜陵、芜湖、镇江。长江下游从湖北省以东、江苏省以北、上海市以西的长江主干流域,包括江苏、浙江、上海等地。长江下游地区接近东海和长江口,受到潮汐影响,每天会有两次水位波动,这种潮汐水位变化在江苏沿海地区特别显著,对水文特征具有重要影响。

同时按照技术指标要求,将这些站点分为逐日预报(预报 1 天 24h 水位数据)、逐周预报和逐旬预报三种模型来预测预报。经过数据训练模型后,这些站点三种预测预报模型效果如下。

5.2.5.1　下游站点逐日预报模型效果

逐日预报功能采用时均数据,使用前 56 个逐小时水位数据,预报接下来 24 个逐小时的水位预测数据,每个下游站点的训练集与验证集的时间与数据数量见表 5.2-16。

表 5.2-16　　　　　　　　　下游站点逐日预报模型样本资料

站点名称	训练集起止时间	训练样本数量	验证集起止时间	验证样本数量
a)安庆	2021-03-17 12:00:00 2023-02-09 21:00:00	16665	2023-02-09 22:00:00 2023-08-02 11:00:00	4167
b)汉口	2019-04-05 13:00:00 2022-09-20 12:00:00	30335	2022-09-20 13:00:00 2023-08-02 11:00:00	7584
c)黄石	2019-04-12 20:00:00 2022-09-21 23:00:00	30195	2022-09-22 00:00:00 2023-08-02 11:00:00	7549
d)九江	2021-04-06 09:00:00 2023-02-13 21:00:00	16284	2023-02-13 22:00:00 2023-08-02 11:00:00	4071
e)南京	2019-04-10 14:00:00 2022-09-21 12:00:00	30238	2022-09-21 13:00:00 2023-08-02 11:00:00	7560
f)铜陵	2019-04-10 14:00:00 2022-09-21 12:00:00	30238	2022-09-21 13:00:00 2023-08-02 11:00:00	7560
g)芜湖	2022-01-01 00:00:00 2023-04-02 09:00:00	10953	2023-04-02 10:00:00 2023-07-25 11:00:00	2739
h)镇江	2021-09-13 00:00:00 2023-03-17 19:00:00	13219	2023-03-17 20:00:00 2023-08-02 11:00:00	3305

因为逐日预测为输出 24 个数据,同时验证集为滚动预测,所以取每次输出的第一个数据与同时间的真实数据进行比对。

5.2.5.2 下游站点逐周预报模型效果

逐周预报功能采用时均数据，使用前 56 个逐日水位数据，预报接下来 7 个逐日的水位预测数据，每个下游站点的训练集与验证集的时间与数据数量见表 5.2-17。

表 5.2-17　　　　　　　　　下游站点逐周预报模型样本资料

站点名称	训练集起止时间	训练样本数量	验证集起止时间	验证样本数量
a)安庆	2021-03-17 2023-02-09	695	2023-02-09 2023-08-02	174
b)汉口	2019-04-05 2022-09-20	1264	2022-09-20 2023-08-02	317
c)黄石	2019-04-12 2022-09-21	1259	2022-09-22 2023-08-02	315
d)九江	2021-04-06 2023-02-13	13904	2023-02-13 2023-08-02	3477
e)南京	2019-04-10 2022-09-21	1214	2022-09-21 2023-08-02	304
f)铜陵	2019-04-10 2022-09-21	1260	2022-09-21 2023-08-02	316
g)芜湖	2022-01-01 2023-04-02	456	2023-04-02 2023-07-25	115
h)镇江	2021-09-13 2023-03-17	551	2023-03-17 2023-08-02	138

因为逐周预测为输出 7 个数据，同时验证集为滚动预测，所以取每次输出的第一个数据与同时间的真实数据进行比对。

5.2.5.3 下游站点逐旬预报模型效果

逐旬预报功能采用时均数据，使用前 56 个逐日水位数据，预报接下来 10 个逐日的水位预测数据，每个下游站点的训练集与验证集的时间与数据数量见表 5.2-18。

表 5.2-18　　　　　　　　　下游站点逐旬预报模型样本资料

站点名称	训练集起止时间	训练样本数量	验证集起止时间	验证样本数量
a)安庆	2021-03-17 2023-02-09	692	2023-02-09 2023-08-02	171
b)汉口	2019-04-05 2022-09-20	1261	2022-09-20 2023-08-02	314

站点名称	训练集起止时间	训练样本数量	验证集起止时间	验证样本数量
c)黄石	2019-04-12 2022-09-21	1256	2022-09-22 2023-08-02	312
d)九江	2021-04-06 2023-02-13	13901	2023-02-13 2023-08-02	3475
e)南京	2019-04-10 2022-09-21	1211	2022-09-21 2023-08-02	301
f)铜陵	2019-04-10 2022-09-21	1257	2022-09-21 2023-08-02	313
g)芜湖	2022-01-01 2023-04-02	453	2023-04-02 2023-07-25	112
h)镇江	2021-09-13 2023-03-17	548	2023-03-17 2023-08-02	135

因为逐旬预测为输出 10 个数据,同时验证集为滚动预测,所以取每次输出的第一个数据与同时间的真实数据进行比对。

5.2.5.4 下游站点模型误差分析

选取平均绝对误差(MAE)、均方误差(MSE)、均方根误差(RMSE)、决定系数(R^2)、纳什系数、最大与最小绝对误差进行误差分析。误差信息见表 5.2-19。

表 5.2-19　　　　　　　　　下游站点模型误差信息

站点名称	模型类型	MAE/m	MSE	RMSE	R^2	纳什系数	最大绝对误差/m	最小绝对误差/m
a)安庆	逐日	0.12	0.19	0.34	0.98	0.98	0.5	0.00001
	逐周	0.30	0.17	0.41	0.93	0.93	1.2	0.004
	逐旬	0.28	0.15	0.36	0.90	0.95	1.40	0.0007
b)汉口	逐日	0.01	0.0007	0.02	0.99	0.99	0.47	0.00006
	逐周	0.08	0.01	0.12	0.99	0.99	0.5	0.000009
	逐旬	0.17	0.04	0.20	0.99	0.99	0.57	0.004
c)黄石	逐日	0.01	0.0002	0.01	0.99	0.99	0.12	0.0000008
	逐周	0.016	0.04	0.20	0.99	0.99	0.70	0.001
	逐旬	0.19	0.06	0.24	0.99	0.99	0.87	0.0059

续表

站点名称	模型类型	MAE/m	MSE	RMSE	R^2	纳什系数	最大绝对误差/m	最小绝对误差/m
d) 九江	逐日	0.03	0.03	0.11	0.99	0.99	4.0	0.000007
	逐周	0.02	0.001	0.03	0.99	0.99	0.40	0.000006
	逐旬	0.02	0.001	0.03	0.99	0.99	0.37	0.000007
e) 南京	逐日	0.02	0.001	0.03	0.99	0.99	0.16	0.000001
	逐周	0.11	0.02	0.16	0.97	0.97	0.54	0.0003
	逐旬	0.06	0.007	0.08	0.99	0.99	0.29	0.0006
f) 铜陵	逐日	0.02	0.003	0.06	0.99	0.99	0.86	0.00002
	逐周	0.11	0.02	0.17	0.98	0.98	0.79	0.0006
	逐旬	0.07	0.01	0.12	0.99	0.99	0.81	0.00001
g) 芜湖	逐日	0.05	0.005	0.07	0.98	0.98	0.33	0.000008
	逐周	0.21	0.06	0.25	0.94	0.94	0.53	0.001
	逐旬	0.11	0.023	0.15	0.94	0.94	0.39	0.94
h) 镇江	逐日	0.04	0.003	0.06	0.98	0.98	0.35	0.00006
	逐周	0.17	0.04	0.21	0.92	0.92	0.54	0.0005
	逐旬	0.12	0.03	0.17	0.90	0.90	0.44	0.005

5.3 基于一维水流数学模型的站点间水位计算

本书研究体系中,将采用一维水沙数学模型对中间站两两之间预见期内的长江航道沿线断面水位、流量、含沙量等数据进行展延计算,结果为航道全线水位发布及局部地形冲淤二维水沙数模边界条件提供服务。

5.3.1 模型控制方程

根据质量守恒定律和动量守恒定律,分别建立天然河道中水沙混合体的连续性方程和运动方程,建立泥沙的连续性方程、河床变形方程和河床泥沙级配方程。

水沙混合体连续性方程:

$$\frac{\partial A}{\partial t} + \frac{\partial Q}{\partial x} = \frac{E_T - D_T}{1 - p} B + q_l \tag{5.3-1}$$

水沙混合体运动方程:

$$\frac{\partial(Q)}{\partial t}+\frac{\partial}{\partial x}\left(\frac{\beta Q^2}{A}\right)=-gA\frac{\partial(z_b+h)}{\partial x}-\frac{\tau_b}{\rho}-\frac{(\rho_s-\rho_w)}{\rho}\frac{Q}{A}\frac{B(E_T-D_T)(1-p-C)}{1-p}$$

$$-\frac{(\rho_s-\rho_w)}{\rho}gAh_c\frac{\partial C}{\partial x}+\frac{\rho_l q_l u_l}{\rho}+\frac{(\rho_s-\rho_w)q_l}{\rho}\frac{Q}{A}(C-S)$$

(5.3-2)

泥沙连续性方程：

$$\frac{\partial}{\partial t}(Ac_k)+\frac{\partial(Qc_k)}{\partial x}=(E_k-D_k)B+q_l s_k \tag{5.3-3}$$

河床变形方程：

$$\frac{\partial A_b}{\partial t}=\frac{(D_T-E_T)B}{1-p} \tag{5.3-4}$$

河床级配方程：

$$\frac{\partial\delta f_{ak}}{\partial t}+f_{Ik}\frac{\partial\xi}{\partial t}=\frac{D_k-E_k}{1-p} \tag{5.3-5}$$

式中，t——时间；

x——水流方向；

g——重力加速度；

A——过水断面面积；

B——河宽；

h——水深；

Q——流量；

c_k——第 k 组泥沙粒径的含沙量，$C=\sum c_k$；

z_b——河底高程；

β——动量修正系数；

τ_b——阻力；

h_c——形心处水深；

q_l——旁侧入流的单宽流量；

u_l——单位流程上的侧向出流流速在主流方向的分量；

s_k——旁侧入流含沙量，$S=\sum s_k$；

A_b——河床面积；

E_k,D_k——第 k 组泥沙粒径的上扬和沉降通量，$E_T=\sum E_k$，$D_T=\sum D_k$；

ρ——水沙混合体的密度，$\rho=\rho_w(1-C)+\rho_s C$，其中 ρ_w 为清水的密度，ρ_s 为

泥沙的密度；

  ρ_0——床沙的密度，$\rho_0 = \rho_w p + \rho_s (1-p)$，其中 p 为河床孔隙率；

  δ——活动层厚度；

  f_{ak}——活动层第 k 组泥沙的组分；

  ξ——活动层下界面高程，$\xi = z_b - \delta$；

  f_{Ik}——活动层下界面处的泥沙级配。

5.3.2 模型封闭模式

为封闭上述建立的一维水流与泥沙耦合数学模型，需要引入经验关系式来封闭方程组，包括河床阻力的求解（综合糙率和动量修正系数的求解）、河床与混合水体的泥沙交换（输沙率公式）和床沙级配。同时为保证模型计算的合理性，对于部分物理量的计算需要进行一定的处理，具体如下。

5.3.2.1 阻力和动量修正系数

采用曼宁公式计算式（5.3-2）中的阻力 τ_b。

$$\tau_b = \rho g A n_0^2 u |u| / R^{4/3} \tag{5.3-6}$$

式中，R——的水沙混合体的水力半径；

  n_0——断面综合糙率。

对于任意复式断面，利用沿河宽方向上对一深度平均流速分布公式的积分建立阻力公式，从而推求断面综合糙率和动量修正系数。河床高程为 z，y 轴上一点的水深平均流速为 $u = u(y)$，该点水深为 h，当地糙率为 n，沿 y 轴方向流速分布 $u(y)$ 与断面各点处水深 h 和当地糙率 n 有关，见图 5.3-1。对于理想的一维流动，流速 u 与 $h^{2/3}/n$ 成比例，但是在复式明渠中由于湍流混合作用，对流速分布 $u(y)$ 做如下修正：

$$\frac{u(y)}{u_m} = \left(\frac{h}{h_m}\right)^R \left(\frac{n_m}{n}\right)^{3R/2} \tag{5.3-7}$$

式中，u_m、h_m、n_m——在参考点 $y = y_m$ 处的参考流速、水深、糙率，通常将 h_m 设定为断面最大水深；

  R——待定参数，与滩地相对水深 D_r 和滩地类型有关。

对于光滑滩地：

$$R = 0.7987 D_r^2 - 1.1955 D_r + 0.5138 \tag{5.3-8}$$

对于粗糙滩地：

$$R = -1.799 D_r^2 + 0.0885 D_r + 0.5704 \tag{5.3-9}$$

式中，D_r——滩地相对水深，$D_r = (H - h_c)/H$。其中 h_c 为主槽水深，H 为断面参考

水深。

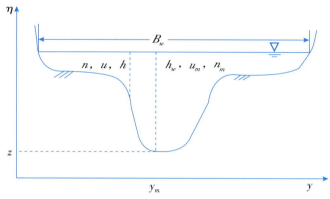

图 5.3-1　河道断面示意图

过水断面面积 A 和流量 Q 分别表示为：

$$A = \int_A \mathrm{d}A = \int_{B_w} h\,\mathrm{d}y = h_m \int_{B_w} (h/h_m)\,\mathrm{d}y \tag{5.3-10}$$

$$Q = \int_A \tilde{u}\,\mathrm{d}A = \int_{B_w} uh\,\mathrm{d}y = u_m h_m \int_{B_w} (h/h_m)^{R+1}(n_m/n)^{3R/2}\,\mathrm{d}y \tag{5.3-11}$$

断面动量通量 F 表示为

$$F = \int_A \tilde{u}\tilde{u}\,\mathrm{d}A = u_m^2 h_m \int_{B_w} (h/h_m)^{2R+1}(n_m/n)^{3R}\,\mathrm{d}y = \beta Q^2/A \tag{5.3-12}$$

式中，β——动量修正系数。

阻力 R_b 为：

$$R_b = \int_{B_w} ghS\sqrt{1+(\partial z/\partial y)^2}\,\mathrm{d}y = g\int_{B_w}(n^2 u^2/h^{1/3})\sqrt{1+(\partial z/\partial y)^2}\,\mathrm{d}y$$

$$= \frac{gu_m^2}{h_m^{1/3}}\int_{B_w} n^2 (h/h_m)^{2R-1/3}(n_m/n)^{3R}\sqrt{1+(\partial z/\partial y)^2}\,\mathrm{d}y \tag{5.3-13}$$

式中，z——河床高程；

　　　S——当地阻力坡度，$S = n^2 u^2/h^{4/3}$。

同时结合曼宁公式来描述阻力：

$$R_b = gAS_f \tag{5.3-14}$$

$$S_f = \frac{Q^2}{K^2} \tag{5.3-15}$$

$$K = \frac{AR_h^{2/3}}{n_0} \tag{5.3-16}$$

式中，S_f——阻力坡度；

　　　K——流量模数；

R_h——水力半径。

综上可得动量系数和综合糙率表达式：

$$\beta = \frac{AF}{Q^2} = \frac{I_1 I_{2R1}}{I_{R1}^2} \tag{5.3-17}$$

$$n_0 = \frac{I_{2R13}^{1/2} I_1^{7/6}}{I_{R1} P^{2/3}} \tag{5.3-18}$$

P 为湿周：

$$P = \int_{B_w} \sqrt{1 + (\partial z / \partial y)^2} \, dy \tag{5.3-19}$$

$$I_1 = \int_{B_w} (h / h_m) \, dy \tag{5.3-20}$$

$$I_{2R1} = \int_{B_w} (h / h_m)^{2R+1} (n_m / n)^{3R} \, dy \tag{5.3-21}$$

$$I_{R1} = \int_{B_w} (h / h_m)^{R+1} (n_m / n)^{3R/2} \, dy \tag{5.3-22}$$

$$I_{2R13} = \int_{B_w} n^2 (h / h_m)^{2R-1/3} (n_m / n)^{3R} \sqrt{1 + (\partial z / \partial y)^2} \, dy \tag{5.3-23}$$

5.3.2.2 泥沙上扬通量和沉降通量

床面的泥沙交换涉及两个过程，一方面是水流紊动作用引起的床面泥沙颗粒的上扬过程（泥沙上扬通量），另一方面是重力作用引起的水体中泥沙颗粒的沉降过程（沉降通量），两者构成泥沙交换的净通量。上扬通量的经验公式和沉降通量的经验公式可表示为：

$$E_k = \lambda_k c_{ek} \omega_k (1 - \lambda_k c_{ek})^m \tag{5.3-24}$$

$$D_k = \lambda_k c_k \omega_k (1 - \lambda_k c_k)^m \tag{5.3-25}$$

式中，ω_k——第 k 组粒径泥沙在静水中的沉降速度，通常采用张瑞瑾公式计算：

$$\omega_k = \sqrt{\left(13.95 \frac{\nu}{d_k}\right)^2 + 1.09 \left(\frac{\rho_s}{\rho_w} - 1\right) g d_k} - 13.95 \frac{\nu}{d_k} \tag{5.3-26}$$

式中，ν——水的运动黏性系数。

对于推移质（粗颗粒）而言，含沙量对沉速影响小，$m = 0$；对于悬移质（细颗粒）而言，含沙量对沉速影响较大，$m = 4.45 \, \text{Re}^{-0.1}$，其中 Re 为颗粒雷诺数，$\text{Re} = \omega_k d_k / \nu$；$\lambda_k$ 为近底含沙量与平均含沙量的比值。悬移质沿水深方向分布相对均匀，可取 $\lambda_k = 1$；对推移质而言，$\lambda_k = h / h_{bk}$，$h_{bk} = \max(9u_*^2 / sg, 2d_k)$，为推移质层厚度。同时，设定的 λ_k 的上限：$\lambda_k \leqslant h / \omega_k \Delta t$，其中 Δt 为模型计算中采用的时间步长。c_{ek} 为第 k 组粒径泥沙的水流挟沙力。计算公式如下：

$$c_{ek} = q_k / (hu) \qquad (5.3\text{-}27)$$

式中，q_k——饱和输沙状态下第 k 组粒径泥沙单宽输沙率。考虑现有输沙率公式的不确定性并借鉴国际上冲积河流数学模拟系统的处理方法，采用几种国内外广泛应用的公式镶嵌到一维数学模型并进行比较计算。特别地，对于传统的分级恒定流模型，由于假设推移质是饱和输沙，需要单独计算，而本模型基于非饱和输沙，利用合理的输沙率公式，可以有效地将悬移质和推移质统一考虑。

（1）采用 Wu et al. 公式[15]计算

$$q_k = \sigma G_k (q_{sk} + q_{bk}) \qquad (5.3\text{-}28)$$

$$\frac{q_{bk}}{\sqrt{sgd_k^3}} = 0.0053 \left[\left(\frac{n}{n'} \right)^{1.5} \frac{\tau_b}{\tau_{ck}} - 1 \right]^{2.2} \qquad (5.3\text{-}29)$$

$$\frac{q_{sk}}{\sqrt{sgd_k^3}} = 0.0000262 \left[\left(\frac{\tau}{\tau_{ck}} - 1 \right) \frac{u}{\omega_k} \right]^{1.74} \qquad (5.3\text{-}30)$$

$$\tau_{ck} = \theta_c (\rho_s - \rho_w) g_z d_k \left(\frac{p_{ek}}{p_{hk}} \right)^{-0.6} \qquad (5.3\text{-}31)$$

式中，σ——修正系数；

G_k——第 k 组粒径床沙暴露给水流作用力的面积百分比，根据非均匀沙的起动和运动规律，在均匀流条件下，粗颗粒泥沙比细颗粒泥沙要更容易起动，因为粗颗粒暴露在水流中的部分更多，而细颗粒则更趋向于难起动因为它们容易被粗颗粒隐蔽起来，这就是常说的泥沙的暴露与隐蔽作用。因此，G_k 可根据 Parker 公式[16]计算：

$$G_k = \frac{f_{ak}/d_k^{\gamma_f}}{\sum (f_{ak}/d_k^{\gamma_f})} \qquad (5.3\text{-}32)$$

式中，γ_f——泥沙隐蔽/暴露效应对泥沙暴露面积的影响参数，其中 $\gamma_f = 0$ 表示体积百分比与面积百分比相等，$\gamma_f = 1$ 表示体积百分比面积百分比转化时不考虑隐蔽和暴露效应，在非均匀沙数学模型中通常采用 $\gamma_f = 0.5$；

q_{bk}、q_{sk}——第 k 组分泥沙粒径推移质和悬移质输沙率；

n'——泥沙颗粒粗糙度，$n' = d_{50}^{1/6}/20$；

τ_{ck}——第 k 组粒径泥沙的临界剪切力；

θ_c——均匀沙条件下的临界希尔兹数，取 0.03；

p_{ek}——第 k 组粒径未受到其他组分粒径泥沙隐藏而直接暴露的概率，$p_{ek} = \sum_j F_j$ $\frac{d_j}{d_k + d_j}$；

p_{hk}——第 k 组粒径受到其他组分粒径泥沙隐藏的概率，$p_{hk}=\sum\limits_{j}F_j\dfrac{d_k}{d_k+d_j}$。该公式适用性较为广泛，可应用于悬移质和推移质共存的情况，是一种全沙质泥沙输沙率公式。

（2）采用 Karim 公式[17]计算

$$\frac{q_k}{\sigma(q_{sk}+q_{bk})\sqrt{sgd_k^3}}=0.00139\left[\frac{u}{\sqrt{sgd_k}}\right]^{2.97}\left(\frac{u_*}{\omega_k}\right)p_{ak}\eta_k \tag{5.3-33}$$

$$p_{ak}=\frac{p_k}{d_k}/\left(\sum_{k=1}^{n}\frac{p_k}{d_k}\right) \tag{5.3-34}$$

$$\eta_k=C_1\left(\frac{d_k}{d_{50}}\right)^{C_2} \tag{5.3-35}$$

$$C_1=1.15\omega/u_*,C_2=0.60\omega/u_* \tag{5.3-36}$$

式中，u——水流流速；

u_*——摩阻流速；

h——水深；

η_k——修正系数。

该公式可应用于悬移质和推移质共存的情况，是一种全沙质泥沙输沙率公式。

（3）采用 Ackers & White 公式[18]计算

$$c_{ek}=C\left[(F_{gr}-A_{gr})/A_{gr}\right]^m \tag{5.3-37}$$

式中，c_{ek}——第 k 组粒径泥沙的无量纲输沙率；

F_{gr}——泥沙起动参数；

A_{gr}——泥沙起动临界参数；

C——参数；

n——指数参数。

$$F_{gr}=A_{gr}+A_{gr}(c_{ek}/C)^{1/m}=\frac{u_*^n V_k^{1-n}}{\sqrt{g(s-1)d_k}\left[\sqrt{32}\lg(10h/d_k)\right]^{1-n}} \tag{5.3-38}$$

式中，V_k——第 k 组粒径泥沙的平均流速；

$s=\rho_s/\rho_w$——泥沙比重；

n——指数参数。

在实际应用中，可近似取 $\lg(10h/d_k)\approx 2(R/h)^{0.1}$，因此

$$F_{gr}=\frac{V_k(f/8)^{n/2}}{\sqrt{g(s-1)d_k}\left[11.3(R/h)^{0.1}\right]^{1-n}} \tag{5.3-39}$$

由式(5.3-38)、式(5.3-39)可得到各组平均流速 V_k 与粒径之间的关系：

$$\frac{V_k}{\sqrt{g(s-1)d_k}}=K(1+Jc_k^{1/m}) \tag{5.3-40}$$

$$K=\frac{A_{gr}[11.3(h/d_k)^{0.1}]^{1-n}}{(f/8)^{n/2}} \tag{5.3-41}$$

$$J=[(h/d_k)(f/8)^{n/2}C]^{1/m} \tag{5.3-42}$$

由曼宁公式得到：$f/8=g(n_0/R^{1/6})^2$。

参数 n,m,A_{gr},C 与无量纲粒径 $D_{grk}=d_k[g(s-1)/\nu^2]^{1/3}$ 有关。

当粒径 $d_k>2\text{mm}$ 时，

$$n=0 \tag{5.3-43}$$

$$A_{gr}=0.17 \tag{5.3-44}$$

$$m=1.78 \tag{5.3-45}$$

$$C=0.025 \tag{5.3-46}$$

当粒径 $0.06<d_k<2\text{mm}$ 时，

$$n=1.0-0.56\lg D_{grk} \tag{5.3-47}$$

$$A_{gr}=0.14+0.23/\sqrt{D_{grk}} \tag{5.3-48}$$

$$m=1.67+6.83/D_{grk} \tag{5.3-49}$$

$$\lg C=-3.46+2.79\lg D_{grk}-0.98(\lg D_{grk})^2 \tag{5.3-50}$$

该公式适用于全沙输沙，并且在使用时需注意采用国际标准单位制。该公式对于粗颗粒和细颗粒泥沙均进行了考虑，但是并未考虑不同粒径泥沙的暴露/隐蔽效应的影响。

（4）采用张瑞瑾公式计算

在平原河流中，悬移质常占输沙的主体，推移质可忽略不计。

$$c_{ek}=\frac{(u^3/gh\omega_k)^{1.5}}{20(1+(u^3/45gh\omega_k)^{1.15})} \tag{5.3-51}$$

式中，c_{ek}——第 k 组粒径泥沙的平衡输沙率；其余符号同上。该公式较只适用于以悬移质为主的情况，并不严格适用于悬移质和推移质共存的情形，但是程序中仍然保留该输沙率公式，以供比较和其他以悬移质为主的河道计算选用。

在实际应用过程中，具体采用何种泥沙上扬通量公式需要具体情况具体分析。

5.3.2.3 河床冲淤面积分配

一维模型通常给出的是各断面的总冲淤面积，如果要进一步了解冲淤沿纵向和横向的变化特征,还需要对冲淤量沿河宽方向进行分配。冲淤面积分配的合理性是保证一维模型计算精度的关键问题,然而这是一个极难解决的问题,目前还没有一个适合于各不规则自然断面冲淤分配的通用方法。

对于某一确定的计算断面,假定冲淤面积高程 ΔZ_b,沿河宽 B 连续,则冲淤面积 ΔA_b 可表示为

$$\Delta A_b = \int_B \Delta Z_b \, \mathrm{d}y \tag{5.3-52}$$

按多边形拟合面积则写为

$$\Delta A_b = \sum_i \Delta Z_{bi} \Delta y_i \tag{5.3-53}$$

式中,Δy_i——第 i 个子断面的宽度;

ΔZ_{bi}——该子断面的平均冲淤厚度。因此,若能构造出公式 $\Delta Z_{bi} = f_i \Delta A_b$($f_i$ 为待定系数),并同时满足式(5.3-39),则可以对冲淤量沿河宽方向进行分配。本书采用三种工程应用中最常用的方法。

(1)平均分配法

若冲淤量沿河宽(或沿湿周)平均分布,即待定系数 $f_i = \dfrac{1}{B}$,构造

$$\Delta Z_{bi} = \frac{1}{B} \Delta A_b \tag{5.3-54}$$

两边乘以 Δy_i 并求和后,$B = \sum_i \Delta y_i$,式(5.3-40)满足式(5.3-39),在数学上是合理的。

(2)按面积比考虑分配

考虑各子断面面积之比,进行冲淤量沿河宽方向的分配,即待定系数 $f_i = h_i/A$,构造

$$\Delta Z_{bi} = (h_i/A) \Delta A_b \tag{5.3-55}$$

式中,h_i——第 i 个子断面的平均水深;

A——过水断面的面积,该式在数学上也满足式(5.3-39)。该式表达了对于确定的计算断面,水越深的地方,冲淤量分配越大,反之亦然。对于淤积过程而言,水越深的地方淤积越多,浅的地方淤积少,因此缩小滩槽差能促使子断面沿河宽方向均匀变化。

(3)按切应力大小考虑分配

若考虑水流泥沙条件,可令待定系数 $f_i = \dfrac{(\tau_{bi} - \tau_{ci})}{\sum_i (\tau_{bi} - \tau_{ci}) \Delta y_i}$,构造

$$\Delta Z_{bi} = \frac{(\tau_{bi} - \tau_{ci})}{\sum_i (\tau_{bi} - \tau_{ci}) \Delta y_i} \Delta A_b \tag{5.3-56}$$

式中,τ_{bi}——第 i 个子断面的切应力,$\tau_{bi} = \gamma h_i J_f$;

τ_{ci}——该子断面的泥沙起动临界切应力,$\tau_{ci} = \theta_c (\gamma_s - \gamma_w) d$,其中 d 为泥沙粒径。

τ_{bi} 代表水流对河床的冲刷强度,τ_{ci} 则代表河床对水流的抗冲刷作用。这个方法考虑了水流泥沙条件,相对较为全面。但是由于 $(\tau_{bi} - \tau_{ci})$ 的大小反映了床面泥沙的起动强度,没有反映起动后的泥沙能否起悬,这个公式更适用于推移质运动引起的河床变形问题。

(4)考虑非均匀沙的按切应力分配

由于泥沙的起动临界切应力与粒径有关,不同组分的泥沙粒径不同使其临界起动切应力也不同,从而引起的河床变形的贡献大小也不同,因此考虑非均匀沙是必要的。

根据第 i 个子断面的第 k 组粒径的河床冲淤厚度,系数 $f_{i,k} = \dfrac{(\tau_{bi} - \tau_{ci,k})}{\sum_i (\tau_{bi} - \tau_{ci,k}) \Delta y_i}$,则

$$\Delta Z_{bi,k} = \frac{(\tau_{bi} - \tau_{ci,k})}{\sum_i (\tau_{bi} - \tau_{ci,k}) \Delta y_i} \Delta A_{b,k} \tag{5.3-57}$$

式中,τ_{bi}——第 i 个子断面的切应力,$\tau_{bi} = \gamma h_i J_f$;

$\tau_{ci,k}$——第 i 个子断面第 k 组粒径的泥沙起动临界切应力,$\tau_{ci,k} = \theta_{c,k} (\gamma_s - \gamma_w) d_k$。对于第 i 个子断面的总冲淤厚度则为各组分粒径引起河床冲淤的总和。

5.3.2.4 水沙两相相对流速差异系数

冲积河流水沙运动过程是水相拖曳泥沙相,处于静止状态的床沙因湍流猝发起动时,泥沙颗粒有一个加速获得动量的过程。悬移质颗粒质量较小且悬浮于水体,有足够时间加速使水沙两相的对流速度基本一致。然而,推移质主要以跳跃、滑移和滚动的形式存在,推移质加速时间有限且非连续。从这个意义上来说,推移质的对流速度难以达到水流对流速度,水沙两相之间可能存在着对流速度差异,但极少被考虑在水沙数学模型中。

推移质与悬移质的差异体现在泥沙相与浑水对流速度之间差异。一般而言,悬移质与水流之间对流速度差异可以忽略,取 $\gamma_k = 1$。对于推移质而言,水相与泥沙相速度差异可能比较显著,$\gamma_k < 1$。本书考虑泥沙相与水流相之间相对的流速差异,利用 Greimann et al. 提出的公式[19]进行计算。

$$\gamma_k = \frac{u_*}{u} \frac{1.1(\theta_k/0.047)^{0.17}(1-\exp(-5\theta_k/0.047))}{\sqrt{0.047}} \tag{5.3-58}$$

5.3.2.5　活动层下界面处泥沙级配

方程(5.3-5)中参数 f_{Ik} 表示活动层下界面处泥沙粒径的组分级配。采用以下经验关系计算：

$$f_{Ik} = \begin{cases} f_{sk} & \partial\xi/\partial t < 0 \\ \varphi c_k/c_T + (1-\varphi)f_{ak} & \partial\xi/\partial t > 0 \end{cases} \tag{5.3-59}$$

式中，f_{sk}——存储层泥沙粒径的组分级配；

φ——经验权重系数，可取为 0.7。

5.3.3　模型数值解法

5.3.3.1　方程离散

由于天然河道地形极其复杂，相距 1km 的断面之间，其深泓差异可达 $1\sim2m$，且长江干线航道断面不规则，河道河宽较宽，较小的水位变化也会引起面积较大的变化，这对数值计算的稳定性提出了很高的要求，也需要一定的数值计算方法来处理。相比较于面积，水位变量的时空变化会更为缓和，计算结果也相对更加稳定。对于方程(5.3-1)，由于 $\frac{\partial A}{\partial t} + \frac{E_T - D_T}{1-p}B = \frac{\partial A}{\partial t} + \frac{\partial A_b}{\partial t} = B\frac{\partial \eta}{\partial t}$，因此该方程亦可写成：

$$B\frac{\partial \eta}{\partial t} + \frac{\partial Q}{\partial x} = q_l \tag{5.3-60}$$

式中，η——水位，$\eta = z_b + h$。

将控制方程组写成如下矩阵的形式：

$$\boldsymbol{D}\frac{\partial \boldsymbol{U}}{\partial t} + \frac{\partial \boldsymbol{F}(\boldsymbol{U})}{\partial x} = S_b(\boldsymbol{U}) + S_f(\boldsymbol{U}) + S_0(\boldsymbol{U}) \tag{5.3-61}$$

$$\boldsymbol{D} = \begin{bmatrix} B & 0 & 0 \\ 0 & 1 & 0 \\ 0 & 0 & 1 \end{bmatrix} \tag{5.3-62a}$$

$$\boldsymbol{U} = \begin{bmatrix} \eta \\ Q \\ Ac_k \end{bmatrix} \quad \boldsymbol{F} = \begin{bmatrix} Q \\ \beta Q^2/A \\ Qc_k \end{bmatrix} \tag{5.3-62b,c}$$

$$S_b(\boldsymbol{U}) = \begin{bmatrix} 0 \\ -gA\dfrac{\partial \eta}{\partial x} \\ 0 \end{bmatrix} \quad \boldsymbol{S}_f = \begin{bmatrix} 0 \\ -\dfrac{\tau_b}{\rho} \\ 0 \end{bmatrix} \quad (5.3\text{-}62\mathrm{d},\mathrm{e})$$

$$\boldsymbol{S}_0 = \begin{bmatrix} q_l \\ -\dfrac{(\rho_s - \rho_w)}{\rho}gAh_c\dfrac{\partial C}{\partial x} - \dfrac{(\rho_s - \rho_w)}{\rho}\dfrac{Q}{A}\dfrac{B(E_T - D_T)(1-p-C)}{1-p} \\ +\dfrac{\rho_l q_l u_l}{\rho} + \dfrac{(\rho_s - \rho_w)q_l}{\rho}\dfrac{Q}{A}(C-S) \\ (E_k - D_k)B + q_l s_k \end{bmatrix}$$

$$(5.3\text{-}62\mathrm{f})$$

式中，$\boldsymbol{U}$——变量向量；

$\boldsymbol{F}$——通量向量；

$\boldsymbol{S}_b$——河床底坡源项向量；

$\boldsymbol{S}_f$——阻力源项向量；

$\boldsymbol{S}_0$——其他源项向量。

采用算子分裂法结合（Toro，Aureli et al.，Qian et al.）的有限体积法离散控制方程[20-22]，对方程（5.3-61）进行离散

$$\boldsymbol{U}_i^* = \boldsymbol{U}_i^n - \frac{\Delta t}{\Delta x}\boldsymbol{D}_i^{-1}(\boldsymbol{F}_{1+1/2} - \boldsymbol{F}_{i-1/2}) + \Delta t \boldsymbol{D}_i^{-1}\boldsymbol{S}_{bi} \quad (5.3\text{-}63\mathrm{a})$$

$$\boldsymbol{U}^{n+1} = \boldsymbol{U}^* + \Delta t \boldsymbol{D}^{-1}(\boldsymbol{S}_f + \boldsymbol{S}_0) \quad (5.3\text{-}63\mathrm{b})$$

式中，Δt——时间步长；

Δx——空间步长；

i——空间节点；

n——时间节点；

$\boldsymbol{F}_{i+1/2}$——$x = x_{i+1/2}$ 处的网格界面的通量向量；

$\boldsymbol{U}_i^*$——$\boldsymbol{U}_i^n$ 中间时间步长计算出的守恒变量向量。

河床变形方程以及床沙级配方程可以很容易地进行差分求解，在同一个时间步长内，求得河床变形和床沙级配。

由于方程的计算格式为显式格式，为了保证计算的稳定性，时间步长需要满足柯朗（Courant Friedrichs Lewy，CFL）稳定性条件，即当柯朗数 $C_r < 1$ 时，计算得到时间步长。

$$\Delta t = \frac{C_r}{\lambda_{\max}/\Delta x} \tag{5.3-64}$$

式中, $\lambda_{\max}$ ——最大特征速度,通过雅格比矩阵 $\partial \boldsymbol{F}/\partial \boldsymbol{U}$ 求得。由于一维数学模型其计算效率较高,在本项目模型的计算中,按照工程上通常的做法,柯朗数取 0.5 较为合理。

5.3.3.2 数值计算方法

利用本项目建立的一维水流与泥沙耦合数学模型对于任意河道的进行模拟时,如何准确地进行求解是模型精度的关键性因素之一。一般而言,对于任意河道,在利用模型进行模拟计算时,需要分为两个步骤。

(1)断面水力要素的计算

在对河道进行数学模拟前,需先收集和掌握河道断面地形数据和设计水文条件,并整理成符合模型读入要求的数据格式,从而实现对基础数据的处理。其中,河道水文资料包括河段进口的逐日或逐时流量系列过程,以及河道出口的逐日或逐时流量系列过程,河道的初始条件可以将部分实测值断面进行整个河段的插值或者利用进口恒定来流及出口恒定水位计算至恒定流作为初始条件。

对于河道断面地形资料,需要建立每个计算断面上水位、水面宽度、过水断面面积、断面湿周、水力半径、综合糙率系数和动量修正系数的对应关系。对于弱冲积河流,每个时间步长河床变形较小,且对于宽浅河道(宽深比远远大于 5),每个计算断面上的水力要素关系在动床条件下基本不变。

每个计算断面的水力要素关系具体分两步实现:

1)建立实测断面上水位与各水力要素之间的关系。在每个实测断面的断面数据,建立在不同水位下,与水面宽度、过水断面面积、断面湿周、水力半径、综合糙率系数和动量修正系数的对应关系。其中最高水位的确定可根据历年水位变化情况或历史洪灾调查成果,亦可参照实际最高岸高程;最低水位可根据河床最低高程来确定。最低水位与最高水位之间根据具体情况设置若干个水位节点,每一水位分别求得该水位下对应的水面宽度、过水断面面积、断面湿周、水力半径、综合糙率系数和动量修正系数的对应关系。

2)建立计算断面上水位与各水力要素之间的关系。当实测断面较稀少,其间距较大,或各断面间距值相差较大时,需要重新设置计算断面,以保证模型的稳定性。根据实际观测断面里程、计算断面里程和实测断面上水位与各水力要素之间的关系,经插值,得到计算断面上的水位与各水力要素之间的关系。

而对于强冲积河流,河床变形较为剧烈,当发生河床变形时,其水位与各水力要素一一对应关系就会发生改变,因此对于河床变形较大的情况需要在每个时间步长对各计算断面的水力要素关系进行更新。具体修正的处理方法为：

通过计算出的河床变形的面积（DAA，冲刷为负）以及变形的平均厚度（DHH，冲刷为负）。因此对于冲刷情况，对于每个水位 η，其相应的水深（HH_new）和面积（AA_new）为：

$$HH\_new = HH\_old - DHH \tag{5.3-65}$$

$$AA\_new = AA\_old - DAA \tag{5.3-66}$$

对于淤积情况，每个水位 η，其相应的水深（HH_new）和面积（AA_new）为：

$$HH\_new = \begin{cases} HH\_old - DHH & HH\_new > 0 \\ 0 & HH\_new < 0 \end{cases} \tag{5.3-67}$$

$$AA\_new = \begin{cases} AA\_old - DAA & HH\_new > 0 \\ 0 & HH\_new < 0 \end{cases} \tag{5.3-68}$$

（2）各时间步长变量的更新

本项目采用有限体积数值模式求解方程，对于水沙混合流动的通量，采用 HLL 黎曼算子求解，而对于泥沙连续方程的通量，由于该方程不会对算法的性能产生影响且断面呈不规则形，采用 SLIC 算子求解。有限体积算法为显格式的求解方法，与传统的隐格式求解方法不同。计算主要具体分为三步实现：

1）计算水沙混合流的通量并更新水力要素数据。根据 Ying and Wang 提出的 HLL 黎曼算子求解水沙混合流方程的方法[23]，将计算区域分为若干单元控制体，其示意图见图 5.3-2。采用 HLL 近似黎曼算子计算水流连续方程和运动方程的 $F_{i+1/2}$，该方法需要求解波速，并需要根据波的位置进行后续计算（图 5.3-3）。

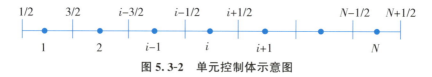

图 5.3-2 单元控制体示意图

注：圆点表示单元体中心，竖向线段表示单元体之间的界面。

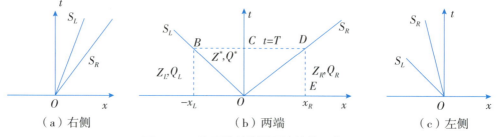

（a）右侧　　　　　（b）两端　　　　　（c）左侧

图 5.3-3 单元控制体界面波结构示意图

波的结构分为 3 种:左右波均在时间轴右侧、左右波分别位于时间轴两端和左右波均位于时间轴左侧(图 5.3-3)。根据波的位置判断 HLL 计算的通量。

$$\boldsymbol{F}^{HLL}=\begin{cases}\boldsymbol{F}_L & S_L\geqslant 0\\ \boldsymbol{F}^* & S_L\leqslant 0\leqslant S_R\\ \boldsymbol{F}_R & S_R\leqslant 0\end{cases}\tag{5.3-69}$$

式中,S_L、S_R——两侧的波速,当 $S_L>0$ 时,交界面的通量由 $\boldsymbol{F}_L$ 决定,见图 5.3-3(a),当 $S_R<0$ 时,交界面的通量由 $\boldsymbol{F}_R$ 决定,见图 5.3-3(c),当 $S_L\leqslant 0\leqslant S_R$ 时,$\boldsymbol{F}^*$ 求解如下。

根据算子分裂法,方程可以分解为两部分,一部分为包含源汇项的方程,另一部分为如下的齐次方程:

$$D\frac{\partial U}{\partial t}+\frac{\partial F(U)}{\partial x}=0\tag{5.3-70}$$

对于水流连续方程和运动方程,其通量分别为 f_1,f_2,则方程(5.3-70)可以写成

$$\frac{\partial A}{\partial t}+\frac{\partial f_1}{\partial x}=0\tag{5.3-71}$$

$$\frac{\partial Q}{\partial t}+\frac{\partial f_2}{\partial x}=0\tag{5.3-72}$$

在图 5.3-3(b)的 OABC 和 OCDE 区域中,将方程(5.3-71)分别进行离散

$$x_L(A_L^*-A_L)=T(f_1^L-f_1^*)\tag{5.3-73}$$

$$x_R(A_R^*-A_R)=T(f_1^*-f_1^R)\tag{5.3-74}$$

式中,f_1^*、f_2^*——通量向量的两个分量,即 $\boldsymbol{F}^*=[f_1^*,f_2^*]^T$。

由于 $S_L=-\dfrac{x_L}{T}$、$S_R=-\dfrac{x_R}{T}$、$A_L^*-A_L=(\eta^*-\eta_L)B_L$、$A_R^*-A_R=(\eta^*-\eta_R)B_R$,则方程(5.3-73)和(5.3-74)可以写成:

$$-S_L(\eta^*-\eta_L)B_L=(f_1^L-f_1^*)\tag{5.3-75}$$

$$S_R(\eta^*-\eta_R)B_R=(f_1^*-f_1^R)\tag{5.3-76}$$

从而消去 η^* 可以得到

$$f_1^*=\frac{S_RB_Rf_1^L-S_LB_Lf_1^R+S_LB_LS_RB_R(\eta_R-\eta_L)}{S_RB_R-S_LB_L}\tag{5.3-77}$$

当对于河宽不变时,$B_L=B_R$,方程(5.3-77)就转化为传统形式的 HLL 算子[24]。

类似地,在图 5.3-3(b)的 OABC 和 OCDE 区域中,将方程(5.3-72)分别进行离散

$$x_L(Q^*-Q_L)=T(f_2^L-f_2^*)\tag{5.3-78}$$

$$x_R(Q^*-Q_R)=T(f_2^*-f_2^R)\tag{5.3-79}$$

由于 $S_L = -\dfrac{x_L}{T}$，$S_R = -\dfrac{x_R}{T}$，代入式(5.3-78)、式(5.3-79)并消去 Q^* 可以得到

$$f_2^* = \frac{S_R f_2^L - S_L f_2^R + S_L S_R (Q_R - Q_L)}{S_R - S_L} \qquad (5.3\text{-}80)$$

S_L、S_R 分别可以通过如下公式求得

$$S_L = \min(V_L - \sqrt{g\bar{h}_L}, V^* - \sqrt{g\bar{h}^*}) \qquad (5.3\text{-}81)$$

$$S_R = \max(V_R + \sqrt{g\bar{h}_R}, V^* + \sqrt{g\bar{h}^*}) \qquad (5.3\text{-}82)$$

$$V^* = \frac{1}{2}(V_L + V_R) + \sqrt{g\bar{h}_L} - \sqrt{g\bar{h}_R} \qquad (5.3\text{-}83)$$

$$\sqrt{g\bar{h}^*} = \frac{1}{2}\left(\sqrt{g\bar{h}_L} + \sqrt{g\bar{h}_R}\right) + \frac{1}{4}(V_L - V_R) \qquad (5.3\text{-}84)$$

式中，V_L、V_R——左右两侧的流速；

$\bar{h}_L$、$\bar{h}_R$——左右两侧的平均水深 $\bar{h} = A/B$。

对于干湿边界的情况处理如下。

右侧的干河床：

$$S_L = V_L - \sqrt{g\bar{h}_L} \quad S_R = V_L + \sqrt{g\bar{h}_L} \qquad (5.3\text{-}85a,b)$$

左侧的干河床：

$$S_L = V_R - 2\sqrt{g\bar{h}_R} \quad S_R = V_R + \sqrt{g\bar{h}_R} \qquad (5.3\text{-}86a,b)$$

对于方程(5.3-62d)中的 $\dfrac{\partial \eta}{\partial x}$ 离散若直接采用中心差分 $\dfrac{\partial \eta}{\partial x} = \dfrac{\eta_{i+1} - \eta_{i-1}}{x_{i+1} - x_{i-1}}$ 可能会引起数值震荡，特别是在激波附近。因此利用 Ying and Wang 提出的水位差分方法[23]：

$$\frac{\partial \eta}{\partial x} = \frac{\bar{\eta}_{i+1/2} - \bar{\eta}_{i-1/2}}{\Delta x} \qquad (5.3\text{-}87)$$

式中，$\bar{\eta}_{i+1/2} = (\eta_{i+1/2}^L + \eta_{i+1/2}^R)/2$；$\bar{\eta}_{i-1/2} = (\eta_{i-1/2}^L + \eta_{i-1/2}^R)/2$。

将计算所得的 f_1，f_2 分别代入方程(5.3-63a)中可以得到仅含地形源项的水位流量更新值。

2)计算泥沙连续方程的通量并更新含沙量变量。

由于实际断面的不规则性，泥沙连续方程则需要 SLIC 数值格式求解其通量，利用第一步已更新的水位和流量变量，进行含沙量变量的方程(5.3-3)的求解。具体求解方法如下。

为了便于描述，令 $Q = AC_k$

$$Q_{i+1/2}^L = Q_i^n + \varphi_{i-1/2}^L \frac{Q_i^n - Q_{i-1}^n}{2} \tag{5.3-88}$$

$$Q_{i+1/2}^R = Q_{i+1}^n - \varphi_{i+3/2}^R \frac{Q_{i+2}^n - Q_{i+1}^n}{2} \tag{5.3-89}$$

式中，φ——坡度限制器，通过 $r(Q)$ 的关系式求得，这里采用 Minmod 坡度限制如下

$$\varphi(r) = \begin{cases} \min(r,1) & r > 0 \\ 0 & r \leqslant 0 \end{cases} \tag{5.3-90}$$

$$r_{i-1/2}^L = \frac{Q_{i+1}^n - Q_i^n}{Q_i^n - Q_{i-1}^n} \tag{5.3-91}$$

$$r_{i+3/2}^R = \frac{Q_{i+1}^n - Q_i^n}{Q_{i+2}^n - Q_{i+1}^n} \tag{5.3-92}$$

对相邻有限控制体积计算单元交界面（如 $I_i = [x_{i-1/2}, x_{i+1/2}]$ 和 $I_{i+1} = [x_{i+1/2}, x_{i+3/2}]$，其交界面为 $x = x_{i+1/2}$），可以得到界面上 $Q_{i+1/2}^L, Q_{i+1/2}^R$ 进行半个时间步长的演化。

$$\overline{Q}_{i+1/2}^L = Q_{i+1/2}^L - \frac{\Delta t/2}{\Delta x} [f_3(Q_{i+1/2}^L) - f_3(Q_{i-1/2}^R)] \tag{5.3-93}$$

$$\overline{Q}_{i+1/2}^R = Q_{i+1/2}^R - \frac{\Delta t/2}{\Delta x} [f_3(Q_{i+3/2}^L) - f_3(Q_{i+1/2}^R)] \tag{5.3-94}$$

在计算单元 I_i、I_{i+1} 交界面处的通量 f_3 采用 Lax-Friedrichs 通量 f_3^{LF} 和两步的 Lax-Wendroff 通量 f_3^{LW2} 计算得到

$$f_3 = (f_3^{LF} + f_3^{LW2})/2 \tag{5.3-95}$$

$$f_3^{LF} = \frac{1}{2}(f_3(\overline{Q}_{i+1/2}^R) + f_3(\overline{Q}_{i+1/2}^L)) - \frac{1}{2}\frac{\Delta x}{\Delta t}(\overline{Q}_{i+1/2}^R - \overline{Q}_{i+1/2}^L) \tag{5.3-96}$$

$$F_{i+1/2}^{LW2} = F(Q_{i+1/2}^{LW2}) \tag{5.3-97}$$

$$Q_{i+1/2}^{LW2} = \frac{1}{2}(\overline{Q}_{i+1/2}^R + \overline{Q}_{i+1/2}^L) - \frac{1}{2}\frac{\Delta t}{\Delta x}(f_3(\overline{Q}_{i+1/2}^R) - f_3(\overline{Q}_{i+1/2}^L)) \tag{5.3-98}$$

将 f_3 代入方程(5.3-63a) 可以得到齐次的泥沙连续方程含沙量的更新值。

3)计算源项并更新所有变量。

求解方程(5.3-63b)。分别求出对于水流连续方程和运动方程和泥沙连续方程的右端项，并利用方程(5.3-63b)更新下一时刻各变量的值，同时计算出河床变形及活动层泥沙的级配。

需要注意的是，由于对泥沙连续方程进行离散时 AC_k 为一整体进行离散，在求得下一时刻的含沙量的时，需要利用已经更新为下一时刻水流水位(面积)值。

$$C_k^{n+1} = \frac{(AC_k)^* + \Delta t S_0 (3)}{A^{n+1}}$$

(5.3-99)

5.3.4　示范河段模型验证

一维水沙河床耦合数学模型较为完整地考虑了水沙床耦合的物理过程，在物理上相较于传统模型而言更加完善；采用目前国际上较为先进的数值计算方法——能够精确捕捉激波和间断的、能够处理干湿边界和复杂地形上静水条件的 TVD 有限体积数值格式进行方程的求解，可以很好地处理急缓流及临界流存在的情况，在数学上相较于传统模型而言适用性更强。国内外经典算例模拟结果表明，该数学模型能普遍适用于非恒定水流、非均匀泥沙非平衡、非饱和输移与河床演变计算分析，显著地扩展了河流数学模型的应用范围，提升了其可靠性和稳定性，为下一步的长江干线航道实际示范应用提供了基础。

本节利用该模型分别在三个示范河段开展了应用工作：长江上游宜宾合江门（航道里程：上游 1044km）—朱沱（航道里程：上游 806km）、长江中游宜昌中水门（航道里程：中游 626km）—岳阳城陵矶（航道里程：中游 230km）、长江中下游安庆皖河口合江门（航道里程：下游 638km）—芜湖（航道里程：下游 440km）。

项目组通过近期大中型航道整治工程建设项目和航道日常维护测图，收集河道 1∶10000～1∶20000 地形资料；依托数字航道系统收集到自动水尺的水位数据；加强与水利部门的沟通，对一些干支流主要站点的水文资料进行了收集。具体见表 5.3-1。

表 5.3-1　　　　　　　　　　长江干线中间站水文地形资料收集情况

序号	测站	航道里程/km	资料类型			测图时间	备注
			水位	流量	含沙量		
1	合江门	1044（上游）	●	●	○	2019 年 3 月	上游
2	江安	974	●	●	○		
3	泸州	911	●	○	○		
4	朱沱	806	●	○	○		
5	宜昌	626（中游）	●	●	●	以 2018 年 3 月为主，部分在 2019 年 3 月、2023 年 2 月	清江入汇、松滋口分流、太平口分流、藕池口分流
6	枝江	540	●	●	●		
7	沙市	482.8	●	●	●		
8	郝穴	427	●	○	○		
9	监利	313	●	●	●		
10	城陵矶	230	●	○	○		

序号	测站	航道里程/km	资料类型			测图时间	备注
			水位	流量	含沙量		
11	安庆	638(下游)	●	○	○	以 2018 年 3 月	
12	铜陵	547	●	●	●	为主,部分在	中下游
13	芜湖	440	●	○	○	2022 年 7 月	

注:●表示有,○表示无。

5.3.4.1 宜宾合江门—朱沱段

(1)建模

宜宾合江门—朱沱段全长约 338km,沿程共布置了 238 个横断面,具体见图 5.3-4。模型地形采用 2019 年 3 月实测图,进口为宜宾合江门站流量资料,出口为朱沱站水位资料,沱江支流以点源形式汇入主江。本河段水文站点无含沙量资料,河床年内年际间变化较小,因此仅采用水流计算模式,暂不考虑河床变形。

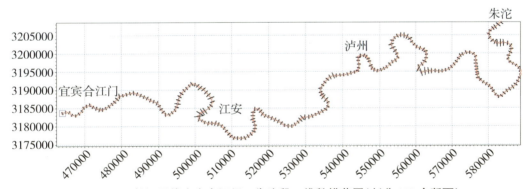

图 5.3-4 长江干线宜宾合江门—朱沱段一维数模范围(剖分 238 个断面)

(2)模型验证

1)模型验证条件。

上游进口水流条件采用合江门站 2022 年 1 月 1 日—12 月 31 日相应时段的实测逐日流量过程。下游出口控制水位取同期朱沱站逐日水位过程。区间验证站为合江门站、江安站、泸州站。

2)模型验证成果。

合江门、江安、泸州站水位过程验证见图 5.3-5,江安站流量过程验证见图 5.3-6。从图中可以看出:各站点水位、流量实测值与计算值走势基本一致,两者误差值符合交通运输部颁发的《水运工程模拟试验技术规范》(JTS/T 231—2021)相关要求;模型能较准确地模拟长江上游河段的水动力情况,参数合理可靠,模型合规性好。

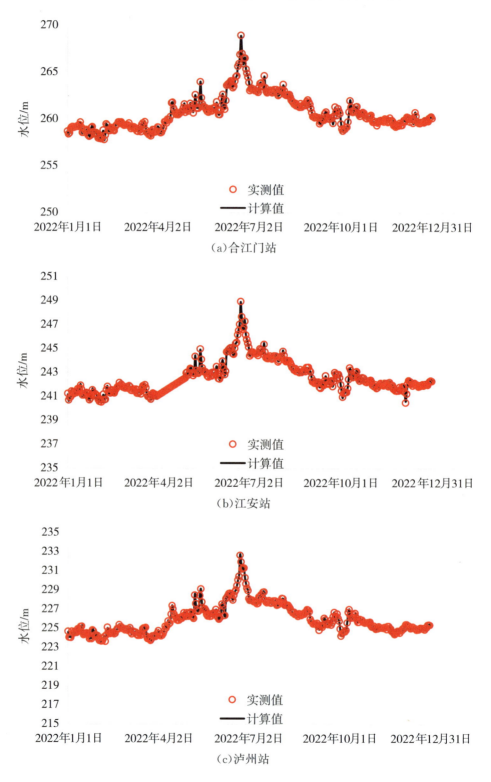

图 5.3-5　2022 年主要站点水位过程验证

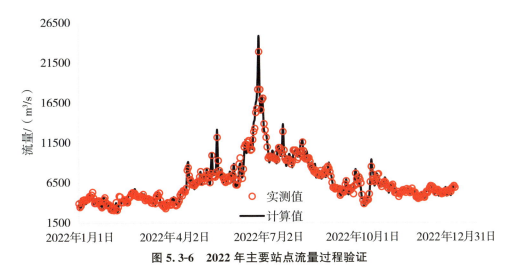

图 5.3-6　2022 年主要站点流量过程验证

5.3.4.2　宜昌中水门—岳阳城陵矶段

（1）建模

宜昌中水门—岳阳城陵矶段全长约 396km，沿程共布置了 269 个横断面，具体见图 5.3-7。模型地形采用时段以 2018 年 3 月为主，太平口水道地形采用时段为 2023 年 2 月，进口为宜昌站流量、含沙量资料，出口为城陵矶站水位资料，高坝洲站（清江）、新江口站（松滋口）、沙道观站（松滋口）、弥陀寺站（太平口）、江汉运河、藕池康三（藕池口）、藕池管站（藕池口）等支流以点源流量形式汇入主江。

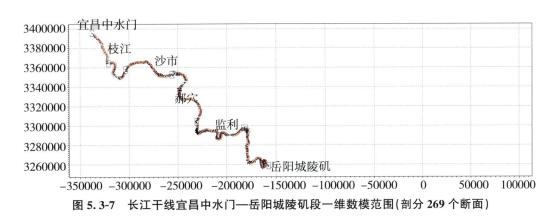

图 5.3-7　长江干线宜昌中水门—岳阳城陵矶段一维数模范围（剖分 269 个断面）

（2）模型验证

1）模型验证条件。

验证组合：①宜昌站 2018 年 8 月 1 日—2019 年 3 月 1 日的实测流量＋城陵矶站同时期水位；②宜昌站 2022 年 1 月 1 日—12 月 31 日的实测流量＋城陵矶站同时期水位。

213

2)模型验证成果。

验证组合①:图5.3-8至图5.3-10为不同时刻沿程水位和流量验证图。

验证组合②:图5.3-11、图5.3-12为不同时刻沿程水位和流量验证图。

从图中可以看出:各站点水位、流量实测值与计算值走势基本一致,两者误差值符合《水运工程模拟试验技术规范》(JTS/T 231—2021)相关要求;模型能较准确地反映出长江中游河段各断面的水位变化过程和洪峰流量传播规律,参数合理可靠。

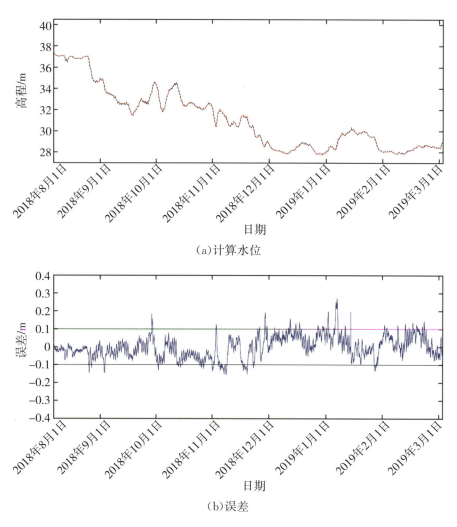

(a)计算水位

(b)误差

图5.3-8 沙市计算水位与实测水位差异对比

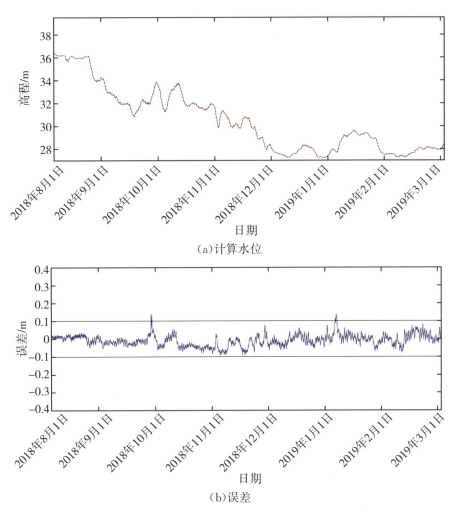

（a）计算水位

（b）误差

图 5.3-9　邓家台计算水位与实测水位差异对比

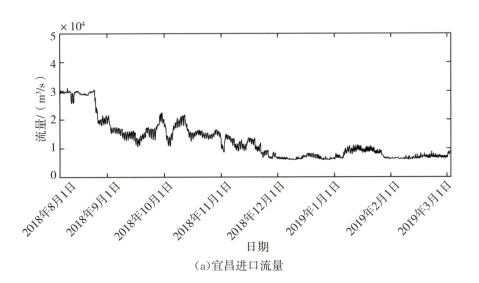

（a）宜昌进口流量

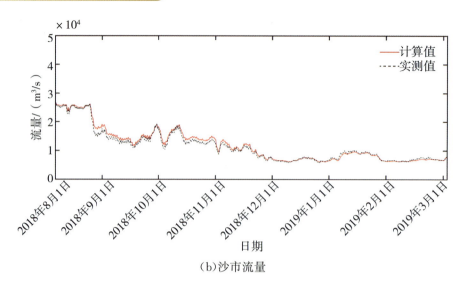

（b）沙市流量

图 5.3-10　计算流量与实测流量比较

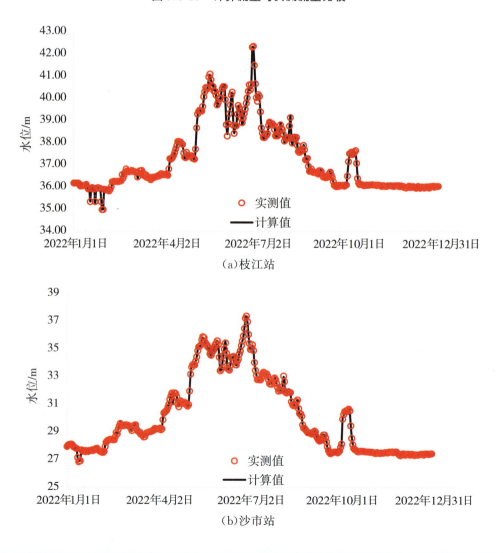

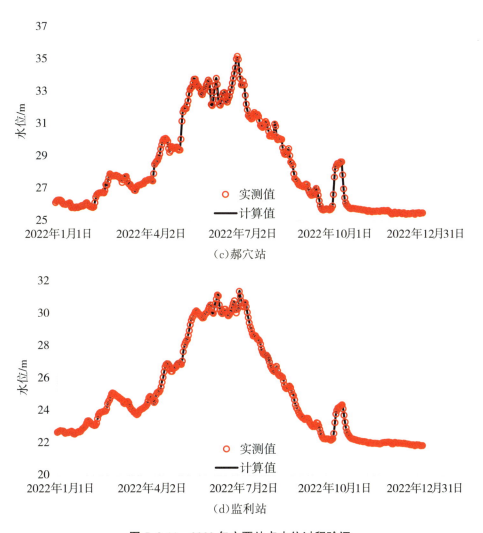

图 5.3-11　2022 年主要站点水位过程验证

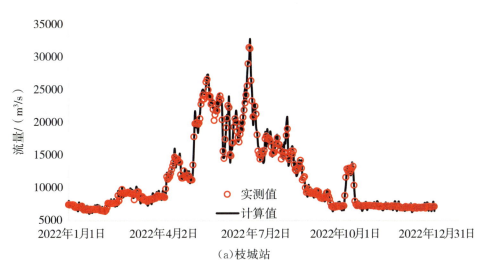

（a）枝城站

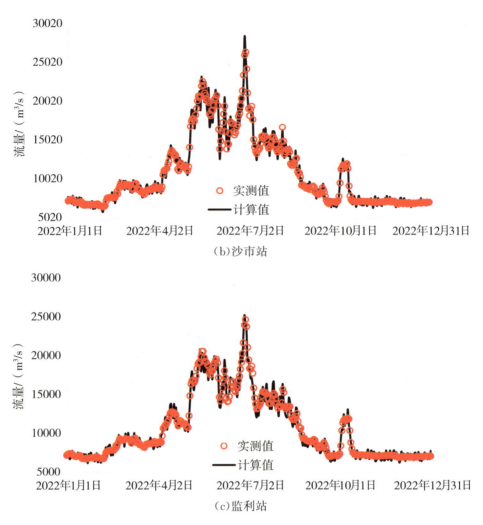

（b）沙市站

（c）监利站

图 5.3-12 2022 年主要站点流量过程验证

5.3.4.3 安庆皖河口—芜湖段

（1）建模

安庆皖河口—芜湖段全长约 198km，沿程共布置了 150 个横断面，具体见图 5.3-13。模型地形采用时段以 2018 年 3 月为主，安庆水道、太子矶水道、贵池水道、土桥水道、黑沙洲水道地形采用时段为 2022 年 7 月，进口为大通站流量资料，出口为芜湖站水位资料，无较大支流汇入。

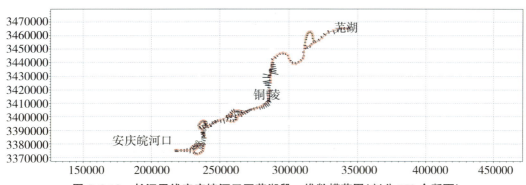

图 5.3-13　长江干线安庆皖河口至芜湖段一维数模范围(剖分 150 个断面)

（2）模型验证

1）模型验证条件。

上游进口水流条件采用大通站 2022 年 1 月 1 日—12 月 31 日相应时段的实测逐日流量过程。下游出口控制水位取同期芜湖站逐日水位过程。区间验证站为铜陵站。

2）模型验证成果。

铜陵站水位过程验证见图 5.3-14，流量过程验证见图 5.3-15。从图中可以看出各站点水位、流量、含沙实测值与计算值走势基本一致，两者误差值符合《水运工程模拟试验技术规范》(JTS/T 231—2021)相关要求。

图 5.3-14　2022 年主要站点水位过程验证

图 5.3-15　2022 年主要站点流量过程验证

　　本节依托该一维水流数学模型在 3 个示范河段进行了模型验证工作,亦取得了较好应用效果,模型具备较好的稳定性和可调性,模型参数合理可靠。

5.4　模型优化技术

5.4.1　误差自回归实时校正模型

　　实时校正就是利用在预报作业过程中不断得到的预报误差信息,运用现代系统理论及时地校正、优化预报估计值或水文预报模型中的参数,尽可能地减小以后阶段的预报误差,使预报结果更接近实测值。根据与预报模型的结合方式,实时校正方法可分为预报与校正模型耦合及预报加校正模型两类。

　　误差自回归实时校正模型简单、实用。误差自回归实时校正模型的工作原理:首先,采用确定性预报模型进行预报;之后,利用预报值与实测值之间随时间变化的误差序列建立误差自回归模型,预报未来误差;最后,再将预报值与预报误差值相加得出校正后的预报值。误差自回归实时校正模型见图 5.4-1。

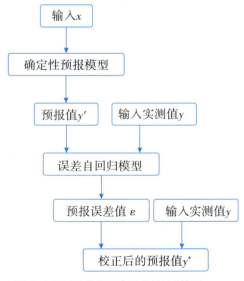

图 5.4-1　误差自回归实时校正模型

5.4.2　校正后精度对比

尝试利用误差自回归校验模型中的两种汉口水位预报模型进行误差实时校正,其中数字航道模型 1 选用 StackedEnsemble 算法(RMSE 为 0.2570),水文局数据模型 2 选用 GBM 算法(RMSE 为 0.1830)。对同时段进行基于误差自回归的实时校正,RMSE 指标见表 5.4-1。

表 5.4-1　　　　　　　　　　　**校正前后预报模型的 RMSE 指标**

误差自回归实时校正模型	模型 1 数字航道		模型 2 水文局数据	
	算法名称	RMSE	算法名称	RMSE
校正前	StackedEnsemble	0.2570	GBM	0.1830
校正后		0.2454		0.1786
校正性能提升		4.5%		2.4%

表中结果说明,采用误差自回归实时校正模型可以提升水位预报模型的精度。对于数字航道数据建立的模型,由于其初始精度较低,经过误差校正后性能提升幅度较大,而水文局数据建立的模型,性能幅度提升稍低。但由于水文局数据模型的基础精度较高,其校正后的绝对精度仍较高,推荐使用。

5.4.3　多模型比选技术

5.4.3.1　相关概念

多模型比选技术是一种在数据分析和机器学习领域常用的技术,旨在通过比较不同的模型,找到最适合的模型来解决特定问题。该技术通常用于选择最佳的预测模型,以提高预测准确性和性能。

层次分析法是定性与定量相结合的多准则决策、评价方法,将决策的有关元素分解成目标层、准则层和方案层,并通过人们的判断对决策方案的优劣进行排序,在此基础上进行定性和定量分析。它把人的思维过程层次化、数量化,并用数学为分析、决策、评价、预报和控制提供定量的依据。基本步骤:①构建层次结构模型;②构建成对比较矩阵;③层次单排序及一致性检验,即判断主观构建的成对比较矩阵在整体上是否有较好的一致性;④层次总排序及一致性检验(检验层次之间的一致性)。

模糊综合评价法是以模糊数学为基础,应用模糊关系合成的原理,将一些边界不清、不易定量的因素定量化,从多个因素对被评价事物隶属等级(或称为评语集)状况进行综合性评价的一种方法。综合评判是指根据所给的条件,给每个对象赋予一个非负实数评判指标,再据此排序择优。基本步骤:①确定因素集、评语集;②构造模糊关系矩阵;③确定指标权重;④进行模糊合成和做出评价。

采用层次分析法和模糊综合评价法来进行水位预报模型比选的具体步骤如下。

(1)确定目标层次结构

首先确定层次结构,包括目标层、准则层和方案层。目标是选择最佳的水位预报模型,准则是评估模型性能的指标,方案是不同的水位预报模型。

(2)构建判断矩阵

对于每个准则层和方案层之间的节点,构建一个判断矩阵。判断矩阵用于比较两个节点之间的重要性,根据专家的主观判断,以比率尺度(1~9)进行评估。

(3)计算权重

通过对判断矩阵进行权重计算,得到各个层次节点的权重。使用特征向量法或特征值法计算权重。

(4)综合评估

将权重乘以各个方案层的指标值,得到各个方案的综合得分。最终选取得分最高的方案作为最佳水位预报模型。

5.4.3.2 模糊综合评价法

(1)确定评价指标

根据水位预报模型的性能要求,确定预报误差、回归系数、相关系数等评价指标。

(2)确定评价等级和隶属函数

根据不同评价指标的重要程度,确定优、良、中、差等评价等级,并为每个评价等级确定相应的隶属函数。

(3)归一化处理

将评价指标的原始值进行归一化处理,将其转化为隶属度。

(4)求解模糊综合评价权重

根据评价指标的重要性,通过一致性度量确定各个评价指标的权重。

(5)综合评估

对于每个水位预报模型,将各个评价指标的隶属度乘以权重,得到模型的模糊综合评价值。最终选取评价值最高的模型作为最佳水位预报模型。

5.4.4 人工交互与校核

为了进一步加强水位预报模型的精度,实现水位预报模型结果的人工交互与校核功能。该功能允许用户对模型的输入变量进行手动、批量更改,并与实际观测数据进行对比,以优化模型的准确性。利用人工交互与校核功能,为用户提供一种直接参与、修正水位预报模型的机会。这种校核机制将有助于不断改进模型,并确保其与实际观测数据紧密匹配,从而提高水位预报的精度和可靠性。具体步骤如下。

（1）可视化结果

将模型的预测结果以图表或地图的形式进行可视化展示。既可以使用数据可视化工具来生成图表,也可以使用地理信息系统工具来呈现地图。

（2）添加交互功能

为计算添加交互功能,使用户能够与数据进行互动,可以根据自己的需要调整和查看预测结果,见图 5.4-2、图 5.4-3。

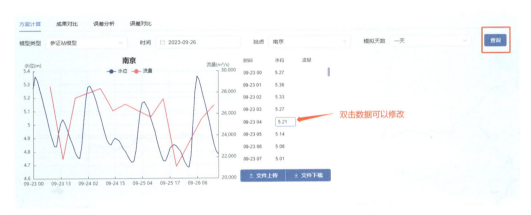

图 5.4-2　网页交互方式修改输入变量数据

图 5.4-3　Excel 表格批量修改输入变量数据

（3）定期更新模型

根据用户的反馈和新的观测数据,定期更新和改进模型,提高模型的预测能力和准确性。

5.5 精度评定许可误差

根据考核指标,精度评定主要依据《水文情报预报规范》(GB/T 22482—2008)。日尺度水位预报许可误差取预见期内实测变幅的20%,周旬尺度许可误差取多年同期实测变幅的20%。

对于研究参证站(清溪场站除外),多年同期选择时段为三峡蓄水后的2003—2022年,共20年。清溪场站位于三峡水库库区,多年同期选择时段为三峡工程通过正常蓄水175m水位验收的2009—2022年,共14年。参证站许可误差统计见表5.5-1、表5.5-2。

表5.5-1　　　　　　　　　　周尺度许可误差统计

月	许可误差	宜宾	泸州	朱沱	清溪场	宜昌	沙市	莲花塘	汉口	九江	大通
1月	最大	0.828	0.698	0.506	1.500	1.018	0.818	0.818	0.768	0.896	0.744
	平均	0.744	0.611	0.457	1.326	0.761	0.644	0.728	0.678	0.775	0.646
	最小	0.650	0.520	0.350	1.222	0.582	0.560	0.610	0.616	0.676	0.530
2月	最大	0.786	0.698	0.508	2.228	0.784	0.608	1.064	1.044	1.298	1.050
	平均	0.685	0.629	0.467	1.855	0.684	0.544	0.917	0.877	1.031	0.837
	最小	0.590	0.522	0.380	1.532	0.542	0.362	0.712	0.678	0.820	0.728
3月	最大	0.756	0.684	0.680	2.830	0.700	0.756	1.126	1.192	1.360	1.124
	平均	0.714	0.633	0.545	2.641	0.654	0.581	1.031	1.094	1.222	1.006
	最小	0.672	0.564	0.448	2.234	0.584	0.398	0.844	0.986	1.006	0.794
4月	最大	0.968	0.958	0.826	2.872	1.150	1.052	1.486	1.636	1.674	1.316
	平均	0.814	0.801	0.722	2.736	0.914	0.795	1.271	1.342	1.371	1.116
	最小	0.610	0.622	0.572	2.570	0.674	0.506	0.970	0.996	1.006	0.816
10月	最大	1.942	1.606	1.632	4.274	1.922	2.040	2.310	2.450	2.150	1.688
	平均	1.316	1.089	1.158	3.555	1.511	1.695	1.962	2.125	1.884	1.481
	最小	0.958	0.744	0.766	3.176	1.360	1.532	1.602	1.786	1.634	1.318
11月	最大	1.544	1.382	1.512	3.330	1.828	1.900	2.098	2.074	1.720	1.350
	平均	0.916	0.760	0.731	3.189	1.118	1.468	1.780	1.834	1.579	1.246
	最小	0.628	0.512	0.434	3.084	0.670	1.082	1.140	1.314	1.196	1.030
12月	最大	0.680	0.530	0.402	3.352	0.768	1.044	1.096	1.240	1.122	0.996
	平均	0.633	0.475	0.357	3.318	0.610	0.692	0.972	1.010	0.997	0.863
	最小	0.570	0.424	0.316	3.242	0.446	0.550	0.772	0.754	0.848	0.742

表 5.5-2   旬尺度许可误差统计

月	许可误差	宜宾	泸州	朱沱	清溪场	宜昌	沙市	莲花塘	汉口	九江	大通
1月	最大	0.858	0.698	0.540	1.614	1.018	0.828	0.820	0.768	0.896	0.754
	平均	0.767	0.639	0.483	1.405	0.785	0.664	0.761	0.696	0.803	0.669
	最小	0.664	0.540	0.398	1.294	0.598	0.586	0.642	0.632	0.722	0.590
2月	最大	0.792	0.698	0.522	2.364	0.796	0.608	1.246	1.234	1.394	1.118
	平均	0.703	0.648	0.484	1.995	0.710	0.575	0.979	0.944	1.089	0.882
	最小	0.636	0.536	0.412	1.650	0.602	0.446	0.740	0.678	0.862	0.744
3月	最大	0.774	0.684	0.680	2.930	0.786	0.762	1.134	1.212	1.370	1.156
	平均	0.728	0.645	0.583	2.730	0.674	0.617	1.060	1.127	1.244	1.028
	最小	0.698	0.580	0.470	2.390	0.600	0.422	0.962	1.028	1.034	0.844
4月	最大	1.340	0.958	0.832	2.984	1.172	1.052	1.486	1.636	1.674	1.336
	平均	0.882	0.858	0.762	2.823	0.973	0.868	1.326	1.408	1.435	1.171
	最小	0.622	0.656	0.582	2.644	0.712	0.556	1.042	1.012	1.060	0.890
10月	最大	1.942	1.606	1.632	4.316	1.922	2.040	2.310	2.450	2.150	1.688
	平均	1.389	1.160	1.239	3.594	1.565	1.768	2.011	2.156	1.904	1.495
	最小	1.028	0.788	0.808	3.214	1.364	1.532	1.702	1.846	1.644	1.318
11月	最大	1.544	1.382	1.512	3.334	1.828	1.900	2.098	2.074	1.720	1.350
	平均	0.943	0.784	0.757	3.220	1.127	1.472	1.806	1.863	1.597	1.262
	最小	0.652	0.512	0.434	3.094	0.670	1.082	1.140	1.314	1.196	1.030
12月	最大	0.828	0.634	0.502	3.352	1.018	1.044	1.120	1.240	1.130	0.996
	平均	0.657	0.497	0.373	3.329	0.676	0.715	0.982	1.020	1.007	0.873
	最小	0.590	0.438	0.338	3.260	0.464	0.570	0.772	0.754	0.848	0.742

5.6 极端水位误差情况分析

本节以宜昌站为例,分析了特殊情况下(主要为水库调度影响)的预报误差以及对应解决方案。图 5.6-1 展示了宜昌站预报模型在 2023 年 10 月的预报误差情况,可以发现 10 月 20 日做出的 1 天预见期预报误差最大,21 日的预报值为 39.21m,而 21 日的实际值为 40.53m,误差为 1.32m。计算整个月的误差情况,见图右侧,平均绝对误差为 0.261m,平均相对误差仅为 0.6%,预报模型性能很好。

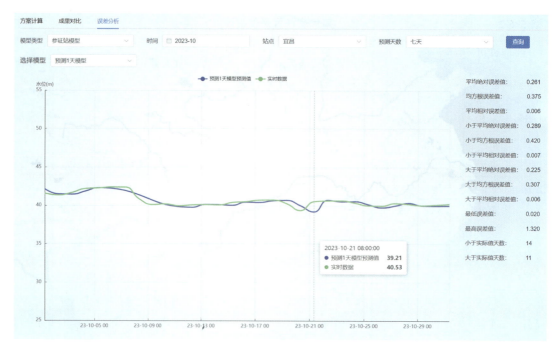

图 5.6-1　2023 年 10 月宜昌站预报模型误差

为了找寻此处误差偏大的原因,具体分析了 10 月 20 日前后三峡水库的调度情况,可以发现 19—20 日,三峡水库为了蓄满至 175m 水位高程,出库流量降低,至 20 日 13 时达到最低的 7360m³/s,后迅速增加在 20 日 18 时达到 14000m³/s,21 日 7 时达到 16400m³/s。出库流量极端变化导致了 21 日出现了 1.32m 的预报误差。

在出现下降趋势的出库流量后突然增大出库流量或出现上升趋势的出库流量后减小出库流量的两类工况下,预报模型只能捕捉前期的趋势性变化,随后才能体现流量的突变,见图 5.6-2,预报模型将在 1~2 个时段后体现流量的突变,预报值同实测值将再一次贴近。

为了解决这一问题,需要建立与三峡水库调度管理部门信息交换的机制,提前得知流量将突变的运行计划后,利用 5.4.4 节介绍的人工交互方式,提前更新预报模型的输入,从而得到正确的预报结果,见图 5.6-3、图 5.6-4,人工拉平三峡水库降低的下泄流量。

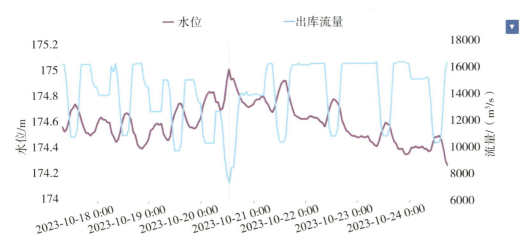

最高水位：175.00m（2023-10-20 13：00）　　　最低水位：174.26m（2023-10-24 18：00）
最大入库流量：14700m³/s（2023-10-19 08：00）　最小入库流量：12800m³/s（2023-10-24 08：00）

图 5.6-2　2023 年 10 月 20 日前后三峡水库调度情况

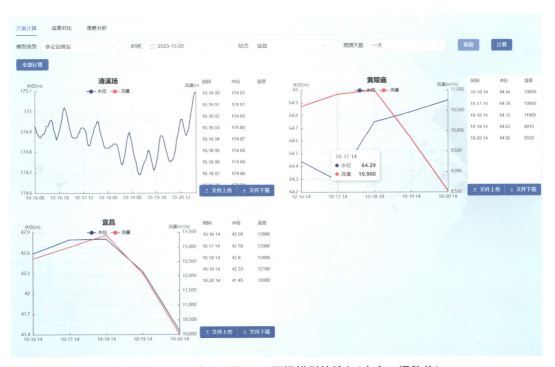

图 5.6-3　2023 年 10 月 20 日预报模型的输入(未人工调整前)

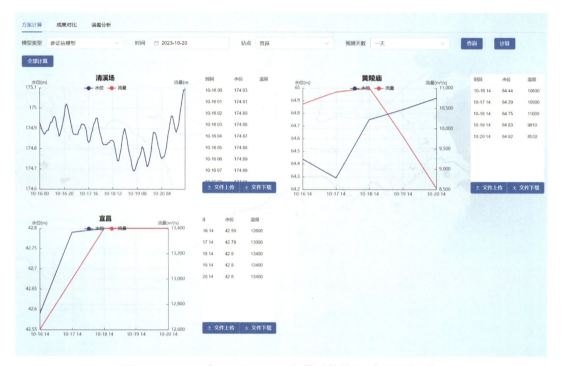

图 5.6-4　2023 年 10 月 20 日预报模型的输入（人工调整后）

第6章 水位预测模块及示范应用情况

6.1 基础资料获取及准备

6.1.1 获取站点水文数据

使用数据获取软件获取站点水文数据,目前获取的网站为长江水文网(http://www.cjh.com.cn/)等各个站点的实时数据。数据获取软件使用 python 与 request 库进行开发。具体流程如下。

1)导入所需模块;

2)设置获取的网页数据,通过 requests 库向目标 url 发送请求获取网页内后进行数据筛选;

3)设置定时自动执行数据获取代码;

4)对数据进行去重操作,并且存入数据库以待后续使用;

5)建立前端页面,对爬取数据进行可视化呈现,见图 6.1-1。

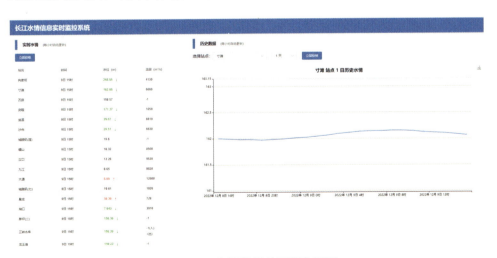

图 6.1-1 爬取数据的可视化页面

6.1.2 数据前处理与标准化

对于水位预测,数据预处理和标准化是非常重要的步骤,通过合适的预处理和标准化方法,可以减少数据中的错、漏和偏差值,同时提取数据的本质特征,从而更好地支持预测技术研究。

数据预处理是数据分析的第一步,旨在清理、转换和组织数据,以便进行进一步分析和建模。对于水位时间序列预测问题,数据预处理可以包括的步骤如下。

1)数据清洗。检查和纠正数据中的错误和不完整性。

2)数据缺失、某些时间点的水位数据可能没有记录。可以使用插值法填充缺失值,或者直接删除这些时间点。

3)数据异常。某些时间点的水位数据可能与其他时间点的数据不一致,这可能是传感器故障或其他原因造成的。可以使用一些异常检测技术来识别和纠正这些异常值。

数据转换是指将数据从原始格式转换为适合分析的格式。对于河流水位数据,可能需要进行以下转换:

1)时间戳转换。将时间戳数据转换为标准的时间格式,以便于计算和分析。

2)降采样。对于高频采样的数据,可以进行降采样以减少数据量,同时保留数据的趋势和模式。

数据归一化是指将数据缩放到相似的范围,以便于模型对数据进行处理。对于河流水位数据,可能需要进行以下归一化:

1)最小—最大归一化:将数据缩放到 0 到 1 范围内。

2)z-score 归一化:将数据缩放到均值为 0,标准差为 1 的范围内。

6.2 水位预测模块界面

6.2.1 系统登录界面

在浏览器中输入链接:https://172.18.145.80:8100 进入系统登录界面,见图 6.2-1。

图 6.2-1 系统登录界面

　　输入用户名、密码和验证码后(用户名、密码请联系系统管理员),点击登录系统,见图 6.2-2。

图 6.2-2 系统登录后界面

6.2.2 驾驶舱

6.2.2.1 功能描述

　　展现长江干线 25 个水位站实测水位和 7 天预测最小水位情况以及长江上中下 3 个

示范河段尺度预警情况包括计划水深、当前水深和 7 天预测最小水深。

6.2.2.2　操作

点击主界面中驾驶舱菜单，进入系统驾驶舱界面，鼠标移动到图表上可以查看对应的具体数据信息(图 6.2-3)。

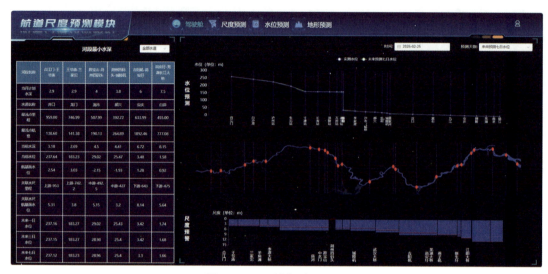

图 6.2-3　系统驾驶舱界面

6.2.3　水位预测计算界面

功能描述：提供水位预报计算，选择参证模型和沿程模型预测水位(图 6.2-4)、预测天数、站点、日期等。

图 6.2-4　水位预测计算界面

6.2.4　水位预测成果页面

功能描述：提供参证站和沿程站的短期水位预测成果、中长期水位预测成果展示、校验数据对比等。

参证站短期水位预测见图 6.2-5。

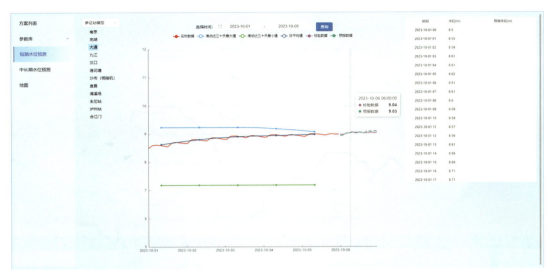

图 6.2-5 参证站短期水位预测

沿程站短期水位预测见图 6.2-6。

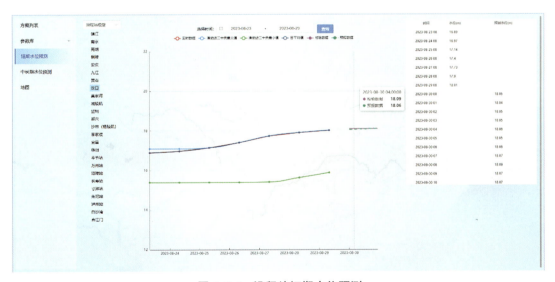

图 6.2-6 沿程站短期水位预测

中长期水位预测见图 6.2-7。

图 6.2-7　中长期水位预测

6.2.5　水位预测误差分析页面

功能描述：提供中长期预测水位与实测水位比较,模型与模型误差值对比,有平均绝对误差值、均方根误差值、平均相对误差值、最高最低误差值等。

中长期误差分析见图 6.2-8。

图 6.2-8　中长期误差分析

模型与模型误差值比较见图 6.2-9。

图 6.2-9 模型与模型误差值比较

6.2.6 水位预测地图页面

功能描述：提供综合站点水位报表下载,地图上展示参证站和沿程站，点击站点显示实测数据和预测数据等(图 6.2-10)。

图 6.2-10 水位预测地图页面

6.3 示范应用阶段精度分析

本章对 2023 年 10 月 15 日—11 月 15 日(示范应用期)的水位预测精度进行说明。

6.3.1 短期模型预测结果

6.3.1.1 长江水利委员会水文局模型预测示例

上游预测示例见图 6.3-1。

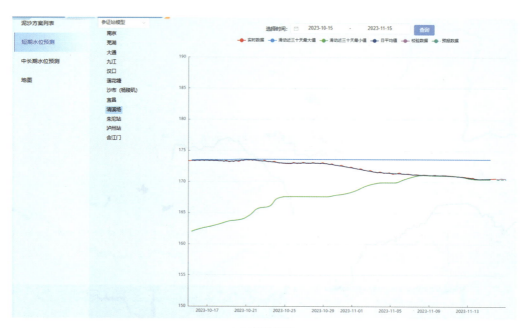

（a)清溪场站

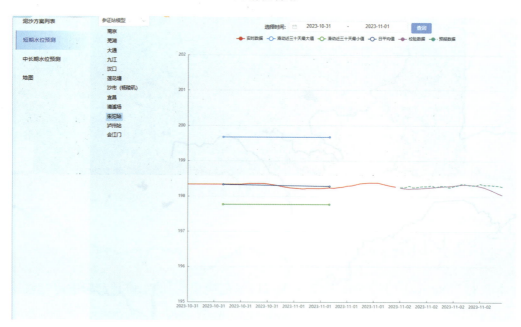

（b)朱沱站

图 6.3-1 上游预测示例

中游预测示例见图 6.3-2。

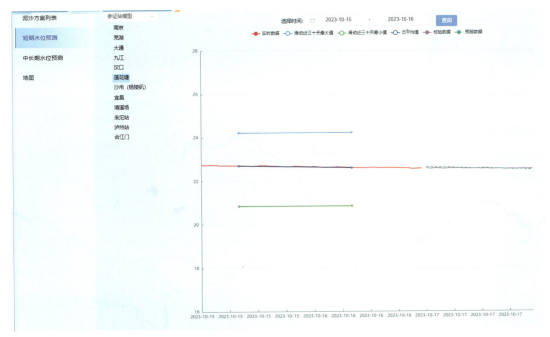

（a）莲花塘站

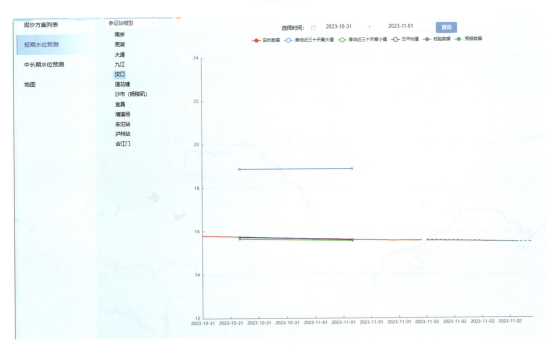

（b）汉口站

图 6.3-2 中游预测示例

下游预测示例见图 6.3-3。

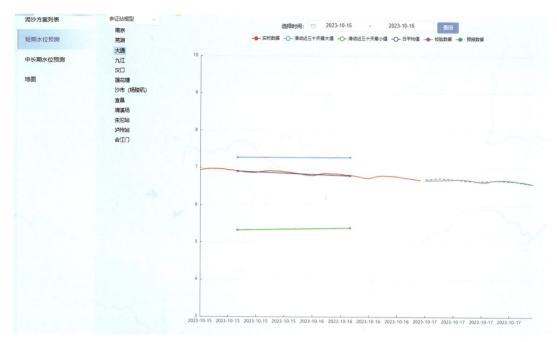

（a）大通站

（b）芜湖站

图 6.3-3　下游预测示例

6.3.1.2　欧帕提亚信息科技有限公司模型预测示例

上游预测示例见图 6.3-4。

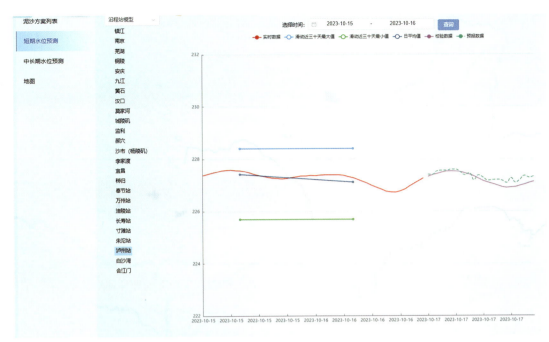

（a）泸州站

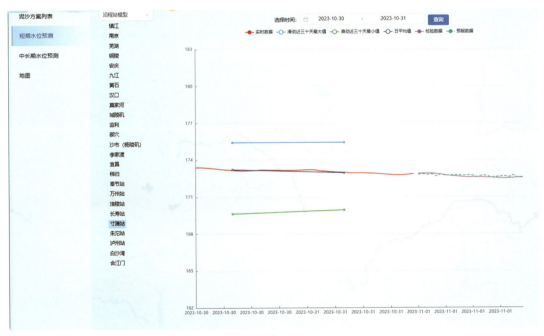

（b）寸滩站

图 6.3-4　上游预测示例

中游预测示例见图 6.3-5。

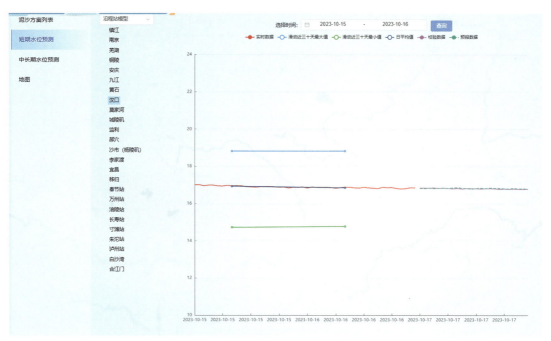

（a)汉口站

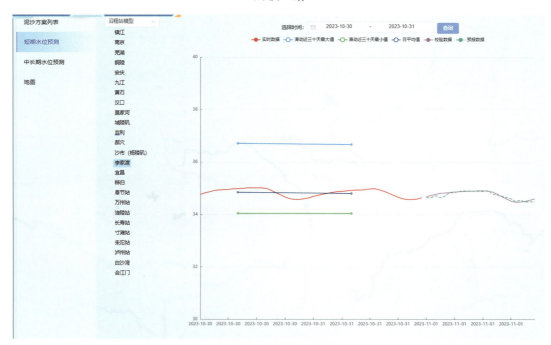

（b)李家渡站

图 6.3-5　中游预测示例

下游预测示例见图 6.3-6。

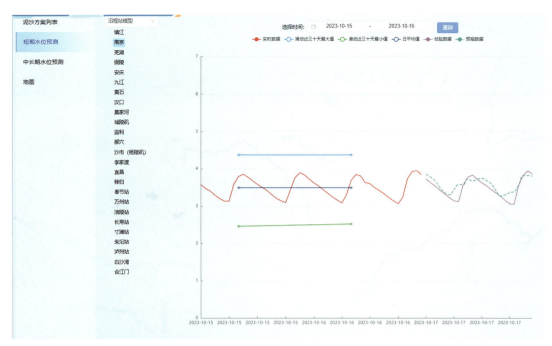

（a）南京站

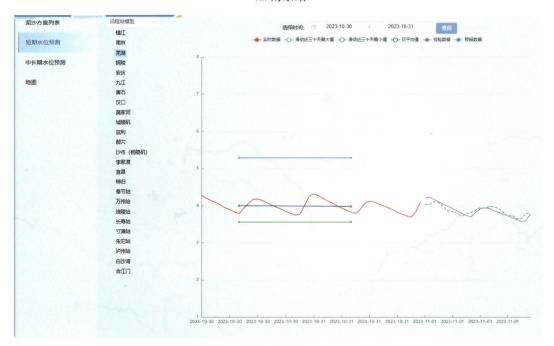

（b）芜湖站

图 6.3-6 下游预测示例

6.3.2　中长期模型预测结果

6.3.2.1　长江委水文局模型预测示例

上游预测示例见图 6.3-7，中游预测示例见图 6.3-8。

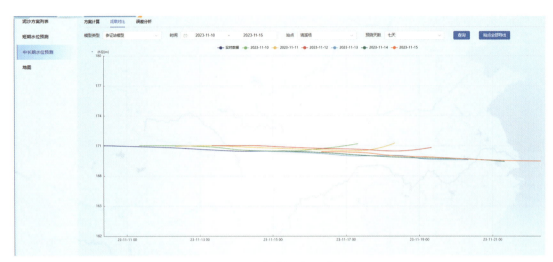

图 6.3-7　清溪场站预测示例

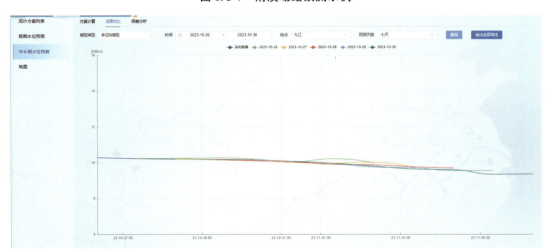

图 6.3-8　九江站预测示例

下游预测示例见图 6.3-9。

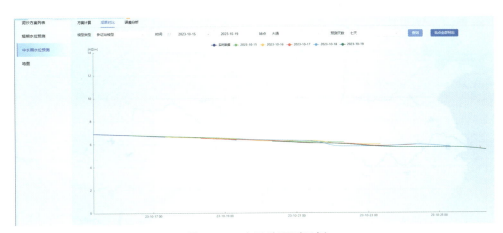

图 6.3-9　大通站预测示例

6.3.2.2　南京欧帕提亚信息科技有限公司模型预测示例

上游预测示例见图 6.3-10,中游预测示例见图 6.3-11。

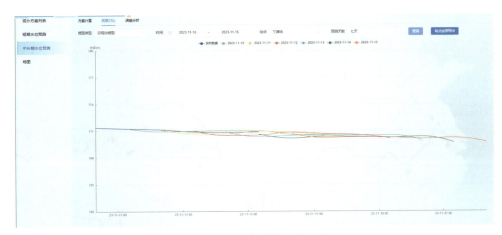

图 6.3-10　寸滩站预测示例

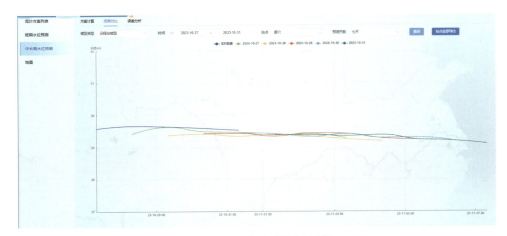

图 6.3-11　郝穴站预测示例

下游预测示例见图 6.3-12。

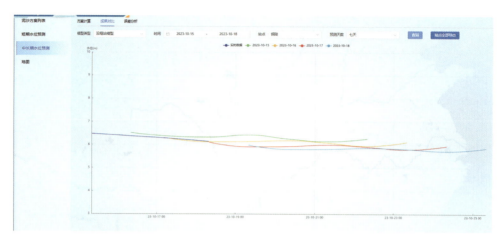

图 6.3-12　铜陵站预测示例

6.3.3　预报精度统计

2023 年 10 月 15 日—11 月 15 日（示范应用期）的平均绝对误差见表 6.3-1、表 6.3-2。表 6.3-1 统计了参证站点的不同预见期模型的平均绝对误差，表 6.3-2 统计了其余站点不同预见期模型的平均绝对误差。

表 6.3-1　　　　　　　　　　参证站点不同预见期模型的平均绝对误差

区域	站点	预见期	平均绝对误差		
			水文局模型	欧帕提亚公司模型	航道院现有预报结果
上游	宜宾	1	0.303	0.227	0.360
		2	0.331	0.346	0.348
		3	0.414	0.267	0.408
		4	0.504	0.395	0.460
		5	0.432	0.403	0.475
		6	0.499	0.414	0.398
		7	0.410	0.597	0.410
	泸州	1	0.161	0.172	0.216
		2	0.191	0.209	0.283
		3	0.253	0.242	0.330
		4	0.281	0.255	0.367
		5	0.376	0.273	0.411
		6	0.460	0.419	0.489
		7	0.446	0.407	0.453

区域	站点	预见期	平均绝对误差		
			水文局模型	欧帕提亚公司模型	航道院现有预报结果
上游	朱沱	1	0.091	0.168	0.105
		2	0.203	0.180	0.184
		3	0.287	0.189	0.259
		4	0.314	0.155	0.333
		5	0.405	0.187	0.397
		6	0.434	0.410	0.463
		7	0.469	0.323	0.465
	涪陵（清溪场）	1	0.132	0.179	0.100
		2	0.219	0.230	0.230
		3	0.314	0.436	0.344
		4	0.329	0.295	0.377
		5	0.370	0.527	0.446
		6	0.501	0.359	0.534
		7	0.523	0.452	0.610
中游	宜昌	1	0.258	0.291	0.346
		2	0.449	0.442	0.489
		3	0.592	0.458	0.549
		4	0.515	0.517	0.596
		5	0.546	0.489	0.588
		6	0.525	0.554	0.594
		7	0.576	0.687	0.609
	沙市	1	0.111	0.240	0.118
		2	0.206	0.257	0.225
		3	0.328	0.289	0.313
		4	0.308	0.372	0.380
		5	0.420	0.458	0.400
		6	0.427	0.439	0.400
		7	0.492	0.552	0.457
	城陵矶（莲花塘）	1	0.046	0.142	0.050
		2	0.235	0.186	0.084
		3	0.304	0.301	0.142
		4	0.253	0.375	0.217
		5	0.201	0.331	0.282
		6	0.349	0.333	0.300
		7	0.228	0.326	0.342

续表

区域	站点	预见期	平均绝对误差		
			水文局模型	欧帕提亚公司模型	航道院现有预报结果
下游	汉口	1	0.088	0.148	0.046
		2	0.108	0.126	0.091
		3	0.208	0.171	0.138
		4	0.221	0.197	0.198
		5	0.221	0.305	0.240
		6	0.275	0.262	0.265
		7	0.330	0.366	0.270
	九江	1	0.036	0.057	0.036
		2	0.073	0.114	0.075
		3	0.117	0.214	0.121
		4	0.201	0.228	0.178
		5	0.256	0.366	0.243
		6	0.370	0.432	0.276
		7	0.380	0.432	0.316
下游	大通	1	0.044	/	/
		2	0.086	/	/
		3	0.129	/	/
		4	0.141	/	/
		5	0.223	/	/
		6	0.299	/	/
		7	0.409	/	/
	南京	1	0.070	0.131	0.211
		2	0.132	0.222	0.207
		3	0.199	0.270	0.192
		4	0.223	0.247	0.198
		5	0.284	0.309	0.238
		6	0.302	0.294	0.280
		7	0.325	0.292	0.274

注:表中"水文局"是指长江水利委员会水文局,"欧帕提亚公司"是指南京欧帕提亚信息科技有限公司,"航道院"是指长江航道规划设计研究院,下同。

表 6.3-2 其余站点不同预见期模型的平均绝对误差

区域	站点	预见期	平均绝对误差	
			欧帕提亚公司模型	航道院现有预报结果
上游	寸滩	1	0.490	0.199
		2	0.716	0.322
		3	1.140	0.471
		4	0.623	0.613
		5	0.976	0.704
		6	1.289	0.883
		7	0.968	0.970
	长寿	1	0.243	0.140
		2	0.430	0.317
		3	0.408	0.462
		4	0.621	0.593
		5	0.567	0.692
		6	0.618	0.786
		7	0.759	0.911
上游	万州	1	0.323	0.105
		2	0.247	0.205
		3	0.289	0.312
		4	0.397	0.421
		5	0.819	0.536
		6	0.587	0.625
		7	0.875	0.734
	奉节	1	0.227	/
		2	0.410	/
		3	0.284	/
		4	0.349	/
		5	0.482	/
		6	0.470	/
		7	0.749	/

续表

区域	站点	预见期	平均绝对误差	
			欧帕提亚公司模型	航道院现有预报结果
中游	郝穴	1	0.247	0.1032
		2	0.476	0.1824
		3	0.393	0.282
		4	0.458	0.3612
		5	0.579	0.3852
		6	0.710	0.3996
		7	0.682	0.4344
	监利	1	0.221	0.044
		2	0.214	0.093
		3	0.175	0.154
		4	0.293	0.230
		5	0.278	0.282
		6	0.397	0.283
		7	0.432	0.296
	莫家河	1	0.256	0.036
		2	0.314	0.064
		3	0.282	0.108
		4	0.349	0.177
		5	0.434	0.238
		6	0.459	0.262
		7	0.576	0.307
下游	黄石	1	0.190	0.038
		2	0.337	0.078
		3	0.356	0.117
		4	0.547	0.168
		5	0.544	0.220
		6	0.733	0.254
		7	0.984	0.262
	安庆	1	0.303	0.054
		2	0.353	0.099
		3	0.412	0.156
		4	0.392	0.225
		5	0.576	0.303
		6	0.735	0.331
		7	0.818	0.375

区域	站点	预见期	平均绝对误差	
			欧帕提亚公司模型	航道院现有预报结果
下游	铜陵	1	0.107	0.078
		2	0.280	0.132
		3	0.247	0.194
		4	0.345	0.272
		5	0.442	0.352
		6	0.531	0.385
		7	0.481	0.416
	芜湖	1	0.270	0.129
		2	0.274	0.158
		3	0.316	0.200
		4	0.384	0.249
		5	0.416	0.304
		6	0.475	0.333
		7	0.465	0.381
	镇江	1	0.186	0.368
		2	0.248	0.429
		3	0.289	0.486
		4	0.347	0.512
		5	0.335	0.534
		6	0.343	0.612
		7	0.353	0.516

6.3.3.1 精度对比分析

图 6.3-13 至图 6.3-16 对比了示范应用期不同模型在宜宾、长寿、宜昌、镇江站点的水位预报误差。

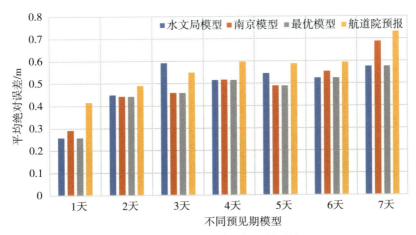

图 6.3-13 宜宾站预报误差对比

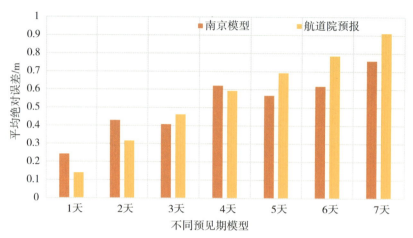

图 6.3-14　长寿站预报误差对比

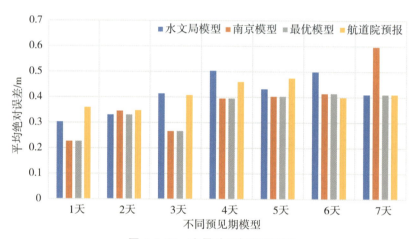

图 6.3-15　宜昌站预报误差对比

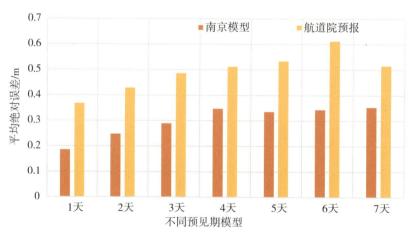

图 6.3-16　镇江站预报误差对比

由图中可看出,对于宜宾站本项目研发模型要好于航道院已有预报成果,特别对于1 天预见期,预报精度优势明显。对于长寿站本项目研发模型在 5~7 天预见期尺度上,预报精度要好于航道院已有预报成果。对于宜昌站,综合水文局、欧帕提亚公司模型,预报结果可优于航道院现有预报成果。对于镇江站,本项目研发模型在 1~7 天预见期尺度上,均优于航道院现有预报成果。

6.3.3.2 预报合格情况分析

表 6.3-3 统计了示范应用阶段,参证站预报模型的合格情况,可以发现各模型中除宜昌站 1 天预见期模型外,各模型平均绝对误差均小于许可误差。

表 6.3-3 合格情况统计

区域	站点	预见期	平均绝对误差		
			水文局模型	许可误差	是否合格
上游	宜宾	1	0.303	0.49	合格
		2	0.331	0.568	合格
		3	0.414	0.568	合格
		4	0.504	0.938	合格
		5	0.432	0.938	合格
		6	0.499	0.938	合格
		7	0.410	1.116	合格
	泸州	1	0.161	0.19	合格
		2	0.191	0.448	合格
		3	0.253	0.448	合格
		4	0.281	0.765	合格
		5	0.376	0.765	合格
		6	0.460	0.765	合格
		7	0.446	0.9245	合格
	朱沱	1	0.091	0.165	合格
		2	0.203	0.411	合格
		3	0.287	0.411	合格
		4	0.314	0.777	合格
		5	0.405	0.777	合格
		6	0.434	0.777	合格
		7	0.469	0.9445	合格

续表

区域	站点	预见期	平均绝对误差		
			水文局模型	许可误差	是否合格
上游	涪陵（清溪场）	1	0.132	1.498	合格
		2	0.219	3.032	合格
		3	0.314	3.032	合格
		4	0.329	3.2345	合格
		5	0.370	3.2345	合格
		6	0.501	3.2345	合格
		7	0.523	3.372	合格
中游	宜昌	1	0.258	0.252	不合格
		2	0.449	0.798	合格
		3	0.592	0.798	合格
		4	0.515	1.1415	合格
		5	0.546	1.1415	合格
		6	0.525	1.1415	合格
		7	0.576	1.3145	合格
	沙市	1	0.111	0.473	合格
		2	0.206	1.087	合格
		3	0.328	1.087	合格
		4	0.308	1.431	合格
		5	0.420	1.431	合格
		6	0.427	1.431	合格
		7	0.492	1.5815	合格
	城陵矶（莲花塘）	1	0.046	0.57	合格
		2	0.235	1.365	合格
		3	0.304	1.365	合格
		4	0.253	1.7705	合格
		5	0.201	1.7705	合格
		6	0.349	1.7705	合格
		7	0.228	1.871	合格

区域	站点	预见期	平均绝对误差		
			水文局模型	许可误差	是否合格
下游	汉口	1	0.088	0.657	合格
		2	0.108	1.549	合格
		3	0.208	1.549	合格
		4	0.221	1.891	合格
		5	0.221	1.891	合格
		6	0.275	1.891	合格
		7	0.330	1.9795	合格
	九江	1	0.036	0.598	合格
		2	0.073	1.408	合格
		3	0.117	1.408	合格
		4	0.201	1.6745	合格
		5	0.256	1.6745	合格
		6	0.370	1.6745	合格
		7	0.380	1.7315	合格
	大通	1	0.044	0.497	合格
		2	0.086	1.13	合格
		3	0.129	1.13	合格
		4	0.141	1.3115	合格
		5	0.223	1.3115	合格
		6	0.299	1.3115	合格
		7	0.409	1.3635	合格

6.3.3.3 预报低水位精度

表 6.3-1 统计了 2023 年 10 月 15 日—11 月 15 日(示范应用期)的参证站点的不同预见期模型的平均绝对误差,如预见期为 7,代表当天预报 7 天后的第 7 天水位值的误差情况。

为更好说明预报模型的性能,考虑到航道尺度更加关注未来低水位的变化情况,表 6.3-4 中列出了参证站点的不同预见期模型的最低水位误差情况(平均绝对误差),如预见期为 7,代表当天预报 7 天之内的最低水位(第 1 天至第 7 天,7 个预报值中的最低值)的误差情况。

表 6.3-4 水文局不同预见期模型的平均绝对误差对比

区域	站点	预见期	平均绝对误差	
			水文局模型 第 N 天误差	水文局模型 N 天内最低水位误差
上游	宜宾	1	0.303	0.303
		2	0.331	0.334
		3	0.414	0.412
		4	0.504	0.417
		5	0.432	0.375
		6	0.499	0.448
		7	0.410	0.425
	泸州	1	0.161	0.161
		2	0.191	0.192
		3	0.253	0.212
		4	0.281	0.233
		5	0.376	0.255
		6	0.460	0.283
		7	0.446	0.295
	朱沱	1	0.091	0.091
		2	0.203	0.221
		3	0.287	0.246
		4	0.314	0.282
		5	0.405	0.335
		6	0.434	0.368
		7	0.469	0.396
	涪陵（清溪场）	1	0.132	0.132
		2	0.219	0.188
		3	0.314	0.244
		4	0.329	0.272
		5	0.370	0.312
		6	0.501	0.351
		7	0.523	0.409

区域	站点	预见期	平均绝对误差	
			水文局模型第 N 天误差	水文局模型 N 天内最低水位误差
中游	宜昌	1	0.258	0.258
		2	0.449	0.362
		3	0.592	0.478
		4	0.515	0.460
		5	0.546	0.439
		6	0.525	0.456
		7	0.576	0.451
	沙市	1	0.111	0.111
		2	0.206	0.179
		3	0.328	0.226
		4	0.308	0.261
		5	0.420	0.308
		6	0.427	0.353
		7	0.492	0.373
	城陵矶(莲花塘)	1	0.046	0.046
		2	0.235	0.233
		3	0.304	0.243
		4	0.253	0.227
		5	0.201	0.204
		6	0.349	0.294
		7	0.228	0.266
下游	汉口	1	0.088	0.088
		2	0.108	0.137
		3	0.208	0.181
		4	0.221	0.191
		5	0.221	0.218
		6	0.275	0.264
		7	0.330	0.305

续表

区域	站点	预见期	平均绝对误差	
			水文局模型 第 N 天误差	水文局模型 N 天内最低水位误差
下游	九江	1	0.036	0.036
		2	0.073	0.074
		3	0.117	0.096
		4	0.201	0.143
		5	0.256	0.172
		6	0.370	0.226
		7	0.380	0.205
	大通	1	0.044	0.044
		2	0.086	0.076
		3	0.129	0.113
		4	0.141	0.093
		5	0.223	0.150
		6	0.299	0.196
		7	0.409	0.264
	南京	1	0.070	0.070
		2	0.132	0.104
		3	0.199	0.145
		4	0.223	0.198
		5	0.284	0.255
		6	0.302	0.297
		7	0.325	0.331

第7章　主要结论

对研究河道进行水沙、冲淤、枯水位等特性分析，为研究站点针对性开发了水位预测技术，并采用该技术进行了预测模块研发，取得了如下成果：

1）宜宾—三峡大坝段根据受三峡水库的影响程度不同，水位变化表现出不同的特点。宜宾—江津红花碛段主要受上游来水影响。江津红花碛—涪陵李渡段为变动回水区，回水范围受坝前水位和上游来水共同影响。涪陵—三峡大坝段属于常年回水区，常年受坝前水位影响。宜昌—大通段内水位变化主要表现出天然河道的特性，水位变幅较山区河段有所减小，但洪枯季水位差异依然较为明显，同时本河段水系复杂，江湖关系密切，水位变化也表现出明显的受湖泊调蓄影响的特点。

2）基于图神经网络技术开发多站点短期水位预报模型，该模型针对受上游水库调度影响较大的站点，如宜宾、宜昌水位预报效果较好，且能体现研究区域的汇流特性，可为近坝段、支流入汇等水位变化特性复杂河段的多站点水位预报提供新思路。

3）基于自动化机器学习（AutoML）技术开发中长期水位预报模型，并与传统的中长期水文预报 GM(1,1)模型进行精度对比。总体上 AutoML 模型性能要优于 GM(1,1)。AutoML 平台可便捷地进行自动化机器学习模型的构建，其网络易于访问、低代码（Low Code）的特点，可极大地降低机器学习建模的门槛，适用于水位预报模型的构建。

4）基于 RNN、LSTM 和 GRU 等神经网络技术构建水位预测堆叠大模型，堆叠模型综合了多个基础模型的预测结果，通过元模型进行最终的预测。精度对比结果表明，堆叠大模型在长江航道的水位预测任务中取得了更高的精度和稳定性，充分发挥了集成学习的优势。

5）示范应用阶段预报结果表明，本项目研发的智能化预测模块在精度与效率上优于传统水位预报方法，针对部分站点本项目研发模型优于航道院现有预报成果。

主要参考文献

［1］李致家，谈建国，陈进，等. 基于水文学方法的海河流域洪水预报研究［J］. 水利学报，2019，50(11)：1377-1386.

［2］Wang Zhe，Qin Chao，Zhuang Qi，et al. Development and Application of a High-Resolution Numerical Water-Level Forecasting Model ［J］. Journal of Hydrodynamics，Ser. B，2020，32(4)：694-704.

［3］Skidmore M K，Naylor R L. Development and Evaluation of a Large-Scale Catchment Model Using the SCS-CN Method of Streamflow Routing［J］. Journal of Hydrology，2018，558：660-676.

［4］Nearing M B，Snyder R L，Fisher C R. Modeling the Hydrology of the Conterminous United States at the HUC-8 Scale Using the Variable-Source Area Model ［J］. Journal of Hydrology，2019，578：345-356.

［5］Box G E P，Jenkins G M，Reinsel G C，et al. Time Series Analysis：Forecasting and Control［M］. Wiley-Blackwell，2015.

［6］Wang Y F，Li Z F，Wu W B. Wavelet Decomposition and Time Series Analysis of Hydrological Data［J］. Water Resources Management，2018，32(9)：3003-3016.

［7］Zhang Qiang，Liu Zhenmin，Wu Qingda. Application of Deep Neural Networks in Water Level Forecasting［J］. Journal of Hydroinformatics，2019，22(4)：777-790.

［8］Li Jie，Wang Qiusheng，Liu Pingchuan. Application of BP Neural Network in Water Level Forecasting of the Yangtze River［J］. Water Resources Protection，2020，36(1)：48-54.

［9］ LeCun Y，Bengio Y，Hinton G E. Deep Learning［J］. Nature，2015，521 (7553)：436-444.

［10］ Alpaydin E M. Introduction to Machine Learning［M］. Cambridge：MIT Press，2020.

［11］ 张湛,刘亚辉,何泠慧等.向家坝日调节对中嘴码头运行的影响［J］.水运工程，2023(09):145-150.

［12］ 袁晓玲,江媛媛,黄登.电站日调节对宜昌—大埠街砂卵石河段航道维护的影响［J］.中国水运·航道科技,2017(06):23-27.

［13］ 周振民,赵明亮,李玲. GM(1,1)模型在滦河下游地区地下水位预测中的应用［J］. 中国农村水利水电，2011(02):55-57.

［14］ 杨玮. 基于GM(1,1)与ARIMA 的长江干线航道水位预测研究［D］.武汉:武汉理工大学,2015.

［15］ Wu W，Wang S，Jia Y. . Non uniform sediment transport in alluvial rivers［J］. Journal of Hydraulic Research，2000，38(6)：427-434.

［16］ Parker G. Selective sorting and abrasion of river gravel. I：Theory ［J］. Journal of Hydraulic Engineering，1991,117(2)：113-149.

［17］ Karim，F. Bed material discharge prediction for non uniform bed sediments ［J］. Journal of Hydraulic Engineering，1998,124(4)：597-604.

［18］ Ackers P，White W. Sediment transport in open channels：Ackers and White update. Technical Note［J］. Proceedings of the Institution of Civil Engineers -Water，Maritime and Energy，1993,101(4)：247-249.

［19］ Greimann B，Lai Y，Huang J. Two-dimensional total sediment load model equations ［J］. Journal of Hydraulic Engineering，2008,134(8)，1142-1146.

［20］ Toro E F. Shock-capturing methods for free-surface shallow flows ［M］. New York：Wiley,2001.

［21］ Aureli F，Maranzoni A，Mignosa P，et al. A weighted surface-depth gradient method for the numerical integration of the 2D shallow water equations with topography ［J］. Advances in Water Resources，2008,31(7)：962-974.

［22］ Qian H.，Cao Z，Pender G，et al. Well-balanced numerical modeling of nonuniform sediment transport in alluvial rivers ［J］. International Journal of Sediment Research，2015,30(2)：117-130.

［23］ Ying X.，Wang S. Improved implementation of the HLL approximate Riemann solver for one-dimensional open channel flows［J］. Journal of Hydraulic Research，2008,46(1)：21-34.

［24］ Fraccarollo L，Toro E F. Experimental and Numerical Assessment of the Shallow Water Model for Two-Dimensional Dam-Break Type Problems［J］. Journal of Hydraulic Research，1995，33(6)：843-864.